高铁千米长联桥铺设
无砟轨道关键技术

孙洪斌　杨荣山　著

科学出版社
北京

内 容 简 介

本书回顾了桥上无砟轨道的发展历程，分析了无砟轨道铺设过程中的关键技术难点，介绍了国内外桥上铺设无砟轨道的研究现状，详细阐述了长清黄河特大桥的工程概况及无砟轨道的结构特征，并建立了完善的力学分析模型，研究了桥上无砟轨道结构的轨面平顺性、梁-轨相互作用、车-轨-桥耦合动力性能及梁端伸缩一体化装置的动力特性，为千米长联桥上铺设无砟轨道提供了理论基础。本书还针对桥上无砟轨道施工方案、快速测量方法及轨面平顺性控制等问题开展了理论与实验研究，提出了相应的解决方案，完善了高速铁路大跨桥上无砟轨道施工技术。

本书适合高等院校铁道工程专业学习者、铁路部门相关从业人员、铁路设计标准制定者等群体参考与学习。

图书在版编目（CIP）数据

高铁千米长联桥铺设无砟轨道关键技术 / 孙洪斌，杨荣山著.
北京：科学出版社，2025. 6. -- ISBN 978-7-03-081034-2

I. U445.8

中国国家版本馆 CIP 数据核字第 2025X473D0 号

责任编辑：朱小刚 / 责任校对：陈书卿
责任印制：罗 科 / 封面设计：陈 敬

科学出版社 出版
北京东黄城根北街 16 号
邮政编码：100717
www.sciencep.com

四川煤田地质制图印务有限责任公司 印刷
科学出版社发行 各地新华书店经销

*

2025 年 6 月第 一 版　开本：720×1000 1/16
2025 年 6 月第一次印刷　印张：13 1/4
字数：270 000

定价：168.00 元
（如有印装质量问题，我社负责调换）

前　言

　　高速铁路作为集速度、舒适性与环保等优势于一体的现代化交通方式，已成为全球铁路交通技术发展的焦点。自20世纪60年代起，日本、德国、法国等国家率先开展高速铁路技术研究，积累了丰富的工程经验，并逐步形成了各自的技术体系。在借鉴国际先进技术的基础上，我国通过自主创新，逐步建立了具有中国特色的高速铁路体系。截至2024年底，我国高速铁路运营总里程已达到4.8万km，稳居世界第一，构建了"四纵四横"骨干网，并加速推进"八纵八横"主干网络建设。根据我国"十四五"规划和《新时代交通强国铁路先行规划纲要》，到2035年，我国将率先建成服务安全优质、保障坚强有力、实力国际领先的现代化铁路强国。届时全国铁路网总长度将达到约20万km，其中高铁里程将达到7万km左右，20万人口以上的城市将实现铁路覆盖，50万人口以上的城市将实现高铁通达。

　　铁路桥梁作为高速铁路的重要组成部分，不仅能够跨越自然障碍和复杂地形，也是高速铁路建设中的关键技术之一。我国桥梁已占据高速铁路运营总里程的40%以上。随着高速铁路网络的不断扩展，特别是向沿海及跨江跨河地区的延伸，大跨度桥梁的建设需求显著增加。无砟轨道作为高速铁路的主要结构形式，因其高技术标准、严质量要求和高精度施工等特点，一般铺设在基础坚实、变形可控的下部基础上。我国已在中等跨度桥梁上铺设了一定数量的无砟轨道，也积累了一定的经验，但大跨度桥梁的变形复杂性仍然给无砟轨道的铺设带来了诸多挑战。大跨度桥梁在恒载、温度变化、风荷载等因素的共同作用下，会产生较大的复杂变形，如何在复杂动态变形的基础上精确控制无砟轨道线形是大跨桥上铺设无砟轨道需要解决的首要难题。

　　本书以郑济铁路长清黄河特大桥为案例，结合理论分析与实测数据，深入探讨大跨度斜拉桥上无砟轨道的力学特性和铺设关键技术，旨在为相关领域的研究与工程应用提供可靠的理论依据和实践指导。全书共5章。第1章概述高速铁路桥上无砟轨道的发展历程及其结构特点，系统梳理国内外在特大跨度桥梁无砟轨道技术方面的最新进展；第2章以长清黄河特大桥为例，深入分析该桥的工程设计及关键技术应用，为大跨度桥梁与无砟轨道的协同设计提供参考；第3章结合长清黄河特大桥的特性，围绕无砟轨道的平顺性、梁轨相互作用、车-轨-桥耦合动力性能及梁端伸缩一体化装置的动力特性进行系统研究，提出设计优化的关键参数；第4章总结千米长联斜拉桥上无砟轨道的施工技术，重点涵盖桥梁变形监控与轨道线形控制等核心环节；第 5 章系统梳理各章要点，深入剖析并总结千米长联斜拉桥上无砟轨道的关键铺设技术。

本书力求以精确、严谨的语言系统呈现大跨桥上无砟轨道领域的专业知识。书中所采用的数据和模型均来源于实际工程案例，确保了信息的准确性与可靠性。此外，本书还汇集了当前大跨度桥梁无砟轨道领域的最新研究成果与工程实践，涵盖了结构设计、力学分析、监测控制与施工技术等方面的内容，适合作为从事桥梁与铁路工程的科研人员、工程师及相关专业研究生的参考用书。

虽然本书的部分内容仍需进一步深入探讨，但考虑到行业发展的迫切需求和时效性，本书应势成稿，以期及时为相关领域提供理论支持和技术参考。对于本书中存在的不足，恳请各位专家和读者批评指正。在此，衷心感谢参与本书第 1 章撰写的孙雅珺、姜金风，参与第 2 章撰写的渠述锋、郭玉鹏、杨青元，参与第 3 章撰写的许钊荣、董昆灵、杨宇栓，参与第 4 章撰写的李俊、杨雪峰、邢书科、陈晓辉、陈钰、从炳刚、王兆刚等专家学者和工程技术人员，特别感谢为本书提供数据支持的山东路桥、上海铁路工程局等相关单位以及参与本书校稿的梁小龙、杨展、钱昊恬、黄书凡、银佳伟、鲁思吻、周塬汀、肖鸿杰等同学。正是由于你们的无私奉献与专业支持，本书得以顺利完成。希望本书能够为我国高速铁路无砟轨道技术的发展提供有益的支持与借鉴，并进一步推动高速铁路技术的进步。

目 录

第1章 桥上无砟轨道 ···1
1.1 高速铁路发展 ··1
1.2 高速铁路桥上无砟轨道结构 ··3
1.2.1 德国高速铁路桥上无砟轨道结构 ·····································4
1.2.2 我国高速铁路桥上无砟轨道结构 ·····································6
1.3 特大跨度桥梁无砟轨道铺设概况 ··9
1.3.1 德国特大跨度桥梁无砟轨道铺设概况 ·························10
1.3.2 俄罗斯特大跨度桥梁无砟轨道铺设概况 ·····················11
1.3.3 我国特大跨度桥梁无砟轨道铺设概况 ·························12
1.4 大跨度桥上无砟轨道铺设的难点 ··15
1.5 高速铁路大跨度桥上铺设无砟轨道研究现状 ····················17
1.5.1 多塔矮塔斜拉桥研究现状 ···17
1.5.2 车-轨-桥耦合振动研究现状 ···18
1.5.3 大跨度斜拉桥梁轨相互作用研究现状 ·························20
1.5.4 桥上无砟轨道铺设技术研究现状 ·································24
1.6 本章小结 ··27

第2章 郑济铁路长清黄河特大桥工程与设计概况 ···················28
2.1 长清黄河特大桥工程概况 ··28
2.1.1 工程地质和地震动条件 ···29
2.1.2 气象条件 ···29
2.1.3 水文条件 ···30
2.2 主桥设计概况 ··31
2.2.1 主要设计荷载和荷载组合 ···32
2.2.2 主要设计指标及参数 ···35
2.2.3 主要材料及措施 ···37
2.2.4 设计检算情况 ···39
2.3 桥上无砟轨道结构 ··47
2.4 本章小结 ··50

第 3 章 大跨桥上铺设无砟轨道力学特性分析⋯⋯⋯⋯⋯⋯⋯⋯⋯⋯⋯51
3.1 计算模型与计算参数⋯⋯⋯⋯⋯⋯⋯⋯⋯⋯⋯⋯⋯⋯⋯⋯⋯⋯⋯⋯51
3.1.1 静力计算模型⋯⋯⋯⋯⋯⋯⋯⋯⋯⋯⋯⋯⋯⋯⋯⋯⋯⋯⋯⋯51
3.1.2 桥梁模型及其参数⋯⋯⋯⋯⋯⋯⋯⋯⋯⋯⋯⋯⋯⋯⋯⋯⋯⋯51
3.1.3 轨道模型及其参数⋯⋯⋯⋯⋯⋯⋯⋯⋯⋯⋯⋯⋯⋯⋯⋯⋯⋯53
3.1.4 轨道-桥梁一体化计算模型⋯⋯⋯⋯⋯⋯⋯⋯⋯⋯⋯⋯⋯⋯⋯55
3.1.5 荷载取值⋯⋯⋯⋯⋯⋯⋯⋯⋯⋯⋯⋯⋯⋯⋯⋯⋯⋯⋯⋯⋯⋯56
3.2 长清黄河特大桥轨面平顺性分析⋯⋯⋯⋯⋯⋯⋯⋯⋯⋯⋯⋯⋯⋯⋯58
3.2.1 大跨度桥梁轨面平顺性评价方法⋯⋯⋯⋯⋯⋯⋯⋯⋯⋯⋯⋯58
3.2.2 60m中点弦测法轨面平顺性分析⋯⋯⋯⋯⋯⋯⋯⋯⋯⋯⋯⋯63
3.2.3 旅客舒适度评价法轨面平顺性分析⋯⋯⋯⋯⋯⋯⋯⋯⋯⋯⋯74
3.3 梁轨相互作用分析⋯⋯⋯⋯⋯⋯⋯⋯⋯⋯⋯⋯⋯⋯⋯⋯⋯⋯⋯⋯78
3.3.1 梁轨温差对梁轨相互作用的影响⋯⋯⋯⋯⋯⋯⋯⋯⋯⋯⋯⋯78
3.3.2 制动力对梁轨相互作用的影响⋯⋯⋯⋯⋯⋯⋯⋯⋯⋯⋯⋯⋯79
3.3.3 日照效应对梁轨相互作用与凸台力的影响⋯⋯⋯⋯⋯⋯⋯⋯81
3.3.4 地震对梁轨相互作用的影响⋯⋯⋯⋯⋯⋯⋯⋯⋯⋯⋯⋯⋯⋯84
3.3.5 弹性垫板纵向刚度变化对梁轨相互作用的影响⋯⋯⋯⋯⋯⋯89
3.3.6 弹性垫层强化计算⋯⋯⋯⋯⋯⋯⋯⋯⋯⋯⋯⋯⋯⋯⋯⋯⋯⋯90
3.3.7 钢轨强度检算⋯⋯⋯⋯⋯⋯⋯⋯⋯⋯⋯⋯⋯⋯⋯⋯⋯⋯⋯⋯93
3.4 车-轨-桥耦合动力性能影响分析⋯⋯⋯⋯⋯⋯⋯⋯⋯⋯⋯⋯⋯⋯⋯95
3.4.1 车-轨-桥耦合计算模型⋯⋯⋯⋯⋯⋯⋯⋯⋯⋯⋯⋯⋯⋯⋯⋯95
3.4.2 车-轨-桥耦合系统动力响应指标⋯⋯⋯⋯⋯⋯⋯⋯⋯⋯⋯⋯96
3.4.3 车-线-桥耦合系统动力响应⋯⋯⋯⋯⋯⋯⋯⋯⋯⋯⋯⋯⋯⋯99
3.4.4 无砟轨道结构参数对动力性能的影响⋯⋯⋯⋯⋯⋯⋯⋯⋯112
3.5 梁端伸缩一体化装置动力特性研究⋯⋯⋯⋯⋯⋯⋯⋯⋯⋯⋯⋯⋯122
3.5.1 大跨度斜拉桥梁端精细化有限元模型⋯⋯⋯⋯⋯⋯⋯⋯⋯122
3.5.2 温度和梁端转角对桥上线路平顺性的影响⋯⋯⋯⋯⋯⋯⋯123
3.5.3 行车速度对车-桥梁端耦合的影响⋯⋯⋯⋯⋯⋯⋯⋯⋯⋯⋯131
3.5.4 温度变形对车-桥梁端耦合的影响⋯⋯⋯⋯⋯⋯⋯⋯⋯⋯⋯137
3.5.5 梁端转角对车-桥梁端耦合的影响⋯⋯⋯⋯⋯⋯⋯⋯⋯⋯⋯140
3.5.6 不同拉伸状态梁端伸缩装置动力分析⋯⋯⋯⋯⋯⋯⋯⋯⋯144
3.6 本章小结⋯⋯⋯⋯⋯⋯⋯⋯⋯⋯⋯⋯⋯⋯⋯⋯⋯⋯⋯⋯⋯⋯⋯⋯147
第 4 章 千米长联斜拉桥上无砟轨道施工技术⋯⋯⋯⋯⋯⋯⋯⋯⋯⋯⋯⋯149
4.1 连续斜拉桥施工阶段变形监控⋯⋯⋯⋯⋯⋯⋯⋯⋯⋯⋯⋯⋯⋯⋯151

		4.1.1 无砟轨道施工期间桥梁结构监测 ································· 151
		4.1.2 温度变形监测试验方案设计 ····································· 157
		4.1.3 大跨度连续梁斜拉桥线形变化规律 ····························· 161
	4.2	连续斜拉桥上无砟轨道施工快速测量 ······································ 172
		4.2.1 CP Ⅲ轨道控制网概述·· 172
		4.2.2 现有 CP Ⅲ设站测量方法的不足 ································ 176
		4.2.3 测量原理 ·· 176
		4.2.4 测量方法及步骤 ··· 177
		4.2.5 测量结果分析 ·· 179
	4.3	连续斜拉桥上无砟轨道施工方案 ·· 181
		4.3.1 无砟轨道压重施工 ·· 181
		4.3.2 无砟轨道施工标高控制方法 ····································· 185
	4.4	连续斜拉桥上无砟轨道施工控制结果 ······································ 191
		4.4.1 底座板施工线形控制结果 ·· 191
		4.4.2 轨道板绝对标高线形控制结果 ································· 192
		4.4.3 中点弦测法评价施工后几何形位 ······························ 192
	4.5	本章小结 ··· 193

第5章 大跨桥上无砟轨道铺设技术总结 ······································ 195

参考文献 ·· 198

第1章 桥上无砟轨道

1.1 高速铁路发展

高速铁路作为一种兼具快速、安全、便捷、舒适、环保等优势的交通运输形式，自问世后一直备受人们的重视并得到了快速发展，现已成为衡量铁路现代化的重要指标之一[1]。发展高速铁路需要足够发达的经济条件和充足的客流密度来支撑和保障。在国外主要以日本、法国、德国为代表的发达国家较早开启了高速铁路的建设和相关先进技术的探索，并积累了一定经验，形成了各自的技术体系[2,3]。其中，日本以新干线技术为代表，法国形成了以TGV列车为核心的相关技术，德国总结出了ICE系列列车相关技术，并在磁悬浮技术上取得一定突破[4]。我国的高速铁路虽起步较晚，但在短短十几年时间内经历了"引进—消化吸收—再创新"的发展过程，发展迅猛，已取得了举世瞩目的成就。目前我国"四纵四横"干线网已建成，"八纵八横"大网加密初步成型，正有序建设、推进。截至2024年底，我国高速铁路运营总里程已达4.8万km，位居世界第一。目前，世界上仍有10余个国家在规划和修建高速铁路，高速铁路仍具有广泛的应用、发展前景。各国仍在高速铁路领域中不断深入探索，向着智能、绿色、高速度、高质量等方向不断拓展[5]。

根据我国"十四五"规划和《新时代交通强国铁路先行规划纲要》，到2035年，我国将率先建成实力国际领先的现代化铁路强国，届时全国铁路网总长度将达到约20万km，高铁里程将达到7万km左右[6]，20万人口以上的城市将实现铁路覆盖，50万人口以上的城市将实现高铁通达。这将极大提升人们出行的便捷性，增进全国各地间的文化交流与经济往来，进一步推动我国经济发展。

桥梁作为高速铁路线路下部基础的重要组成部分，在铁路线路跨越公路、河流、山涧或者地质条件较差的区域时，可为高速铁路提供一个稳定、平顺的基础[7,8]。在我国高铁长达4万多km的运营里程中，包含约2万km的铁路桥梁，占总里程的40%以上。京津高铁、京沪高铁等高速铁路的桥梁占比更是高达总里程的85%以上[9-11]。目前铺设无砟轨道的高速铁路桥梁，均是以刚度较大的混凝土梁为主，如连续梁（刚构）、连续梁（刚构）拱、部分斜拉桥等。国外最大跨度的高速铁路斜拉桥为日本北陆新干线第二千曲川桥（图1-1），孔跨布置为2×135m单塔双孔斜拉桥，设计行车速度为260km/h，采用板式整体无砟轨道。另外，德国埃本斯费尔德—埃尔福特铁路弗罗什根德湖高架桥（图 1-2）采用 270m 跨径的上承式混凝土拱桥，线路设计速度为 300km/h，实际运营速度为 250km/h，桥上线间距为 4.7m，采用板式无砟轨道。

图 1-1　日本北陆新干线第二千曲川桥　　　图 1-2　德国埃本斯费尔德—埃尔福特铁路弗罗什根德湖高架桥

我国最早在大跨度桥梁上铺设无砟轨道的项目是昌赣高铁赣江特大桥，该桥主跨为 300m，采用斜拉桥结构，之后为商合杭高铁裕溪河特大桥，该桥主跨为 324m，也采用斜拉桥结构。这两座高速铁路大跨桥的设计行车速度均为 350km/h，铺设 CRTS Ⅲ型板式无砟轨道。近年来，我国高速铁路主跨在 300m 以上的大跨度铁路桥梁数量显著增多，截至 2022 年 5 月已开通运营 13 座，在建 38 座，拟建 34 座[12]，部分新建大跨度铁路桥如图 1-3 所示。在大跨度桥梁上铺设无砟轨道比有砟轨道更加稳定和方便列车提速，具有整体性好、维修成本低、维修少、桥梁二期恒载小等优点[13]，因此无砟轨道被广泛铺设于新开通高速铁路大跨度桥梁线路中。国内目前已铺设无砟轨道的大跨度铁路桥梁如表 1-1 所示。

(a) 安海湾特大桥　　　　　　　　　　(b) 商合杭高铁裕溪河特大桥

(c) 百合郁江特大桥

(d) 长清黄河特大桥

图 1-3 国内新建大跨度铁路桥

表 1-1 国内铺设无砟轨道的大跨度桥梁[14-19]

桥梁名称	桥梁结构	轨道类型	跨度
昌赣高铁赣江特大桥	斜拉桥	CRTS Ⅲ型板式无砟轨道	35m+40m+60m+300m+60m+40m+35m
商合杭高铁裕溪河特大桥	斜拉桥	CRTS Ⅲ型板式无砟轨道	60m+120m+324m+120m+60m
百合郁江特大桥	斜拉桥	CRTS Ⅰ型双块式无砟轨道	36m+40m+64m+330m+64m+40m+36m
长清黄河特大桥	斜拉桥	CRTS Ⅲ型板式无砟轨道	108m+4×216m+108m
安海湾特大桥	斜拉桥	双块式无砟轨道	40m+135m+300m+135m+40m
京沪高铁京杭运河特大桥	梁拱组合式桥	CRTS Ⅱ型板式无砟轨道	90m+180m+90m
容桂水道大桥	连续刚构	CRTS Ⅰ型板式无砟轨道	108m+2×185m+108m
陆水特大桥	连续梁桥	双块式无砟轨道	70m+125m+70m
太平湖特大桥	连续矮塔斜拉桥	双块式无砟轨道	48m+118m+2×228m+118m+48m

随着高速铁路的迅猛发展，对特大跨度桥梁铺设无砟轨道的研究显得尤为关键，其必要性主要体现在以下几个方面。

（1）确保高速列车能够以 350km/h 的速度平稳不限速运行，提升运输效率。

（2）减少养护维修工作量，降低长期运营成本。

（3）统一全线轨道类型，简化维护工作流程，同时减少养护维修设备的种类和数量。

（4）扩大无砟轨道在桥梁上的应用范围，推动无砟轨道技术的进一步发展。

1.2 高速铁路桥上无砟轨道结构

随着高速铁路技术的不断进步，无砟轨道因其优异的平顺性、稳定性、耐久性及低维护成本，逐渐成为高速铁路桥梁铺设的首选。各国在桥上无砟轨道结构的研究和应用方面积累了丰富的经验,形成了各具特色的技术体系。本节主要介绍德国和我国在高速铁路桥上无砟轨道结构方面的技术特点。

1.2.1 德国高速铁路桥上无砟轨道结构

德国铁路无砟轨道研究是在解决了土质路基铺设的技术问题后逐步推广到隧道和桥梁上的,为全区间铺设无砟轨道创造了有利条件。德国具有实际运营经验的无砟轨道具体结构形式主要有 Rheda 型无砟轨道、Züblin 型无砟轨道及 Bögl 板式无砟轨道。

1. 桥上 Rheda 型无砟轨道

1972 年,联邦德国铁路公司在 Rheda 车站试铺了由德国慕尼黑工业大学开发的枕式无砟轨道,轨下基础由整体混凝土枕和现浇钢筋混凝土板组成,称为 Rheda 型无砟轨道。这种无砟轨道经过不断改进和完善,现已发展到 Rheda2000 型无砟轨道。新结构简化了轨枕块结构,取消了混凝土槽,降低了结构高度,完善了结构的整体性,可降低轨道本身和线路的造价。此外,新结构还统一了结构形式,即在土质路基上、桥梁上、隧道内,以及道岔区和钢轨伸缩调节器区域都具有相同或相似的结构。桥上 Rheda 型无砟轨道结构如图 1-4 所示。长桥上道床板分块设置,长度一般为 4.0~7.0m,道床板之间设最小宽度为 100mm 的横向断缝,可作为横向排水通道;桥上设凸台或设底座(凹槽),提供道床板纵向和横向限位,在凸台或底座凹槽四个侧面设置弹性垫层。

(a) 桥上Rheda型无砟轨道实物图

(b) 凸台

图 1-4 桥上 Rheda 型无砟轨道结构

2. 桥上 Züblin 型无砟轨道

Züblin 型无砟轨道结构与 Rheda2000 型无砟轨道结构基本相同,最大的不同是施工方法。Züblin 型无砟轨道采用德国 Züblin 公司开发的专用成套施工设备，用固定钢框架替代钢轨支撑架，将轨排振动压入预先浇筑的混凝土中。该施工方法机械化程度高，施工进度快，且在施工过程中无须工具轨，受环境条件的影响较小。1974 年，Züblin 型无砟轨道首次在德国科隆—法兰克福高速铁路上应用，其桥上结构如图 1-5 所示。

图 1-5　桥上 Züblin 型无砟轨道结构

3. 桥上 Bögl 板式无砟轨道

Bögl 板式无砟轨道在长桥上的基本结构与 Rheda2000 型无砟轨道和 Züblin 型无砟轨道相同，采用设置凹槽的现浇混凝土底座板，桥上轨道板不纵连，设 10cm 的间隔缝，梁缝处轨道板和底座板均断开。预制轨道板采用普通钢筋混凝土结构，板厚 300mm，板两端的中部设置与现浇底座凹槽对应的限位块，限位块侧面粘贴橡胶垫层，板底喷涂隔离层，其结构如图 1-6 所示。

图 1-6　桥上 Bögl 板式无砟轨道结构[20]

1.2.2　我国高速铁路桥上无砟轨道结构

我国无砟轨道的发展与日本、德国等国家几乎同时起步，经历了多个阶段。在 20 世纪 70～90 年代，由于列车速度较低和国家财力限制，无砟轨道的发展一度放缓，但自 20 世纪 90 年代以来，随着铁路提速和高速铁路建设的快速发展，无砟轨道的发展进入一个新阶段。

2005 年，铁道部引进了德国和日本的先进无砟轨道系统，并成立了无砟轨道再创新攻关组，积极开展再创新研究。京津城际铁路作为我国第一条最高速度（350km/h）的客运专线，采用了改进型的博格板式无砟轨道系统，标志着我国在无砟轨道技术上的重大突破。

随后，武广高速铁路武汉综合试验段的建设进一步推动了无砟轨道技术的发展。试验段内铺设了多种类型的无砟轨道，包括 Rheda2000 双块式无砟轨道和再创新的双块式无砟轨道、单元板式无砟轨道、纵连板式无砟轨道等。

近年来，CRTS 系列无砟轨道技术在我国得到了广泛应用。其相继在郑西高速铁路、哈大客运专线、京沪高速铁路等线路上成功应用，标志着我国无砟轨道技术的成熟和自主创新能力的提升。

总体来看，我国高速铁路桥上无砟轨道的发展经历了从引进、消化吸收到自主创新的过程，逐步形成了具有自主知识产权的无砟轨道技术体系，并在实际建设运营中积累了大量经验。我国通过遂渝线无砟轨道综合试验段关键技术研究、国外高速铁路无砟轨道系统消化吸收及客运专线无砟轨道技术再创新等举措，自主研发了多种结构形式的无砟轨道，并在桥上高速铁路建设中广泛推广应用。我国桥上高铁线路中无砟轨道结构分为预制板式和现浇混凝土式两大类，主要包括五种结构形式，即 CRTS Ⅰ型板式、CRTS Ⅱ型板式、CRTS Ⅲ型板式、CRTS Ⅰ型双块式、CRTS Ⅱ型双块式。

1. 桥上 CRTS Ⅰ型板式无砟轨道结构

在日本板式轨道的基础上经技术经济优化形成我国的 CRTS Ⅰ型板式轨道，预制轨道板通过水泥沥青砂浆调整层，铺设在现场浇筑的钢筋混凝土底座上，由凸形挡台限位，是一种适应 ZPW-2000 轨道电路的单元轨道板无砟轨道结构形式。

CRTS Ⅰ型板式无砟轨道很大一部分核心在于 CA 砂浆技术，CA 砂浆技术早在 20 世纪 70 年代我国就开始研究。例如，1981 年在皖赣线溶口隧道铺设了板式轨道试验段，使用情况较好，1999 年又在秦沈客运专线的狗河特大桥和双河特大桥铺设了板式轨道试验段，在狗河特大桥上铺设了 741m，在双河特大桥上铺设了

740m，使用情况较好，2003年在赣龙线枫树排隧道铺设了板式轨道试验段，铺设了1420m，使用情况较好。

CRTS Ⅰ型板式无砟轨道在路基、桥梁、隧道地段结构组成相同，其为预制单元板式轨道结构，自下而上由现浇钢筋混凝土底座、凸形挡台、CA砂浆调整层、预制轨道板、扣件、钢轨等组成，如图1-7所示。

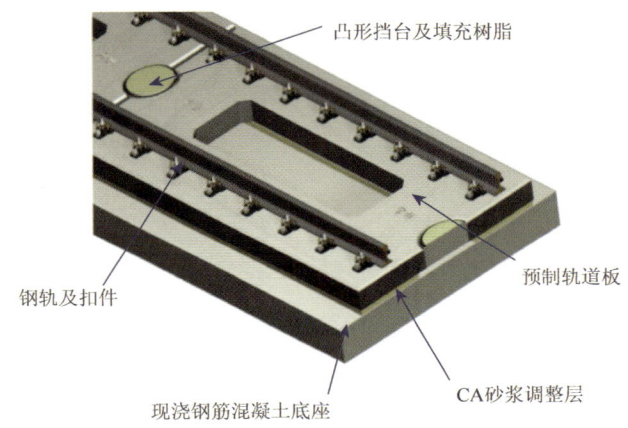

图1-7 桥上CRTS Ⅰ型板式无砟轨道

2. 桥上CRTS Ⅱ型板式无砟轨道结构

CRTS Ⅱ型板式无砟轨道是我国在消化、吸收德国博格板轨道的基础上再创新形成的，该结构是将预制轨道板通过调整层铺设在现场摊铺的混凝土支承层或现场浇筑的具有滑动层的钢筋混凝土底座（桥梁）上。

桥上CRTS Ⅱ型板式无砟轨道为跨过梁缝的连续结构，由滑动层(两布一膜)、钢筋混凝土底座、侧向挡块、调整层（BMZ砂浆）、轨道板等组成，如图1-8所示。桥梁与底座板间设置滑动层（两布一膜），以减小桥梁温度伸缩对无砟轨道的影响，在桥梁固定支座上方，底座板与梁体固结（梁体设抗剪齿槽和锚固筋），将纵向力传递至桥梁基础，在梁缝两侧一定范围的梁面铺设50mm厚的硬质泡沫塑料板，以减小梁端转角对无砟轨道结构的影响；底座板与梁面为滑动状态，设置普通侧向挡块对底座板横向限位，设置扣压型挡块以保证底座板的压屈稳定性；在台后路基上设置摩擦板、端刺等锚固体系，使桥上轨道传递的纵向力不影响路基和无砟轨道结构的稳定性。

3. 桥上CRTS Ⅲ型板式无砟轨道结构

CRTS Ⅲ型板式无砟轨道是具有我国自主知识产权的新型预制板式无砟轨道

结构，最先应用于成都—都江堰铁路。该型轨道结合了 CRTS Ⅰ型和 CRTS Ⅱ型板式无砟轨道的优点，采用预制轨道板铺设在现场浇筑的钢筋混凝土底座上，板下灌注免振捣的自密实混凝土层，自密实混凝土形成的凸台和底座板凹槽相互咬合进行限位[21]，其结构如图 1-9 所示。目前，CRTS Ⅲ型板式无砟轨道已在我国多条长大线路上得以成功应用[22]。

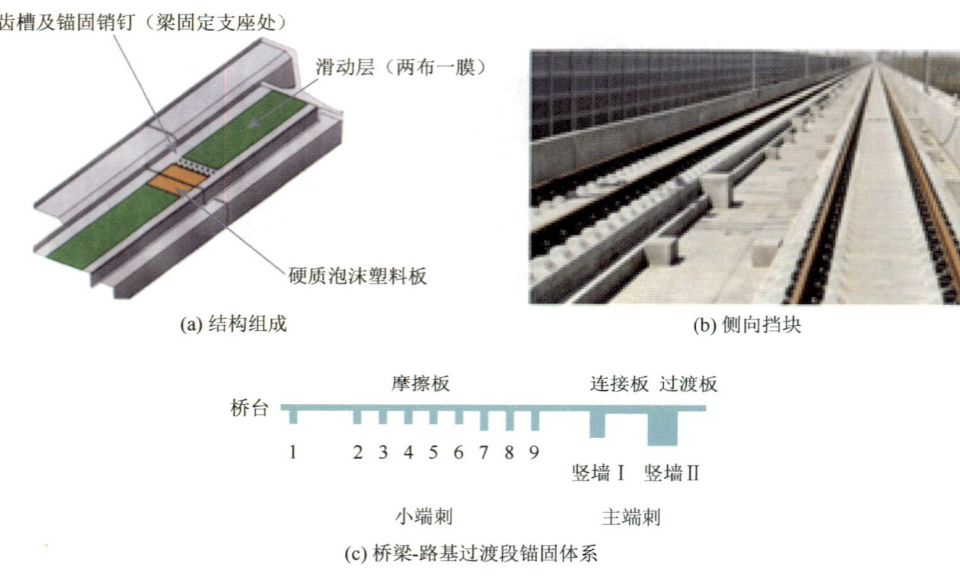

图 1-8 桥上 CRTS Ⅱ型板式无砟轨道

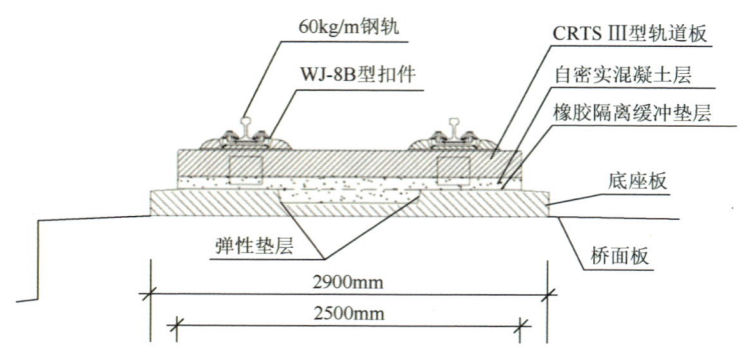

图 1-9 桥上 CRTS Ⅲ型板式无砟轨道横断面图

4. 桥上 CRTS Ⅰ型双块式无砟轨道结构

CRTS Ⅰ型双块式无砟轨道结构是我国在消化、吸收引进的德国 Rheda 型无砟轨道技术的基础上形成的。桥梁地段 CRTS Ⅰ 型双块式无砟轨道由上而下依次由钢轨、扣件、道床板（含双块式轨枕）、隔离层、底座+限位凹槽（或保护层+限位凸台）组成，如图 1-10 所示。道床板采用单元分块结构，下部设钢筋混凝土底座，分块长度与道床板相对应，底座顶面设置隔离层（土工布），底座中部设置凹槽，凹槽侧立面粘贴弹性缓冲垫层，道床板混凝土灌注其中，形成凹凸结构，为轨道结构提供水平限位。

(a) CRTS Ⅰ 型双块式无砟轨道　　　(b) 底座限位凹槽　　　(c) 限位凸台

图 1-10　桥上 CRTS Ⅰ 型双块式无砟轨道

5. 桥上 CRTS Ⅱ 型双块式无砟轨道结构

CRTS Ⅱ 型双块式无砟轨道结构是我国在消化、吸收引进的德国 Züblin 型无砟轨道技术的基础上形成的。该型轨道结构与 CRTS Ⅰ 型双块式无砟轨道无本质区别，主要的不同在于施工方法。CRTS Ⅱ 型双块式无砟轨道在施工过程中，通过特殊机械振动压入现浇道床，以提高现浇混凝土结构的施工效率，其桥上结构横断面如图 1-11 所示。

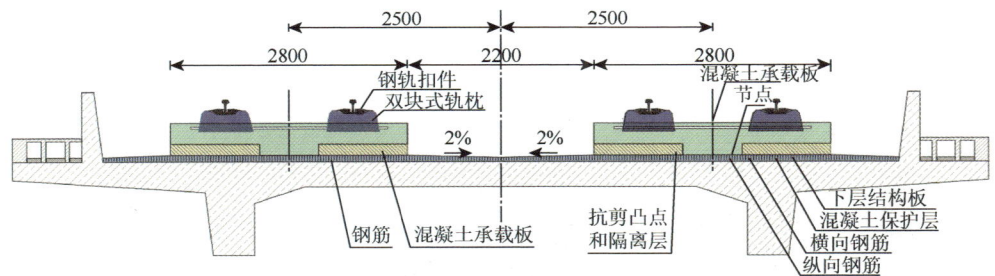

图 1-11　桥上 CRTS Ⅱ 型双块式无砟轨道结构（单位：mm）

1.3　特大跨度桥梁无砟轨道铺设概况

随着高速铁路技术的不断发展，特大跨度桥梁上铺设无砟轨道已成为提升铁路运营效率和安全性的关键技术之一。特大跨度桥梁结构复杂、跨度大，因此对轨道铺设技术提出了更高的要求。各国在特大跨度桥梁无砟轨道铺设方面积累了丰富的经验和技术成果。本节分别介绍德国、俄罗斯和我国在特大跨度桥梁无砟轨道铺设方面的概况，探讨各国在这一领域的技术特点和应用实例，为进一步研究和实践提供参考。

1.3.1 德国特大跨度桥梁无砟轨道铺设概况

2017年12月，德国开通新的埃本斯费尔德—爱尔福特连接线，该铁路位于巴伐利亚州市区的东部，设计速度为300km/h，实际运营速度为250km/h，铺设奥地利OBB/PORR板式无砟轨道结构。位于连接线上的勒登塔尔地区穿越伊茨河和弗罗什根德湖，分别设置了弗罗什根德湖高架桥和格伦普坦谷高架桥两座混凝土拱桥。

弗罗什根德湖高架桥距离弗罗什根德湖面约65m，拱圈上部结构为预应力混凝土连续箱梁，全桥总长798m，主拱跨径为270m，如图1-12所示。

图1-12 弗罗什根德湖高架桥

格伦普坦谷高架桥横跨格伦普坦谷山谷，谷底至桥面约70m，该桥上部结构为预应力混凝土连续箱梁，全桥总长1104m，主拱跨径为270m，如图1-13所示。

图1-13 格伦普坦谷高架桥

桥上的OBB/PORR板式轨道由钢轨、扣件、轨道板、自密实调整层、底座（无限位凹槽）组成，如图 1-14 所示。预制轨道板中间设有两矩形孔，便于充填砂浆和传递水平力。轨道板底部和矩形孔四周设有隔离层。充填砂浆的同时，可在矩形孔处形成一个锥形锚块，抵抗上拔力作用。轨道板的灌浆孔周围和板底均设置了一层胶垫，用于隔离轨道板和自密实混凝土。轨道板底无门型钢筋。轨道结构两侧和线间一般均填充碎石，作用是吸声降噪。

图 1-14　OBB/PORR 板式轨道

1.3.2　俄罗斯特大跨度桥梁无砟轨道铺设概况

20 世纪 70 年代，苏联便开展了铁路钢桥上无砟轨道技术的研究，并进行了大量的实践探索。目前俄罗斯境内钢桥上均铺设宽轨距（轨距为 1520mm）板式无砟轨道，如图 1-15 所示。根据 1995 年俄罗斯修订的铁路维护相关规范，在规范中

图 1-15　俄罗斯特大跨度桥上无砟轨道

规定板式无砟轨道结构为钢桁梁桥地段的标准轨道结构。钢桥上轨道板与钢桥纵梁上翼缘之间设置调整层，并通过螺栓连接固定。其无砟轨道铺设技术的主要特点如下。

（1）在铁路明桥面的纵/横梁上直接铺设无砟轨道。

（2）混凝土板采用节段预制的方式，与铁路纵梁采用长螺栓连接。

（3）铁路钢桥上无砟轨道的设计速度一般在 120km/h 以下。

1.3.3　我国特大跨度桥梁无砟轨道铺设概况

我国高速铁路桥上无砟轨道的发展经历了从引进、消化吸收到自主创新的过程，逐步形成了具有自主知识产权的无砟轨道技术体系，并在实际建设运营中积累了大量经验。

1. 武广汀泗河特大桥

武广汀泗河特大桥是我国首座高速铁路主跨达 140m 的钢箱系杆拱桥，设计速度为 350km/h，轨道结构采用 CRTS Ⅰ 型双块式无砟轨道，如图 1-16 所示。该桥采用了主跨为 140m 的下承式钢箱系杆拱拼装新工艺及高速铁路大跨度钢桥铺设无砟轨道等总体施工技术，这些技术均达到了国际领先水平，开创了我国特大跨度钢桥铺设无砟轨道的先例。

图 1-16　武广汀泗河特大桥

2. 广珠城际容桂水道特大桥

广珠城际容桂水道特大桥是广珠城际铁路控制性工程之一，位于佛山市顺德区境内，设计速度为 200km/h，轨道结构采用 CRTS Ⅰ 型框架板式无砟轨道，如图 1-17 所示。该型桥主跨为 108.85m+2×185m+115.5m 四孔一联的连续刚构桥，为 2018 年前世界上最大跨度的无砟刚构铁路桥。

图 1-17　广珠城际容桂水道特大桥

3. 京沪高铁京杭运河特大桥

京沪高铁连接北京与上海，线路全长 1318km，设计速度为 350km/h，轨道结构采用纵连的预制板式轨道，是世界上一次建成线路最长、标准最高的高速铁路。京沪高铁京杭运河特大桥位于江苏省镇江市，该型桥主桥为 90m+180m+90m 连续梁拱，如图 1-18 所示。

图 1-18　京沪高铁京杭运河特大桥

4. 昌赣高铁赣江特大桥

南昌至赣州铁路位于江西省中南部，北连南昌市，南接赣州市，线路全长 415km，设计速度为 350km/h，轨道结构采用 CRTS Ⅲ型板式无砟轨道。昌赣高铁赣江特大桥位于赣州市，是主跨为 300m 的组合梁斜拉桥，如图 1-19 所示。

图 1-19 昌赣高铁赣江特大桥

为满足铺设无砟轨道并达到 350km 运营时速的条件,昌赣高铁赣江特大桥采取了以下措施。

(1) 边跨及辅助跨采用混凝土梁,增强对主跨的锚固作用,提高结构刚度。

(2) 中跨采用钢-混凝土组合梁,增大主梁的重力刚度,进一步提高结构刚度。

(3) 中跨组合梁混凝土桥面板提前半年预制,降低混凝土收缩、徐变引起的变形,使桥梁后期线形更加稳定。

(4) 每侧设置两个辅助墩,以减小梁端转角及横向"摆尾"变形效应。

(5) 主梁采用整体箱形断面,梁高 4.5m,索间梁段相对变形小。

(6) 主梁采用单箱三室截面,混凝土桥面板由多道纵腹板、横隔板支承,厚 30～50cm,桥面板刚度大,局部变形小,有利于列车平稳运行。

(7) 无砟轨道结构层之间设置一定厚度的弹性隔离缓冲垫层,以提高桥梁-轨道变形的跟随性和协调性。

(8) 梁端选用刚度较大的抬轨装置,以减小梁端轨道变形,确保列车运行平稳。

5. 商合杭高铁裕溪河特大桥

商合杭高铁裕溪河特大桥主桥全长 686m,主跨跨度为 324m,主梁为钢箱桁梁结构,主桁中心距为 14.0m,桁高 12.0m。主塔为钢筋混凝土结构,采用"H"型索塔,塔高 123m,斜拉索为空间双索面,立面上每塔两侧共 13 对索,全桥共 104 根斜拉索,如图 1-20 所示。在我国时速为 350km 的高速铁路大跨度斜拉桥中,商合杭高铁裕溪河特大桥是我国首次在 300m 以上跨度的桥梁中采用无砟轨道和钢箱桁梁结构形式的高速铁路桥梁,标志着我国在高速铁路桥梁设计与施工技术方面取得了重要突破。

图 1-20　商合杭高铁裕溪河特大桥

商合杭高铁裕溪河特大桥在双线 ZK 活载作用下，挠跨比达到 1/1094，在考虑徐变、温度及实际运营动车组荷载组合下，主梁最大垂向变形−181.9mm，对应曲率半径为 49000m，在同类斜拉桥中已属于较好的刚度条件。为铺设无砟轨道，商合杭高铁裕溪河特大桥还采取了多项措施提高桥梁垂向刚度，具体如下。

（1）采用斜拉索和钢箱桁梁组合结构增大垂向刚度。

（2）边跨混凝土梁增强了对主跨的锚固作用，提高结构刚度。

（3）设置边跨和辅助跨，减小梁端转角及横向"摆尾"效应。

从国内外大跨度桥梁铺设无砟轨道的经验来看，为保证桥上线路的平顺性，桥梁的选型通常会采用刚度较大的结构形式。当桥梁跨度过大，必须采用斜拉桥时，设计中会采取多项措施来提高桥梁的刚度，进而改善列车的通过性能。

1.4　大跨度桥上无砟轨道铺设的难点

大跨度桥梁易受外界环境，如温度、日照、风荷载等因素的影响，产生较大的变形[23-25]，导致埋设在主梁防撞墙上的 CP Ⅲ 控制点随之发生位移，进而使 CP Ⅲ 控制点的成果具有多值性[26-29]。CP Ⅲ 控制点作为建设期的轨道精调施工、运营维护期的轨道维护工作的控制基准，若其发生较大变化，将无法保证施工时的设站测量精度，且无法达到相关规范的要求[30-33]。因此，采用 CP Ⅲ 控制点指导大跨度斜拉桥主梁上无砟轨道板精调、钢轨精调及无砟轨道轨排平面测控和轨道平顺性的检测等工作时，会产生诸多不利影响。

大跨度钢桥在轮轨横向力、风荷载等其他因素的作用下会产生较大的横向不均匀位移和振动，如果桥梁横向位移直接映射到钢轨上，将会对行车安全产生不利影响。因此，有必要对桥梁结构与钢轨之间的横向位移映射关系进行充分的研究。

大跨度铁路桥梁在平顺性评价标准方面所面临的主要问题为垂向变形远超过规范限值。昌赣高铁赣江特大桥、商合杭高铁裕溪河特大桥顺利开通并实现了高速运营。同时，国内对京沪高铁、京津城际运营数据的持续观测表明，即使线路条件不满足 300m 弦长波管理值，线路依然可以满足行车舒适性、安全性。目前我国对于轨道动态不平顺与静态不平顺的验收标准存在一定的分歧，部分大跨度桥梁存在静态不平顺超限但轮重减载率、脱轨系数等动力学指标均满足规范要求的状况。因此，需要制定适用于大跨度桥梁的动静态验收标准。

无砟轨道对平顺性、舒适性的严格要求，使得对其施工精度的要求不随桥梁跨度的增加而降低。桥梁在风荷载、温度荷载及自重荷载作用下，位移和变形较大且复杂。以昌赣高铁赣江特大桥为例，桥梁主跨产生的挠度变形最大可达 27cm，施工线形控制困难，需要在施工过程中不断调整预拱度，以达到无砟轨道对成桥线形的要求[34]。如何掌握桥梁变形和位移的规律，无砟轨道施工中线形控制与桥梁变形相适应是保证轨道结构的高平顺性、高稳定性及高可靠性的重要基础[13, 35]。

桥上无砟轨道铺设无缝线路可能会在温度升降和列车荷载等因素的作用下导致桥梁-轨道结构-钢轨的相互作用增大。目前国内外大跨度桥梁上无缝线路为减少梁轨相互作用而多采用小阻力扣件来代替常阻力扣件[36-38]，从而避免钢轨受力过大。随着高速铁路桥梁跨度不断增大，不仅需要铺设小阻力扣件，还要铺设钢轨伸缩调节器，以此来降低钢轨附加应力[39]。由于在温度、风、地震、列车活载等作用下大跨度桥梁的主桥与引桥之间会产生纵向相对位移[40]，需要在主桥和引桥之间设置梁端伸缩装置来保证列车在梁缝位置行驶的可靠性和稳定性。但在基础可动且梁端处车辆动力作用较大的情况下，梁端伸缩装置的长期可靠性有待检验。

此外，为了确保施工精度和工程质量，大跨度桥的施工测量只能在天气良好的夜间进行，每次施工前必须对 CP Ⅲ 控制网进行复测和平差，这导致有效施工时间短。同时，大跨度桥刚度相对较小，受荷载变化的影响较大[41]。在某跨道床结构施工时，对其相邻已浇筑的道床结构混凝土质量会造成影响，常规的道床施工顺序（从桥梁一端向另一端顺序推进施工）存在较高的质量风险。

综上所述，大跨度桥上无砟轨道施工的关键技术难点可归纳如下。

（1）大跨度斜拉桥主梁结构受温度、风荷载等外界环境因素影响显著，导致桥上无砟轨道铺设精度控制与测量基准稳定性面临严峻挑战[42]。

（2）轨道系统与桥梁结构的横向变形耦合机制尚需深入研究，现有设计理论难以精准映射二者协同变形关系。

(3) 大跨度桥梁动态与静态验收指标尚未形成统一标准，影响无砟轨道施工质量评价体系完整性。

(4) 桥梁预设拱度与无砟轨道设计几何形位的动态匹配问题突出，可能引发轨面平顺性劣化。

(5) 当桥梁主跨超过 300m 时，梁端伸缩装置在基础可动条件下承受车辆动力循环荷载，其长期服役可靠性缺乏充分验证。

(6) 大跨度桥梁主体施工阶段与无砟轨道铺设工序的时空匹配关系需进一步优化，以提高轨道铺设精度与工程建设效率。

1.5 高速铁路大跨度桥上铺设无砟轨道研究现状

由 1.4 节内容可知，大跨度桥上无砟轨道施工存在诸多难点。为此，国内外学者和工程技术人员进行了大量的研究和探索，提出了相应的解决方案和技术措施。本节将详细介绍这些研究成果，包括多塔矮塔斜拉桥研究、车-轨-桥耦合振动研究、大跨度斜拉桥梁轨相互作用研究、桥上无砟轨道铺设技术研究等方面的内容。

1.5.1 多塔矮塔斜拉桥研究现状

郑济铁路长清黄河特大桥的主桥为预应力混凝土多塔矮塔斜拉桥。此类桥梁的施工周期较长，结构受力体系和线形会不断变化，受到多种复杂因素的影响，存在较高的施工安全风险和质量风险。

矮塔斜拉桥的设计方案最早于 1988 年由法国的 Jacques Mathivat 提出。1994 年，日本建成了世界上第一座矮塔斜拉桥——小田原港桥，其桥跨布置为 74m+122m+74m，塔高 10.7m，公路桥面宽 13m。1995 年，日本又建成了屋代南桥和屋代北桥，是主跨分别为 105m 和 90m 的双线铁路桥，塔高分别为 12m 和 10m。我国的第一座矮塔斜拉桥是 2000 年竣工的芜湖长江大桥，该桥桥跨布置为 180m+312m+180m。由于净空限制，桥塔设计为矮塔，公路桥面以上塔高 33.2m，塔高与主跨之比为 1∶9，远小于常规斜拉桥的 1∶4。主梁采用钢桁梁，公铁两用桥。2001 年竣工的漳州战备大桥是我国第一座公路矮塔斜拉桥，桥跨布置为 80.8m+132m+80.8m，塔高 16.5m。2011 年建成的京沪高速铁路天津枢纽津沪联络线特大桥是我国第一座铁路矮塔斜拉桥，桥跨布置为 64.6m+115m+115m+64.6m，三塔四跨，梁面以上塔高 15m。

矮塔斜拉桥的受力行为介于连续梁和典型斜拉桥之间。与连续梁相比，矮塔斜拉桥的边跨与中跨比例接近连续梁，主梁截面高度也偏向于连续梁；与典型斜拉桥相比，矮塔斜拉桥的塔高约减小 1/2，桥塔多采用实心矩形截面，无索区段范围更大，斜拉索数量更少且多呈扇形布置，边跨斜拉索布置在边跨截面的 1/3 附近。斜拉索通常设计为连续通过塔柱，不在塔柱上分开中断，为方便更换斜拉索，多采用钢绞线索。此外，为满足矮塔斜拉桥成桥线形和内力的要求，需对桥梁进行施工监控，此过程通常采用参数识别法进行控制。韦作明等[43]结合一座跨度为 99m+180m+99m 的公路矮塔斜拉桥，分析了结构自重偏差、混凝土受力龄期、系统温差、索塔温度梯度、主梁温度梯度、索梁温差、斜拉索张拉力偏差和主梁预应力张拉力偏差对主梁施工线形的影响。结果表明，主梁温度梯度、索梁温差和索塔温差，以及主梁自重偏差对施工阶段的主梁线形影响较大。正温度梯度作用下，最大悬臂端下挠 43.32mm；负温度梯度作用下，最大悬臂端上翘 21.66mm。实测梁高误差为–36～30mm，同一块段中跨和边跨梁高误差之差在–40～7mm，导致主梁悬臂端部位移 18.12mm。

高速铁路桥梁需具备合理的长期刚度，并严格控制后期的徐变变形。如果设计、施工和养护不当，桥梁结构的长期累积变形将不断恶化线路的平顺性，降低乘坐舒适度，甚至威胁行车安全，增加养护维修工作量和费用，迫使线路限速运营。桥梁徐变会增大梁端转角、车辆振动加速度、扣件压力或拉力，损坏扣件，可能引起无砟轨道与梁面局部脱空等不利后果。影响徐变的因素极其复杂，包括梁体实际尺寸、混凝土密度、混凝土弹性模量、预应力张拉控制应力、预应力损失、混凝土强度、斜拉索拉力、地基变形、二期恒载分布及加载时间、气候环境条件等。因此，精确计算徐变变形是矮塔混凝土斜拉桥线形控制的一大难点。矮塔斜拉桥作为桥梁结构中的一种特殊类型，结合了连续梁与典型斜拉桥的优点，具有独特的受力和变形特性。其在大跨度高铁桥梁中的应用仍需进一步深入探讨，特别是其徐变效应的长期监测与分析。未来的研究应注重结合理论计算与实测数据，以提升桥梁的设计、施工及维护水平。

1.5.2 车-轨-桥耦合振动研究现状

近年来，随着高速铁路的推广和相关技术的不断创新，人们对行车速度、乘车舒适性及结构使用耐久性等方面提出了更高的要求。由于无砟轨道刚度大、变形小、稳定性高，高速铁路斜拉桥上铺设无砟轨道已成为未来的发展趋势[44]。但目前我国在大跨度斜拉桥上铺设无砟轨道的经验尚未成熟，为探究高速列车与无砟轨道、大跨度斜拉桥之间复杂的作用关系，指导桥上无砟轨道铺设及评价轨道平顺性，有必要开展车-轨-桥系统耦合作用的研究。

21 世纪以来，随着车-轨-桥耦合振动理论的不断发展，车-轨、桥-轨之间的作用逐步受到了人们的重视，商用有限元与多体动力学软件的广泛应用降低了复杂模型建立的难度，国外学者逐步建立起完整、精细化的车-轨-桥耦合模型进行研究。2002 年，Rawlings 等[45]利用 VAMPIRE 分析了一座系杆桥梁的动力响应。2003 年，Tanabe 等[46]通过分析地震动激励下耦合车-桥耦合系统的动力响应和统计规律，将车-轨-桥耦合振动理论进一步扩展至高速铁路桥梁抗震分析领域。2005 年，Biondi 等[47]采用子结构方法对多跨简支梁的动力响应及失效概率进行了计算分析。2011 年，Kaliyaperumal 等[48]采用梁板结合方式建立桥梁模型，结合现场实测和特征参数修正，对桥梁疲劳损伤应力范围进行了估算。2013 年，Azimi 等[49]研究了考虑列车减速的制动力对轨道、桥梁的动力响应的影响。2015 年，Nguyen[50]通过建立车-轨-桥模型，研究了在地震波作用下，高速列车通过带裂缝工作的桥梁时的动力响应。2019 年，Yau 等[51]针对列车通过短跨桥梁引起的振动分析，提出了一种基于等效 VBI 模型的共振激励下的替代分析方法，确定了控制附加阻尼问题的关键参数。2021 年，Stoura 等[52]针对车-轨-桥相互作用问题，提出了一种动态划分方法（DPM），在大型的车-轨-桥耦合系统可大幅降低分析计算量。

我国早期主要以李国豪教授和陈英俊教授为代表，开启了对车-（轨）桥振动问题的研究，并形成了早期的车-桥振动分析理论。随着我国高速铁路的广泛应用，车-轨-桥耦合振动理论研究迎来了迅速的发展。诸多学者通过优化计算、分析方法，不断提高计算结果的准确性。2004 年，蔡成标[53]通过引入动态轮轨作用关系，完善了车-轨-桥动态轮轨关系分析模型，提高了仿真分析结果的可靠性。2009 年，崔圣爱[54]通过多体系统动力学与有限元法结合的方式，对比分析了弹性轮轨接触和约束轮轨接触对车-桥耦合系统动力性能的影响，为大跨度桥的车-轨-桥耦合系统动力计算分析提供参考。2012 年，向大峰[55]基于流固耦合理论，对风-车-桥系统的动力响应进行了计算，研究表明，风对桥上高速行车会造成明显的不利影响。2019 年，黄永明等[56]采用仿真与试验验证的方式，考虑车辆系统中弹簧阻尼和轮轨接触的非线性因素，并以一座大跨度钢箱提篮拱桥为计算实例，验证了该方法能有效提高理论计算的准确性。同年，陈圣球[57]基于多柔性体理论建立了柔性车体模型，对沪通长江大桥的车-桥耦合系统动力特性进行了研究，结果表明，柔性车体模型更能表达列车运行时的实际振动特性。2021 年，刘思琦[58]基于直接概率积分法，对三车厢车-线-桥耦合系统随机动力响应进行了计算分析，对比验证了该方法对车-桥耦合系统随机振动计算与动力可靠度评估的准确性和高效性。

基于车-轨-桥耦合振动分析理论，诸多学者针对外部激励与系统振动的影响关系展开了相关研究。2012 年，周永早[59]通过建立车-桥-墩桩土耦合分析模型，探究了地震及场地土特性与车-桥耦合系统的相互影响关系。2015 年，刘智[60]建立了精细化的车-桥耦合计算模型，讨论了典型地震下车-桥系统的动力特性，为高速铁路地震预警提供理论参考。2017 年，徐昕宇[61]基于刚柔耦合法，建立了风-车-桥耦合系统动力学模型，结合风洞实验，重点研究了山区非均匀风场对大跨度桥梁车-桥系统耦合振动的影响，结果表明，脉动风加剧了车辆的振动，桥梁在横向将产生较大变形。2018 年，Guo 等[62]利用 OpenSees 与 SIMPACK 软件进行联合仿真，对强地震作用下桥上高速行车的安全性进行了分析。

在无砟轨道结构逐步得到应用、推广后，学者们逐步开始对车-轨-桥中轨道结构动力性能进行研究。2015 年，程顶[63]建立了车-轨-桥整体空间分析模型，对桥上 CRTS Ⅰ型板式无砟轨道的动力性能及影响因素展开了相应研究，结果表明，长期运营下的反复振动将使桥上无砟轨道结构产生疲劳损伤，合理的结构参数能够提升结构的耐久性。2017 年，张馨月[64]利用瞬态分析方法研究了大跨度斜拉桥上无砟轨道细部结构的变形及振动特点，论述了板下胶垫的必要性。2021 年，孙奕琪[65]结合 NSGA-Ⅱ优化算法，对桥上轨道结构的参数进行优化分析，得到了车-轨-桥整体系统耐久性的一般变化规律。

1.5.3 大跨度斜拉桥梁轨相互作用研究现状

1. 梁轨耦合作用机理研究

斜拉桥是由主要承压的桥塔、受拉的斜拉索和主要承弯的梁组合形成的一种结构体系。相较于传统的小跨度桥，大跨度铁路斜拉桥具有优秀的跨越能力，在铁路线路跨越大江大河、海峡、山谷时被广泛采用。但斜拉桥在温度、风荷载、列车荷载作用下的受力与变形情况与其他桥型存在一定的差异，在对其梁轨相互作用进行分析时，需充分考虑斜拉桥自身的力学特点。斜拉桥受力主要依靠主梁-斜拉索-主塔形成的承重体系，在列车荷载作用下，斜拉桥还会存在由轨-梁-索-塔-墩组成的复杂传力体系。由于斜拉索的存在，这一承重体系在各种荷载作用下，存在斜拉索应力重分布、初拉力松弛与垂度效应等多重影响因素，造成大跨度铁路斜拉桥梁轨相互作用机理较为复杂[66, 67]。

赵卫华等[68, 69]通过有限元法建立了可以反映斜拉索、主梁、主塔相互作用的半漂浮体系模型，分析了斜拉索、主塔的刚度与制动阻尼器的布置对桥上无缝线路纵向传力与梁轨相对位移的影响。徐浩等[70]以双塔钢桁斜拉桥为工程背景，建立了桥上无缝线路计算模型，分析了主塔墩温差、斜拉索温差、主梁主塔刚度与斜拉桥的结构体系对桥上无缝线路纵向传力的影响。研究指出，主塔墩温差对钢轨伸缩力与梁体垂向位移均产生较大的影响，斜拉索升温对梁体垂向位移的影响较大，但对钢轨伸缩力的影响较小。郑鹏飞等[71]以某单塔斜拉桥为背景，采用非线性梁轨相互作用的模拟方式，建立了轨道-主梁-斜拉索-桥塔-桥墩-桩基一体化的有限元模型，分析了斜拉桥约束方式、温度、列车荷载、断缝位置等因素对钢轨断缝值的影响。李艳[72]以安庆长江大桥为背景，建立了大跨度铁路斜拉桥上无缝线路空间耦合模型，通过对钢轨-主梁-斜拉索-桥塔这一空间耦合作用体系的计算，分析了体系温差、斜拉索刚度、扣件刚度等因素对桥上无缝线路纵向附加力的影响。蔡小培等[73]以鳊鱼洲长江大桥为背景，建立了大跨度铁路斜拉桥上无缝线路耦合模型，分析了不同伸缩调节器设置方案对桥上无缝线路纵向传力与梁轨相对位移的影响。

闫斌和戴公连[74]以某单塔斜拉桥为背景，通过含刚臂的梁单元模拟主梁，通过非线性弹簧模拟扣件，建立了轨道-主梁-斜拉索-桥塔-桥墩-桩基一体化的有限元模型，系统分析了温度、列车荷载、制动力、风荷载、地震力及混凝土收缩徐变作用下斜拉桥上无缝线路纵向力的传递规律。闫斌等[75]以跨西江混合梁斜拉桥为背景，分析了温度、列车荷载、地震荷载及制动力作用下斜拉桥上无缝线路纵向力的分布特征，并探讨了关键设计参数的影响。Yang 等[76]以某漂浮体系斜拉桥为工程背景，分析了阻尼器的布置对梁体位移的影响。魏贤奎等[77]以一座双塔钢桁斜拉桥为工程背景，针对斜拉桥梁轨相互作用机理规律开展了理论和试验研究。研究成果表明，在主桥两侧各铺设一组单向伸缩调节器可以有效控制主梁区域内钢轨纵向附加力，减弱制动荷载下梁轨的相互约束作用，优化线路的受力与变形。

2. 梁端伸缩构造研究

在桥梁上铺设无缝线路和无砟轨道可以减小基础沉降和提高线路的平顺性。但在桥上无砟轨道铺设无缝线路可能会在温度升降和列车荷载等因素的作用下导致桥梁-轨道结构-钢轨的相互作用增大，在最不利情况下会导致钢轨断轨、线路失稳等问题，容易导致列车在桥上翻车，不利于列车高速行驶。目前国内外大跨度桥梁上无缝线路为减小梁轨相互作用力，多采用小阻力扣件来代替常阻力扣件[36, 38]，从而避免钢轨的受力过大。随着高速铁路桥梁跨度不断增大，不仅需要铺设小阻力扣件，还要铺设钢轨伸缩调节器，以降低钢轨附加应力[39]。

双尖轨式伸缩调节器最早出现，结构相对简单，在英国、法国、荷兰等国家使用，但其可靠性低、稳定性不足、伸缩能力有限，因此逐渐被各国弃用。随着日本新干线的开通，为了适应列车的高速行驶，日本研发出具有高稳定性和高可靠性的曲线型伸缩调节器。曲线型伸缩调节器的主要特点是尖轨非工作边为曲线型，其具有轨距线连续、轨距相对较小、尖轨密贴于基本轨等优点[78]。在日本新干线中，其伸缩调节器的方式是基本轨伸缩、尖轨锁定，并且为适应梁端转角，尖轨可以进行适量小位移。考虑到轮载转移的流畅性，日本高速铁路调节器 JIS50N 钢轨和 JIS60 轨系列调节器均采用 S 形曲线[79]。德国奥钢联 BWG 公司为了使钢轨伸缩调节器区域内轨道具有均匀刚度，依次使用尖轨伸缩、基本轨固定和基本轨伸缩、尖轨固定两种结构。德国奥钢联 BWG 公司将伸缩装置和伸缩调节器一同设计，因此德国的钢轨伸缩调节器能用于直线段、曲线段、缓和曲线段等复杂路线中。基于这个特性，德国的钢轨伸缩调节器在我国京沪高铁和京广高铁等线路上使用[80]。

我国从 20 世纪 60 年代开始在各干线广泛应用曲线型伸缩调节器，并在武汉长江公铁两用大桥、九江长江公铁两用大桥和济南黄河大桥等采用了我国自主研发的钢轨伸缩调节器[81]。应用于我国的伸缩调节器为尖轨锁定、基本轨伸缩，尖轨采用 CHN60AT 轨，而其非工作边刨切线型为复圆曲线型。针对铁路钢轨伸缩调节器研究主要集中于轮轨关系、养护维修、动力响应、铺设技术及病害控制。田春香等[82]在理论上对钢轨伸缩调节器进行了简化，进一步采用道岔动力学理论进行了车辆-钢轨伸缩调节器耦合系统计算。曾志平等[83]对钢轨伸缩调节器的动力特性进行了现场试验研究。孟鑫等[84]通过车-线-桥系统试验的方法，对动车组-长胜关长江大桥系统的动力响应进行研究，车辆在钢轨伸缩调节器位置的横向动力响应较大。王森荣[85]采用调研和现场实测的方法，总结了我国大跨度桥梁钢轨伸缩调节器区域发生的病害类型，研究其产生的主要因素，并提出相应的监测内容及方法。肖治群[86]通过动力仿真的方法对钢轨伸缩调节器在地铁大跨度无砟轨道连续钢桁桥上的适用性进行研究，研究表明，钢轨伸缩调节器能减缓地铁钢桥无缝线路的不良影响。谭社会等[87]采用监测方法全天候监控一座大跨度斜拉桥钢轨伸缩调节器的服役状态，进一步研究得出相应的状态变化规律，提出相应的养护维修建议。

此外，由于在温度、风、地震、列车活载等作用下大跨度桥梁的主桥与引桥之间会产生纵向相对位移[40]，还需要在主桥和引桥之间设置梁端伸缩装置来保证列车在梁缝位置行驶的可靠性和稳定性。

梁端抬枕装置、箱型结构梁端伸缩装置和支承梁式梁端伸缩装置依次在我国大跨度铁路桥梁上应用[88]，但在应用过程中均产生了一些问题。根据现场实践和国内外使用经验，我国铁路桥梁宜采用支承梁式梁端伸缩装置，而其根据支承梁的位置分为两种类型。一种是下承式梁端伸缩装置，其结构如图 1-21（a）所示。

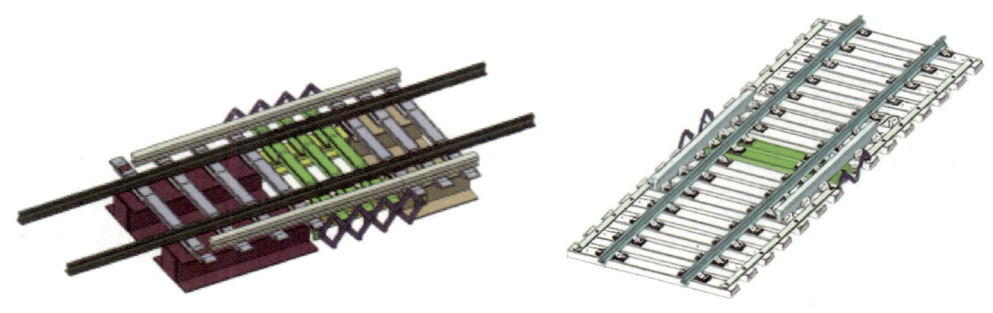

(a) 下承式梁端伸缩装置　　　　　　　(b) 上承式梁端伸缩装置

图 1-21　梁端伸缩装置

设计伸缩量为±500mm 的大跨度公铁两用桥武广高铁武汉天兴洲长江大桥[23]采用了国内自主研发的下承式梁端伸缩装置，并且在随后的运营实践中基本满足使用需求，保证列车运行安全，但其结构相对复杂。另一种伸缩装置的特点是活动钢枕上方布置支承梁，因此称为上承式梁端伸缩装置[89]，如图1-21（b）所示。上承式梁端伸缩装置一般与伸缩调节器一同设计，结构简单，伸缩量相对较大，多应用于高速铁路大跨度桥梁，其最早是从德国奥钢联BWG公司引进到国内的。根据十年多的现场应用及养护维修经验，上承式梁端伸缩装置总体性能良好，可以保证列车在梁缝区行驶安全，但在运营的过程中出现了剪刀叉横向变形和活动钢枕歪斜等问题。

国内学者主要对各种类型梁端伸缩装置的行车影响、伸缩性能、养护维修三个方面进行研究。李永乐等[90]建立了车-梁端伸缩装置耦合模型来研究梁端伸缩装置处轨道变形对高速列车行驶的影响，提出相应的行车舒适性标准和梁端垂向折角限值。杨静静等[91]发现，斜拉-悬吊协作体系公铁两用大桥的梁端伸缩装置附近轨道平顺状态受多种外部环境因素影响，提出了分级管理原则，并证明轨道形位可有效评估其性能。高芒芒等[92]根据工程实际情况应用逐步积分法研究了车-线-斜拉桥耦合振动，研究表明，梁端伸缩装置附近局部不平顺，特别是主梁收缩状态下容易影响行车安全和梁端伸缩装置性能。

为了降低轨道较大附加应力、协调较大梁轨相对位移、维持轨道形态稳定，我国科研人员根据工程实践和室内试验，成功研发了特有的钢轨伸缩调节器+上承式梁端伸缩装置一体化结构。该结构适用于较大梁缝且其伸缩阻力较小，并将其应用于商合杭高铁芜湖长江特大桥、商合杭高铁裕溪河特大桥、平潭海峡特大桥通航孔桥等工程中[93]，经过现场应用，其功能良好。

目前国内对梁端伸缩一体化装置的研究主要集中于设计、维护、运营等方面。刘晓光等[93]认为伸缩调节器和伸缩装置的协同设计是保证千米级桥梁线路安全运营的关键技术，研究梁端区域梁轨相互作用和线桥变形映射机理能为梁端伸缩一体化装置安全性能提供可靠的技术支持。张晓明[94]通过研究国内自主研发的能适用于高速铁路有砟轨道的梁端伸缩一体化设备，提出大跨度有砟轨道桥梁梁端伸缩一体化设备施工和养护维修技术要求。崔强[95]设计了徐州—连云港高速铁路邳州大跨度连续梁拱桥梁端伸缩一体化装置，并介绍了其在高速铁路无砟轨道桥梁上的铺设技术。张明等[96]通过现场试验研究了斜拉桥上动车组交会、启停、制动对梁端伸缩一体化装置的影响。李晶晶[97]对大跨度无砟轨道钢桥上梁端伸缩一体化装置提出了一种设计方案，并介绍了其细节和主要功能。任化庆[98]研究了梁缝伸缩对平竖曲线叠合段梁端伸缩一体化装置的影响，并提出科学的施工技术。

1.5.4 桥上无砟轨道铺设技术研究现状

1. 大跨度桥上无砟轨道施工线形控制技术研究

大跨度桥上无砟轨道施工过程中桥梁的温度敏感性高，且无砟轨道对线形精度要求高，这给无砟轨道施工线形控制带来了严峻的挑战。因此，针对大跨度桥梁，研究无砟轨道施工线形控制具有重要意义。

李辉和金令[99]针对京张高速铁路官厅水库特大桥主桥，分析了温度变化对无砟轨道的影响，提出应在夜间对该桥进行铺轨和精调。王安琪等[100]分析了在大跨度连续刚构梁桥上无砟轨道的铺设过程中预拱度对成桥线形和轨道线形的影响。褚卫松[101]建立了车-线-桥的协调分析模型，对桥上铺设无砟轨道成桥线形、施工线形控制等进行了系统分析，为设计和施工提供参考。马舜和周小涵[102]分析了当采用不同施工工序时简支钢桁梁桥的设计预拱度和施工实测预拱度，提出在钢桁梁的加工和施工过程中应根据设计要求严格控制预拱度。贾宝红等[103]根据郑万高速铁路、郑阜高速铁路河南段的施工经验，提出增加无砟轨道的管控流程并更新其管控措施，从而提高无砟轨道的平顺性。李的平等[104]在无砟轨道施工前采用桥面预压试验得到桥梁的实际刚度，从而修正无砟轨道的施工线形。赵汗青等[105]在无砟轨道施工前对连续钢桁梁进行施工线形控制试验，测量连续钢桁梁的施工挠度，并与挠度理论计算值进行对比，通过修正有限元模型中连续钢桁梁的理论刚度来预测无砟轨道的施工挠度，为无砟轨道施工线形控制提供依据。宋树峰和刘祥君[106]采用有限元分析对沪昆铁路客运专线大桥施工全过程的线形进行了预测，指导了桥梁施工并使成桥的线形满足设计规范要求。陈水生和胡小辉[107]将灰色支持向量机运用于施工过程中连续梁桥悬臂段预拱度调整值的预测，该方法在实际工程中得到了验证，具有一定的可行性和优越性。李闻秋[108]和张梦楠等[109]研究了桥梁收缩徐变、温度效应对大跨桥上无缝线路平顺性的影响规律。

杨艳丽和严爱国[110]研究了昌赣高铁赣江特大桥上无砟轨道施工线形控制关键技术，可为其他大跨度桥上无砟轨道施工提供参考。王磊[111]对大跨度斜拉索桥上无砟轨道铺设精度控制进行了研究，通过轨道线形拟合及线形分析，预测施工轨道后的轨道线形，最终实现铺轨基标锁定，保证了轨道施工精度的控制。韩晓强等[112]依托杭台铁路（杭州—台州）椒江特大桥 480m 主跨四线钢桁梁斜拉桥施工实践展开探讨，提出了大跨铁路桥施工线形控制的系列措施。赵永[34]以新建南昌至赣州高速铁路赣江特大桥为工程背景，通过有限元模拟分析得出大跨度斜拉桥上无砟轨道施工的线形控制方法，可保证大跨度斜拉桥 CRTS Ⅲ型板式无砟轨道的施工质量与精度要求。苏雅拉图[113]以新建商合杭高铁裕溪河特大桥为工程背景，充分调查当地当季气候气象，结合国内外无砟轨道施工技术，因地制宜地制订了 CP III 的布设测量及桥形监测方案，确保了轨道施工的高精度、高完成度。王俊冬[114]以南玉高铁百合郁江特大桥为背景，探究了不同预拱度方案对大跨度斜拉桥上无砟轨道线形控制的影响规律。

基于上述研究成果，目前国内大跨斜拉桥上的无砟轨道铺设实例中，施工方案主要可以分为施工前进行预加载和不进行预加载。进行预加载的施工方案中，在无砟轨道施工前需预压后续所有二期恒载的重量，并在预加载后调索，使得梁面线形基本符合设计线形。施工过程中根据施工进度，逐层逐级卸载，始终保持气温恒定、桥面二期恒载与最终桥上静荷载一致。该方案预加载量较大，对施工场地干扰较大，施工较为复杂。裕溪河特大桥针对此施工方案进行改进，仅在自密实混凝土灌注前进行预加载，通过水袋加载进行重量等效，然后精调轨道板，在浇筑自密实混凝土的同时卸载等重水袋重量，尽量消除新增自密实重量对轨道线形的影响。在不进行预加载的施工方案中采用相对高差法进行线形控制，并进行温度-变形监测试验获取温度作用下主梁的实际变形规律。该方案在施工前按照无砟轨道施工前桥面的理论线形进行调索，达到理论计算线形后，按理论线形对底座施工放样并进行施工，且与理论线形不断验证，如误差在可控范围内，对轨道板进行粗铺，并计算轨道板粗铺后的理论线形。按此线形进行轨道板精调后，灌注自密实混凝土，再进行铺轨精调。其中，昌赣高铁赣江特大桥采用了这种施工方案，其精调后理论线形和实测线形吻合较好，其误差在 10mm 以内。

2. 大跨度桥上无砟轨道平顺性研究

大跨度桥梁在温度与活载的作用下会产生较大挠曲，产生一个周期性的长波不平顺，影响轨道结构的几何平顺性，进而对高速列车的行车产生一定的影响。为满足高速列车的行车要求，需对桥上无砟轨道在平顺性方面提出一定的要求。

根据是否有轮载作用，可以将轨道不平顺分为静态不平顺与动态不平顺。现有研究表明，静态不平顺管理值超限是大跨度铁路桥梁在平顺性方面所面临的最大问题。然而目前大跨度铁路桥梁轨道静态平顺性的控制指标和验收标准仍存在一定争议，相关的科学研究与工程经验还存在一定的不足。针对无砟轨道高低不平顺的静态验收标准，按《铁路轨道设计规范》（TB 10082—2017）（10mm/300m 基线），要求轨道结构基于 300m 中点弦测法的最大矢差需控制在 10mm 以下，但此控制标准在大跨度铁路桥梁上实现难度较大。李秋义等[115]认为大跨度铁路桥梁无砟轨道对基于绝对测量和矢距差法的长波不平顺管理值适用性较弱，且现有规范要求的静态验收标准过于苛刻，建议将轨道高低不平顺静态验收控制值调整为（7mm/60m 基线），轨向不平顺静态验收控制值调整为（6mm/60m 基线）。褚卫松和魏周春[116]以王家河特大桥为工程背景，建立了车-线-桥耦合动力学模型，并利用频谱分析法探究了在不同时速条件下高低不平顺波长对列车动力指标的影响，建议将350km时速下的无砟轨道长波不平顺管理波长调整为115m。翟建平等[117]以西江特大桥（主跨为450m）为工程背景，认为大跨度铁路桥梁中较大的温度变形并不是引起轨道静态平顺性不达标的原因，轨道精调可以使轨道高低不平顺满足管理值要求。魏贤奎等[118]基于10m中点弦测法对某主跨为1073m的铁路斜拉桥进行线路静态几何状态评估，认为在温度、人群荷载、列车荷载等因素的作用下，轨道的高低不平顺幅值与水平不平顺幅值均超出了作业验收标准限值但位于经常保养标准限值之下。刘超等[119]以主跨为330m的百合郁江特大桥为工程背景，结合60m中点弦测法、竖曲线半径评价法、舒适度评价法等多种方法对轨道静态平顺性进行评估，认为以上三种评价方法均可以较好地对轨道静态平顺性进行评价分析，虽然高速铁路大跨度桥梁由桥梁挠曲引起的轨道结构高低不平顺远超规范限值要求，但综合评价后认为，不利工况下列车的动力响应较好，可满足高速列车的行车需求。

郭远航[120]以广汕铁路跨增江特大桥为工程背景，基于有限元法分析了收缩徐变效应对260m主跨混凝土斜拉桥轨道高低不平顺的影响。研究结果表明，混凝土的收缩徐变会对斜拉桥主梁、桥塔的受力状态与轨道结构的几何线形产生一定的影响。田新宇等[121]通过建立车-线-桥动力学模型，对高速铁路32m简支梁桥铺轨后残余徐变上拱限值进行了研究。研究结果表明，桥梁残余徐变变形是造成简支梁桥上轨道周期性高低不平顺的主要因素。黎国清等[122]基于实测数据分析了高速铁路简支梁桥上轨道线形在运营期内的变化，研究发现，高速铁路简支梁在开通运营后的前两年，高低不平顺幅值变化较大，后期逐渐减小。周东卫[123]对高速铁路32m简支梁桥开展研究，研究发现，在无砟轨道施工时预留一定的垂直位移量，可以减少后期徐变变形对无砟轨道铺设后平顺性的影响。秦艳[124]基于有限元法建立了大跨度铁路斜拉桥上无砟轨道精细化模型，对温度及桥梁挠曲变形作用下的大跨度铁路斜拉桥上无砟轨道的适应性和行车动力响应进行了分析。研究结果表明，大跨度铁路桥梁挠曲变形对轨道结构受力的影响不大，在350km时速下，轮重减载率、脱轨系数等动力学指标均满足规范要求。

综上所述，在大跨度桥上通行高速列车、铺设无砟轨道，对桥梁结构刚度、徐变变形、动力性能等要求高。要求桥梁具有：①良好的横垂向刚度，以保证高速列车行驶时具有良好的轨道线形条件；②长期稳定的线形，要求在不同温度条件下后期徐变变形要小；③良好的动力性能，以满足高速铁路行车舒适性要求。对于大跨度桥梁，桥型不同，桥梁的变形特性也不尽相同。与一般双塔斜拉桥不同，多跨矮塔斜拉桥桥梁变形的线形复杂，一旦桥上无砟轨道实际铺设线形与理论线形产生较大偏差，就很难通过扣件实现线形调整，因此需要在桥梁变形监控、施工测量控制、轨道精调方面开展联合技术攻关，攻克大跨度多跨矮塔斜拉桥上铺设高速铁路无砟轨道技术难题。

1.6 本章小结

高速铁路因具有行车速度快、安全性高、舒适性好等优势,已成为全球铁路发展的重要方向。我国高速铁路经过"引进—消化—吸收—再创新"的方式发展迅猛,随着"四纵四横"干线网的建成和"八纵八横"大网的加密,高速铁路已成为中国交通网络的重要组成部分,极大地促进了区域经济发展和文化交流。

桥梁能够跨越自然障碍和复杂地形,是高速铁路建设的关键技术之一。然而,桥梁在温度、风荷载等环境因素作用下易产生变形,尤其是大跨桥,这对桥上轨道的稳定性和列车的安全性提出了挑战。无砟轨道以其整体性好、维修成本低、适应高速列车运行等优点,被广泛铺设于新开通高速铁路大跨度桥梁线路中,如昌赣高铁赣江特大桥、商合杭高铁裕溪河特大桥等,都成功地在大跨桥上铺设了无砟轨道。

桥上铺设无砟轨道面临的主要问题包括:确保轨道在桥梁变形下的稳定性、控制施工精度以满足高速列车对轨道平顺性的严格要求,以及适应环境变化对桥梁和轨道的影响。为应对这些挑战,工程技术人员采取了一系列措施。首先,通过优化桥梁设计,选择具有足够刚度的结构形式,如连续梁、斜拉桥等,以减少桥梁的变形。其次,采用高精度的施工测量技术,实时监测桥梁和轨道的变形,确保施工精度。此外,通过设置弹性隔离缓冲垫层、使用小阻力扣件和钢轨伸缩调节器等技术手段,降低桥梁和轨道之间的相互作用力,提高系统的稳定性和可靠性。

在实际工程中,桥上无砟轨道的铺设均采取针对性的设计和施工措施。例如,通过预加载提前模拟轨道和桥梁的受力状态,调整桥梁线形,以适应后期的荷载变化。同时,施工过程中采取温度控制、线形监测和调整等措施,均有效保证了无砟轨道的施工质量和列车的运行安全。

此外,车-轨-桥耦合振动研究为确定高速列车通过桥梁时的动力响应提供了理论支持。通过建立精细化的耦合模型,分析列车、轨道和桥梁之间的相互作用,可以更准确地评估桥梁的振动特性和轨道的平顺性,为设计和施工提供科学依据。

桥上无砟轨道的铺设是一项复杂的工程技术,涉及桥梁设计、施工技术、材料科学和动力分析等多个领域。目前在桥上无砟轨道的发展中已经积累了一定的经验,但针对大跨度斜拉桥的研究仍然较少,缺乏相应的工程案例。本书将以郑济铁路长清黄河特大桥为例,详细介绍该类型大跨度斜拉桥上无砟轨道的力学特性、施工线形控制等内容。通过对这些关键技术的深入探讨,为千米长联桥上铺设无砟轨道提供理论基础,完善高速铁路大跨桥上无砟轨道施工技术。

第 2 章　郑济铁路长清黄河特大桥工程与设计概况

2.1　长清黄河特大桥工程概况

新建郑州至济南铁路位于山东省西部和河南省东北部，连接山东、河南两省省会，线路呈东北—西南走向。郑州至济南铁路山东段，起自京沪高铁济南西站，向西途经济南市的槐荫区、市中区、长清区，德州市的齐河县，聊城市的茌平区、东昌府区、阳谷县和莘县，至山东省与河南省省界，正线全长 168.392km，其中桥梁长度为 158.6km，占线路总长的 93.93%。长清黄河特大桥位于艾山—泺口水文站间的黄河河段，其大致位置如图 2-1 所示。

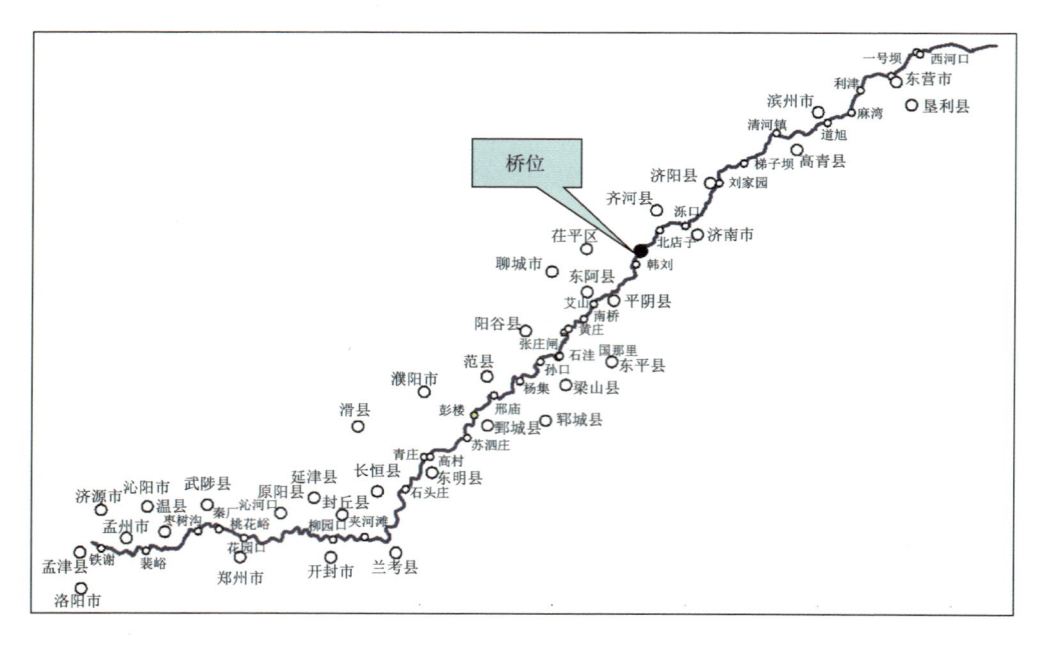

图 2-1　长清黄河特大桥在黄河下游的位置

根据《黄河河道管理范围内建设项目技术审查标准（试行）》（黄建管〔2007〕48 号）规定，陶城铺以下河段桥梁容许间距为 6km。

黄河桥位距离上游艾山水文站河道约 52.71km，距离韩刘水文站约 4.62km，距离下游泺口水文站河道约 49.13km，桥位上游 6.28km 和下游 12.75km 各有一座浮桥，桥位下游 6.25km 处为长清公路桥，除长清公路桥之外，桥位上下游 10km 没有其他已建桥梁，桥位上下游分别有西气东输陕京二线联络线管道工程和中曲济天然气管道工程。

2.1.1 工程地质和地震动条件

长清黄河特大桥跨越黄河桥址区，位于黄河冲积平原，地形平坦，地势开阔。地面高程为 23.84~37.83m，相对高差为 13.99m。桥址区地表大多为耕地，其中 DK42+500~DK42+750 段跨越黄河。

桥址区主要地层为第四系全新统冲积层（Q4al）黏土、粉质黏土、粉土、粉砂、粗砂；第四系上更新统冲积层（Q3al）黏土、粉质黏土、粉土、细砂、中砂、粗砂、胶结层；第四系中更新统冲积层（Q2al）黏土、粉质黏土、细砂、中砂、粗砂、胶结层。局部表覆第四系全新统人工堆积（Q4ml）素填土。桥址区范围内主要地层描述如下：根据《中国地震动参数区划图》（GB 18306—2015）附录 A、附录 B，确定该工点 DK42+400~DK42+600 段基本地震动峰值加速度分区值为 0.10g（Ⅶ度），在Ⅱ类场地条件下，基本地震动加速度反应谱特征周期分区值为 0.45s（现铁路抗震规范三区）；DK42+600~DK43+600 段基本地震动峰值加速度分区值为 0.10g（Ⅶ度），在Ⅱ类场地条件下，基本地震动加速度反应谱特征周期分区值为 0.40s（现铁路抗震规范二区）。

2.1.2 气象条件

长清黄河特大桥桥渡区域属暖温带半湿润季风气候区，气温比较温和。其主要特点是四季分明、干湿明显。春季干旱多风沙，夏季炎热多雨，秋季凉爽，冬季干冷多风，雨雪稀少。

该桥年降水量为 650~700mm，降水特点是年际变化幅度大，年内分配不均。每年六至九月为雨季，七月降水量最大，八月次之，全年 70%~80%的降水量集中在六至九月间，年际雨量丰枯悬殊，往往有旱涝灾害现象发生。

该区域每年三至四月风沙最大，以偏北风为主，最高风速可达 23m/s，平均风速为 3.5m/s。年平均气温在 14℃以上，无霜期为 200 天左右。七月最热，当月平均气温为 30℃，极端最高气温为 42.7℃。一月最冷，当月平均气温为-2℃左右，极端最低气温为-19.7℃。

桥渡区域气象要素如表 2-1 所示，表 2-1 可以全面反映该区域的气候概况。

表 2-1 气象要素表

序号	气象要素	齐河	济南
1	历年年平均气温/℃	13.7	14.5
2	历年极端最高气温/℃	41.8	42.5
3	历年极端最低气温/℃	−19.6	−20.7
4	历年年平均降水量/mm	591.6	685.0
5	历年年平均蒸发量/mm	1600.9	1376
6	月最大降水量/mm	379.5	718.4
7	年平均相对湿度/%	66	66
8	最小相对湿度/%	8	6
9	历年平均风速/(m/s)	2.0	3.77
10	历年最大风速/(m/s)	25.1	15.4
11	历年最多风向	SSW	SE
12	历年平均大风日数/d	1.8	14.4
13	历年平均雾日数/d	17.2	10.8
14	历年平均雷暴日数/d	18.2	30.5
15	历年最大积雪深度/cm	13	20
16	历年最大冻结深度/cm	35	50

2.1.3 水文条件

1. 主河槽范围

枯河断面多年套汇显示，目前的主槽宽度最大为 800m。同时，考虑到附近的河势受上游的贾庄工程和下游的于庄工程控制，桥位所在河段的槽宽不会有太大变化，因此取桥位处的主槽宽为 800m，主河槽范围为起点距 41～841m。

2. 设计洪水流量

小浪底水库建成后，黄河下游防洪工程体系为上拦下排两岸分滞。上拦工程有三门峡、小浪底、陆浑、故县四座水库；下排工程为两岸大堤，设防标准为花园口 22000m³/s 流量；两岸分滞工程为东平湖滞洪水库，进入黄河下游的洪水须经过防洪工程体系的联合调度。穿越工程位于艾山—泺口区间，设防流量采用该河段的设防流量，为 11000m³/s。

3. 设计洪水水位

穿越工程位于艾山—泺口河段之间，距离上游韩刘水文站 4.62km（河道距

第 2 章　郑济铁路长清黄河特大桥工程与设计概况

离）。韩刘水文站是黄河下游基本水文站。因此，以韩刘水文站为基准，考虑水面纵比降，推求穿越工程处设计水位-流量关系。

根据黄河防汛抗旱总指挥部办公室颁布的《2016 年黄河中下游洪水调度方案》中 2000 年、2016 年韩刘水文站水位-流量关系，按水面比降 1‰，推算得穿越工程断面水位-流量关系：2000 年、2016 年设计洪峰流量为 11000m^3/s 时穿越断面相应设计水位分别为 39.49m、39.07m，2000 年、2016 年 10 年一遇流量 8200m^3/s 时相应水位分别为 37.98m、37.54m。

4. 壅水计算

根据《聊城至济南城际铁路跨黄河特大桥防洪评价报告》内容，最大壅水高度按照《铁路工程水文勘测设计规范》（TB 10017—2021）推荐的桥前最大壅水高度计算公式进行计算。在床沙中值粒径取 0.15mm 的条件下，经过计算，设防流量为 11000m^3/s 时，桥梁的最大壅水高度为 0.28m，此时与之对应的桥前壅水长度为 5600m。

5. 堤顶高程计算

《黄委关于黄河河道管理范围内建设项目技术审查标准（试行）补充规定的通知》（黄建管〔2015〕381 号）规定，50 年后该河段河道淤积抬升值为 3.55m，按 50 年设防水位计算的水位（即 2067 年）为 43.04m，考虑堤防超高 2.1m，考虑壅水高度为 0.28m，则大堤高程为 45.42m。

6. 航道及通航要求

根据航道规划等级，郑济铁路跨越黄河河段通航等级为Ⅳ级，设计通航最高水位为 10 年一遇洪水位。

2.2　主桥设计概况

郑济铁路长清黄河特大桥主桥为预应力混凝土矮塔斜拉桥，跨径组成为 108m+4×216m+108m，建成效果如图 2-2 所示。桥梁采用塔墩固结，半漂浮体系，梁底设置支座，中墩固定支座在地震作用下可以被剪断，形成漂浮体系，降低地震对主体结构的不利影响，主桥位于直线上。

大桥主梁采用单箱双室预应力混凝土箱梁，跨中梁高 7m，支点梁高 11.5m，采用斜腹板，斜率为 1∶15。桥面宽 13.8m，底板宽 9.86～10.46m，随梁高变化。顶板厚 0.5m，腹板厚 0.45～0.85m，底板厚 0.6～1.0m。

主塔采用斜桥塔，塔高 38m，斜率为 1∶15，为钢筋混凝土结构。纵向尺寸塔顶为 4m，塔底为 6～7m；横向尺寸塔顶为 2.5m，塔底为 3m。

图 2-2　长清黄河特大桥

塔身上部设有索鞍，供拉索通过。索鞍采用分丝管形式。每根斜拉索对应一个分丝管索鞍，分丝管为多根钢管组焊而成，每根分丝管仅穿一根钢绞线，以便于拉索单根张拉及更换，索鞍的边跨侧斜拉索出口处设置抗滑锚固装置，以防止钢绞线滑动。

斜拉索横向为双索面布置，立面为半扇形布置。每个索塔设 8 对斜拉索，塔上索距为 1.2m，梁上索距约为 8.0m。斜拉索通过索鞍构造在索塔内通过，两侧对称锚固于梁体。索体采用环氧涂层高强钢绞线，规格为 15.2-61，抗拉强度标准值为 1860MPa。

主墩采用实体桥墩，墩高 15.5～33.5m，横向斜率与桥塔一致，取 1∶15。纵向尺寸，固定主墩墩顶为 7m，墩底为 8.5m；非固定主墩墩顶为 6m，墩底根据墩高不同，为 6.3～7.5m。墩底横向尺寸为 12.8～14.8m。

该桥采用悬臂浇筑法施工，塔梁同步，先合龙边跨，再合龙中跨。

2.2.1　主要设计荷载和荷载组合

1. 主力

1）恒载

恒载包括结构自重，人行道及栏杆、防护墙、轨道设施和管线等桥面二期恒载，基础变位及混凝土收缩徐变等荷载。

（1）结构自重：按《铁路桥涵设计规范》（TB 10002—2017）取值，重力密度取 26kN/m³。

（2）附属设施重（二期恒载）：包括道砟，钢轨、扣件、轨枕等线路设备，以及防水层、保护层、人行道栏杆、防护墙、接触网立柱、电缆槽盖板、竖墙等附属设施重量。主桥二期恒载按照 130kN/m 设计。二期恒载取值如表 2-2 所示。

表 2-2 二期恒载计算表 （单位：kN/m）

项目		计算公式	结果
1. 轨道结构		按部颁通用图选取	71.50
2. 防水层保护层		0.06×[9−2.9×2+2×(0.7+0.35+0.5)]×23	8.69
3. 防护墙		{[0.34×0.25+(0.75−0.34)×0.20]×2}×25	8.35
4. 竖墙		(0.1×0.34×2+0.25×0.34+0.1×0.2)×25×2	8.65
5. 盖板		(1.85×0.06)×25×2	5.55
6. 遮板		(194.04+9.18×2500)÷32.6÷10÷1000	7.10
7. 栏杆	钢栏杆	(655.56+489+3.9+2.94+252.98+0.144×2100)×10÷1000÷32.6	0.52
	RPC-H 栏杆	(3.9+359.9+2.94+252.98+122.04+21.96+0.144×2100)×10÷1000÷32.6	0.33
	C40 混凝土+钢栏杆	(3.9+359.9+2.94+252.98+137.52+0.144×2100)×10÷1000÷32.6+0.76×25÷32.6	0.91
	采用钢混组合栏杆	—	0.91
8. 接触网支柱基础		2×(100+0.3×25)÷32.6	6.60
9. 电缆及覆砂		2×[1+(0.04×1.05)×23]	3.93
汇总（采用钢混组合栏杆）		71.50+8.69+8.35+8.65+5.55+7.10+0.91+6.60+3.93	121.28
汇总×1.05		121.28×1.05	127.34
设计取值		—	130.00

注：项目 2 按 6cm 厚防水层和保护层计算。

（3）基础不均匀沉降：设计梁部时，运营阶段各墩基础不均匀沉降差按 10mm 计，且荷载组合时按最不利情况进行组合。

（4）混凝土收缩徐变：参照《公路钢筋混凝土及预应力混凝土桥涵设计规范》（JTG 3362—2018）执行。

2）活载

（1）纵向计算采用 ZK 标准活载。

（2）横向计算采用 ZK 特种活载。

（3）列车活载动力系数如下：

$$1+\mu=1+\left(\frac{1.44}{\sqrt{L_\phi}-0.2}-0.18\right) \qquad (2\text{-}1)$$

式中，L_ϕ 为梁的加载长度，以米计，当计算动力系数小于 1.0 时采用 1.0。

（4）横向摇摆力：根据《高速铁路设计规范》（TB 10621—2014）第 7.2.12 条规定办理。

（5）人行道及栏杆荷载：根据《高速铁路设计规范》（TB 10621—2014）第 7.2.17 条规定办理。

（6）长钢轨伸缩力和挠曲力：根据轨道专业计算确定。

2．附加力

（1）列车制动力或牵引力：根据《高速铁路设计规范》（TB 10621—2014）第 7.2.13 条规定办理。

（2）风力：按《铁路桥涵设计规范》（TB 10002—2017）第 4.4.1 条计算，基本风压取 650kPa，梁体风载体形系数 $K_1=1.3$，风压高度变化系数 $K_2=1.13$，地形、地理条件系数 $K_3=1.0$；桥塔风载体形系数 $K_1=1.2$，风压高度变化系数 $K_2=1.37$，地形、地理条件系数 $K_3=1.0$；桥墩风载体形系数 $K_1=0.9$，风压高度变化系数 $K_2=1.0$，地形、地理条件系数 $K_3=1.0$。

（3）温度荷载：按《铁路桥涵混凝土结构设计规范》（TB 10092—2017）计算。施工合龙温度按照 10~20℃ 考虑，梁体按均匀升温 20℃、降温 22℃ 计算，拉索与主梁混凝土温差按 ±10℃ 计，塔身左右侧温差采用 +5℃。非线性温度变化，按《铁路桥涵混凝土结构设计规范》（TB 10092—2017）附录 B 考虑，运营阶段梁高方向单向日照温差取 20℃，考虑桥面铺装层 4cm，沿梁高温度 $T=20\times e^{(-5\times0.04)}=16.4$（℃），桥面全宽 13.8m，轨道板及人行道覆盖宽 9.9m，折算温度为 $16.4\times(13.8-9.9)\div13.8\approx4.6$（℃），计算采用 10℃，停梁阶段梁高方向单向日照温差取 20℃，并考虑 50% 的温度负效应；梁宽方向日照温差取 10℃。

温度荷载按整体升温、整体降温、整体升温+桥面非线性升温、整体降温+桥面非线性降温和整体降温+桥面非线性升温 5 种组合包络设计。组合梁高、梁宽单向温度荷载，按照全预应力结构控制；组合梁高、梁宽双向温度荷载，按照 A 类构件控制。

3．特殊荷载

（1）列车脱轨荷载：根据《高速铁路设计规范》（TB 10621—2014）第 7.2.12 条规定计算。

（2）地震力：按《铁路工程抗震设计规范》（2009 年版）（GB 50111—2006）

规定计算。采用 A 类抗震设防类别，多遇地震考虑 1.5 的重要性系数，防震落梁结构按Ⅷ度设防。

（3）施工荷载：施工挂篮、模板、机具、人群等临时施工荷载按 2000kN 计算。合龙段悬吊支架及模板重力为 9000kN。当采用的施工荷载大于本设计荷载时，应按实际荷载重新进行检算。

（4）荷载组合：荷载组合分别以主力、主力+附加力进行组合，取最不利组合进行设计，并对特殊荷载进行检算。

2.2.2 主要设计指标及参数

1. 结构变形及刚度指标

1）梁体垂向变形限值
（1）在静活载及温度作用下，梁体垂向挠度限值暂按 $L/1000$（L 为跨度）控制。
（2）轨道铺设后，无砟轨道桥面梁体的垂向残余徐变变形不大于 $L/5000$ 且不大于 20mm。

2）主梁横桥向水平刚度
（1）在列车横向摇摆力、离心力、风力和温度的作用下，梁体水平挠度应小于或等于梁体计算跨度的 1/4000。
（2）相邻梁端两侧的钢轨支点横向相对位移应不大于 1mm。

3）梁端垂向转角
在列车垂向静活载作用下，梁端垂向转角应不大于 1‰。

4）扭曲变形
在静活载作用下，以一段 3m 长的线路为基准，ZK 活载作用下，一线两根钢轨的垂向相对变形量不大于 1.5mm。

5）梁体温度变形
（1）任意 5m 长的梁段内，梁体温度变形不大于 2mm。
（2）任意 150m 长的梁段内，梁体温度变形建议不大于 20mm，折合挠跨比为 $L/7500$。

根据相关研究，在进行车-桥耦合分析时，为了更精确地控制此变形的影响，建议在 40m 长度范围内，梁体的温度变形应控制在 5mm 以内。

2. 强度应力指标及安全系数

设计安全系数及各阶段应力如表 2-3 所示。

表 2-3　设计安全系数及各阶段应力指标表

序号	项目	检算条件	控制条件	
1	设计安全系数	强度安全系数	运营荷载下 主力	$K \geqslant 2.2$
			主+附	$K \geqslant 1.98$
			安装荷载下	$K \geqslant 1.8$
2		抗裂安全系数	运营荷载下	$K_f \geqslant 1.2$
			安装荷载下	$K_f \geqslant 1.1$
3	预应力钢绞线应力/MPa	预加应力时锚下钢绞线控制应力		$\sigma_{con} \leqslant 0.75 f_{pk}$
4		传力锚固时钢绞线控制应力		$\sigma_p \leqslant 0.65 f_{pk}$
5		运营荷载下钢绞线应力		$\sigma_p \leqslant 0.60 f_{pk}$
6		疲劳荷载作用下钢绞线应力幅		$\Delta\sigma_p \leqslant 140$
7	斜拉索应力/MPa	运营荷载下斜拉索应力		$\sigma_p \leqslant 0.50 f_{pk}$
8		疲劳荷载作用下斜拉索应力幅		$\Delta\sigma_p \leqslant 250$
9	钢筋应力/MPa	疲劳荷载作用下带肋钢筋应力幅		$\Delta\sigma_p \leqslant 150$
10	混凝土应力/MPa	传力锚固时混凝土压应力		$\sigma_c \leqslant 0.75 f_c'$
11		传力锚固时混凝土拉应力		$\sigma_{ct} \leqslant 0.70 f_{ct}'$
12		运营荷载下混凝土压应力		$\sigma_c \leqslant 0.50 f_c$
13		运营荷载下混凝土拉应力		$\sigma_{ct} \leqslant 0$
14		运营荷载下混凝土最大剪应力		$\tau_c \leqslant 0.17 f_c$
15		抗裂荷载下混凝土主拉应力		$\sigma_{tp} \leqslant f_{ct}$
16		抗裂荷载下混凝土主压应力		$\sigma_{cp} \leqslant 0.60 f_c$

注：f_{pk} 为钢绞线的抗拉强度标准值；f_c'、f_{ct}' 分别为预加应力时混凝土轴心抗压、抗拉极限强度；f_c、f_{ct} 分别为混凝土轴心抗压、抗拉极限强度。

3. 斜拉索安全系数

运营工况下斜拉索安全系数不小于 2。

4. 施工过程及运营工况结构稳定系数

弹性屈服的结构稳定安全系数不小于 4。

5. 局部应力分析

对桥塔、斜拉索梁上锚固构造进行局部应力分析，应力指标满足规范要求。

2.2.3 主要材料及措施

1. 混凝土

预应力混凝土梁：梁体及主墩、塔均采用 C55 混凝土，封端采用 C55 补偿收缩混凝土，防护墙及人行道栏杆底座采用 C40 混凝土；防水层的保护层采用 C40 纤维混凝土。

2. 预应力体系

（1）纵向预应力钢束采用抗拉强度标准值为 1860MPa 的高强低松弛钢绞线，公称直径为 15.2mm，其技术条件应符合《预应力混凝土用钢绞线》（GB/T 5224—2023）标准的要求。管道形成采用镀锌金属波纹管成孔，并应符合《预应力混凝土用金属波纹管》（JG/T 225—2020）标准的要求。锚固体系采用自锚式拉丝体系，预应力束张拉设备、锚具、喇叭口应采用成套产品，并应符合《铁路工程预应力筋用夹片式锚具、夹具和连接器》（TB/T 3193—2016）及国际预应力协会（FIP）标准 I 类锚具的要求，张拉采用与之配套的机具设备，其锚固效率系数应大于 95%。

（2）横向预应力钢束采用抗拉强度标准值为 1860MPa 的高强低松弛钢绞线，公称直径为 15.2mm，其技术条件应符合《预应力混凝土用钢绞线》（GB/T 5224—2023）标准的要求。管道形成采用 90mm×19mm 的扁形镀锌金属波纹管。锚固体系采用 BM15-5、BM15P-5 扁形锚具，横向预应力钢束仅布置在梁上拉索锚固位置。

3. 普通钢筋

采用 HPB300 和 HRB400 钢筋。光圆钢筋（HPB300）应符合《钢筋混凝土用钢 第 1 部分：热轧光圆钢筋》（GB 1499.1—2024）标准的要求，螺纹钢筋（HRB400）应符合《钢筋混凝土用钢 第 2 部分：热轧带肋钢筋》（GB 1499.2—2024）标准的要求。

4. 斜拉索及锚具

斜拉索采用矮塔斜拉桥专用的环氧涂层高强钢绞线，并应符合《单丝涂覆环氧涂层预应力钢绞线》（GB/T 25823—2010）标准的要求，抗拉强度标准值为 1860MPa。锚具采用可更换索式锚具，拉索锚具静载锚固性能满足《预应力筋用锚具、夹具和连接器》（GB/T 14370—2015）标准的要求；拉索锚具抗疲劳性能满足国际预应力协会《斜拉索设计、试验与安装条例》的有关要求。斜拉索允许疲劳应力幅为 250MPa。斜拉索锚头外露钢部分及预埋钢管均采用 80μm 锌加防腐涂料防护。

斜拉索采用双层 HDPE 外护套，外层护套采用白色，整个索体采用白色哈弗套保护，哈弗套表面设双螺旋线。HDPE 高密度聚乙烯护套材料符合《桥梁缆索用高密度聚乙烯护套料》（CJ/T 297—2016）标准的要求。

斜拉索梁端和塔端抗滑锚固装置内均安装内置式高性能阻尼器，利用高阻尼橡胶来耗能减振，提高拉索抗振能力。斜拉索锚板后保护罩内填充油性蜡防腐。

每根拉索在梁端设 3 台磁通量传感器，以便在使用过程中监测斜拉索索力。

5. 索鞍

索鞍采用分丝管索鞍，由多根钢管组焊而成。索鞍两侧斜拉索通过单侧双向抗滑锚固装置实现抗滑的目的，每单根索需满足 68.6kN 不平衡索力的抗滑要求，考虑 2 倍的安全系数，每单根索可承受 34.3kN 不平衡索力，且满足 200 万次循环加载疲劳试验后，抗滑移装置和钢绞线无相对滑移与断丝现象，单侧双向抗滑锚固装置安装在边跨侧。分丝管索鞍必须由具备矮塔斜拉桥分丝管索鞍制造及施工经验的厂家在工厂制造，并负责安装。

6. 支座

采用球形钢支座（LXQZ 型），支座安装参见《铁路常用跨度连续梁球形钢支座（LXQZ 型）安装图》，图号"通桥（2009）8361-LXQZ"。按支座安装图设置梁底预埋件，并检查梁体支座加强钢筋网片尺寸。

7. 减隔震支座和阻尼器

根据抗震计算情况，确定是否采用减隔震支座、阻尼器。

8. 轨道温度伸缩调节器和桥梁伸缩缝

（1）轨道温度伸缩调节器：长清黄河特大桥温度跨度达到 540m，需要设置轨道温度伸缩调节器。

（2）桥梁伸缩缝设计：经计算，梁端伸缩位移量如表 2-4 所示。

表 2-4　梁端伸缩位移量　　　　　　　　　　（单位：mm）

工况	梁重纵向变形	
	伸长	缩短
温度	121	−120
活载	15	−15
弹性压缩及收缩徐变	0	−234
合计	136	−369

梁缝拟采用 300mm，考虑弹性压缩全部补偿，收缩徐变变形补偿 1/2，伸缩缝可采用±300mm。

2.2.4 设计检算情况

长清黄河特大桥（108m+4×216m+108m）为高速铁路双线矮塔斜拉桥。一端接 32m 简支梁，为国内高铁通用无砟 32m 梁，采用通用桥墩；另一端接 56m 连续梁。线路整体条件如表 2-5 所示。

表 2-5 线路主要技术条件

项目	技术标准
铁路等级	高速铁路
正线数目	双线
设计速度/(km/h)	350
正线线间距/m	5
平面线形	直线
线路纵坡	平坡
轨道类型	CRTS Ⅲ型板式无砟轨道
设计活载	ZK 活载
施工方法	悬拼
二期荷载/(kN/m)	130

长清黄河特大桥的桥梁设计概况如图 2-3～图 2-6 所示。

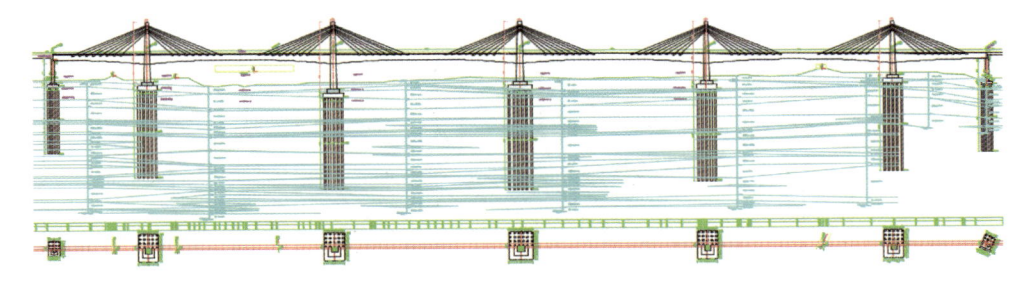

图 2-3 梁立面图

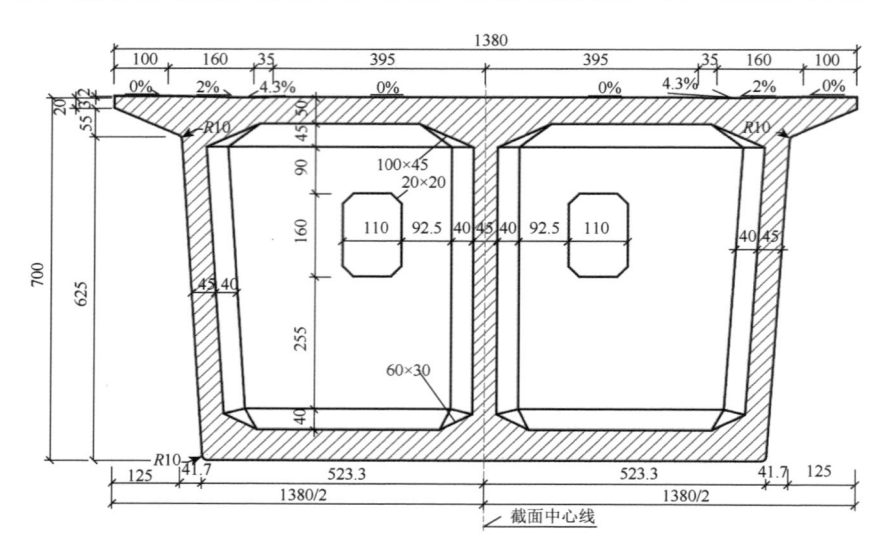

图 2-4　边跨支点处主梁剖面图（单位：cm）

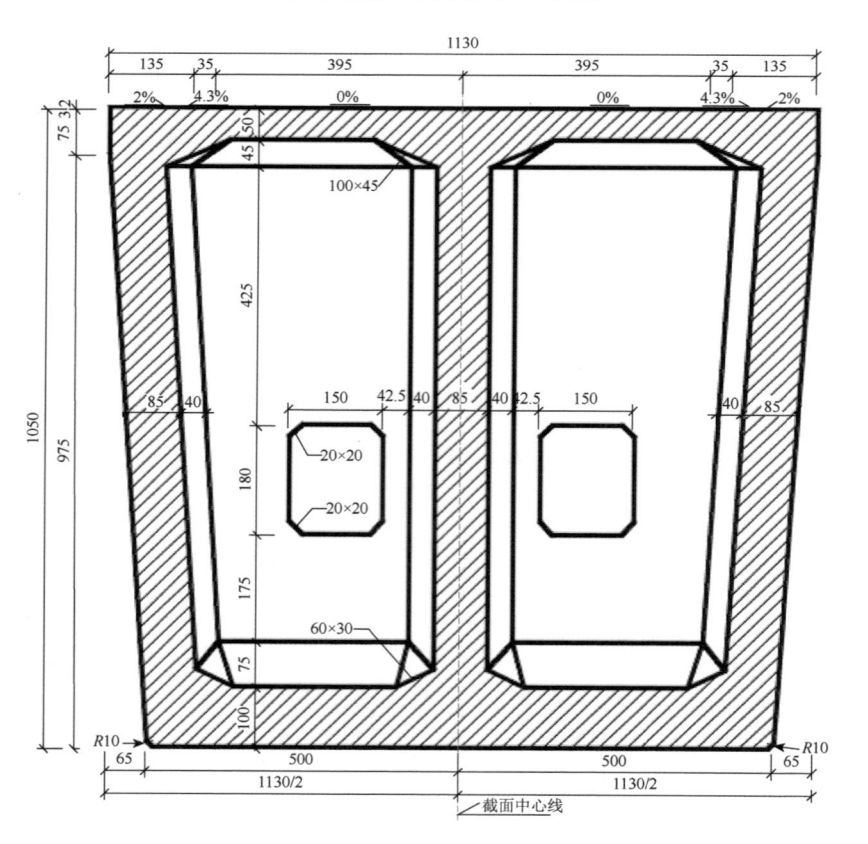

图 2-5　桥塔处主梁剖面图（单位：cm）

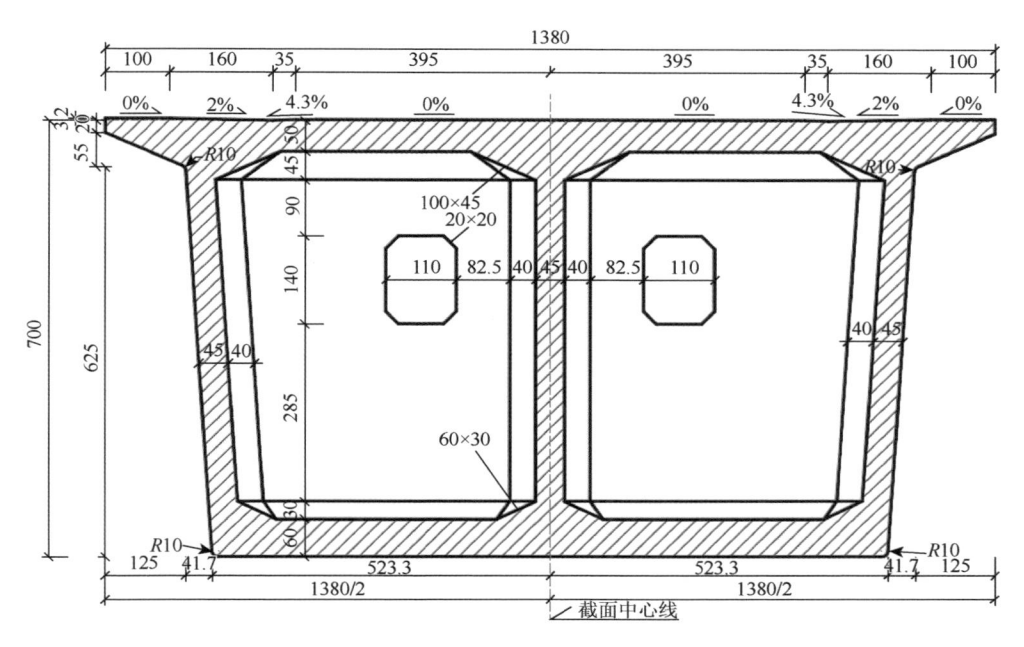

图 2-6 跨中处主梁剖面图（单位：cm）

（1）刚度检算结果如表 2-6～表 2-8 所示。

表 2-6 主梁静活载挠跨比检算结果

位置	静活载垂向位移/mm	挠跨比（静活载）	限值
边跨跨中	36.8	1/2935	1/1100
次边跨跨中	161.0	1/1342	1/1100
中跨跨中	146.0	1/1479	1/1100

表 2-7 主梁梁端转角检算结果

模型	下挠/‰	反弯/‰	限值/‰
BSAS 模型	1.015	−0.926	1

表 2-8 残余徐变变形检算结果　　　　　　　　（单位：mm）

时间阶段	边跨跨中	次边跨跨中	中跨跨中
上二期	−104.00	−25.30	−108.00
十年	−113.00	−37.40	−96.60
十年徐变	−9.00	−12.10	11.40
限值	20.00	20.00	20.00

（2）正应力检算结果如表 2-9 所示。

表 2-9　正应力检算结果　　　　　　　　　　（单位：MPa）

项目	主力	限值	主+附	限值
上翼缘最大正应力	15.66	18.5	19.05	20.35
上翼缘最小正应力	2.24	0	0.02	0
下翼缘最大正应力	17.45	18.5	17.95	20.35
下翼缘最小正应力	0.62	0	0.24	0

（3）强度及抗裂安全系数检算结果如表 2-10 所示。

表 2-10　强度及抗裂安全系数检算结果

项目	主力	限值	主+附	限值
上翼缘抗裂安全系数	1.53	1.2	1.41	1.2
下翼缘抗裂安全系数	1.47	1.2	1.32	1.2
正截面强度安全系数	2.49	2.2	2.23	1.98

（4）剪应力及主应力检算结果如表 2-11 所示。

表 2-11　剪应力及主应力检算结果　　　　　　（单位：MPa）

项目	主力	限值	主+附	限值
最大剪应力	3.66	6.3	3.77	6.3
最大主应力	19.23	22.2	19.76	24.4
最小主应力	−1.67	−3.3	−1.88	−3.3

（5）支反力检算结果如表 2-12 所示。

表 2-12　支反力检算结果　　　　　　　　　　（单位：kN）

检算项目	小里程-边墩	小里程-次墩	小里程-次墩	大里程-次墩	大里程-次墩	大里程-边墩
二期恒载重	993	8403	9347	9343	8347	1038
结构自重	3925	44463	42987	42907	44554	3918
活载 R_y 最大	−2702	−1041	−857	−859	−1026	−2665
活载 R_y 最小	4224	11634	12636	12633	11617	4195
沉降组合最大	−20	−29	−30	−30	−30	−20

续表

检算项目	小里程-边墩	小里程-次墩	小里程-次墩	大里程-次墩	大里程-次墩	大里程-边墩
沉降组合最小	71	26	30	30	25	72
主力最大	9213	64525	65001	64913	64543	9223
主力最小	2195	51796	51447	51362	51845	2271
温度组合最大	−212	−1426	−1482	−1490	−1433	−237
温度组合最小	326	1065	1330	1337	1072	349
主附最大	9538	65590	66331	66250	65614	9572
主附最小	1983	50369	49965	49873	50412	2034

注：R_y 为垂向活荷载反力。

（6）斜拉索索力检算结果如表 2-13 所示。

表 2-13 斜拉索使用阶段内力检算结果

工况	最大内力/kN	破断索力/kN	安全系数
恒载	6941	15884	2.29
主力	7397	15884	2.15
主+附	7709	15884	2.06

（7）施工阶段应力检算结果如表 2-14 所示。

表 2-14 主梁施工阶段应力检算结果

项目	应力/MPa	允许值/MPa
上缘最大应力	16.48	27.75
上缘最小应力	−0.6	−2.31
下缘最大应力	17.13	27.75
下缘最小应力	−0.79	−2.31

（8）桥塔配筋检算结果。

边塔塔底配筋方式：钢筋直径为 40mm，钢筋间距为 100mm，顺桥向三筋布置，横桥向三筋布置，配筋率为 3.74%。

次边塔塔底配筋方式：钢筋直径为 40mm，钢筋间距为 100mm，顺桥向四筋布置，横桥向三筋布置，配筋率为 3.89%。

中塔塔底配筋方式：钢筋直径为 40mm，钢筋间距为 100mm，顺桥向三筋布置，横桥向双筋布置，配筋率为 3.16%。

边塔桥墩配筋方式：钢筋直径为40mm，顺桥向钢筋间距为150mm，双筋布置，横桥向钢筋间距为150mm，双筋布置；1号主墩墩底配筋率为0.76%，5号主墩墩底配筋率为0.79%。

次边塔桥墩配筋方式：钢筋直径为40mm，顺桥向钢筋间距为150mm，双筋布置，横桥向钢筋间距为150mm，双筋布置；2号主墩墩底配筋率为0.67%，4号主墩墩底配筋率为0.68%。

中塔桥墩配筋方式：钢筋直径为40mm，顺桥向钢筋间距为150mm，双筋布置，横桥向钢筋间距为120mm，四筋布置；主墩墩底配筋率为1.20%。

不同工况下，桥塔塔底和墩底内力及检算结果如表2-15和表2-16所示。

表2-15 不同工况下桥塔塔底及墩底内力

工况	位置	轴力/kN	顺桥向剪力/kN	横桥向剪力/kN	顺桥向弯矩/(kN·m)	横桥向弯矩/(kN·m)
主力	1号塔底	69861	2481	468	103401	65931
	2号塔底	72327	2729	261	112416	62038
	3号塔底	68397	1196	605	36726	56753
	4号塔底	72318	3069	261	126864	62021
	5号塔底	69756	2708	465	112900	65750
	1号墩底	310981	4960	102	313063	31114
	2号墩底	348568	5454	103	374347	38296
	3号墩底	348514	3004	100	754403	38617
	4号墩底	326923	6138	23	376125	35406
	5号墩底	295127	5416	20	304004	28733
主+附	1号塔底	71320	4418	669	180522	71452
	2号塔底	73749	4225	460	173579	67456
	3号塔底	70257	1296	659	40049	59271
	4号塔底	73752	4751	461	195853	67462
	5号塔底	71226	4856	666	198773	71290
	1号墩底	311757	8833	2029	550353	91387
	2号墩底	349378	8446	2360	578814	122657
	3号墩底	348904	10571	2107	932268	102544
	4号墩底	327722	9503	2282	581225	103183
	5号墩底	295903	9711	1948	537776	76017
罕遇纵向	1号塔底	67303	6254	1577	195504	102216
	2号塔底	69952	9197	2188	239505	124413

续表

工况	位置	轴力/kN	顺桥向剪力/kN	横桥向剪力/kN	顺桥向弯矩/(kN·m)	横桥向弯矩/(kN·m)
罕遇纵向	3号塔底	61614	4232	466	143430	48593
	4号塔底	70221	8491	2128	278758	121611
	5号塔底	65762	6187	1585	203224	101760
	1号墩底	303955	20398	13	659591	376
	2号墩底	345816	37100	21	1145514	738
	3号墩底	309227	183000	12	3463098	311
	4号墩底	329098	25785	22	916156	635
	5号墩底	289497	16876	13	575784	299
罕遇横向	1号塔底	64977	2655	4202	100571	197607
	2号塔底	67580	2409	9551	96106	344034
	3号塔底	63571	1161	4759	29650	171495
	4号塔底	67617	2682	11149	106939	368331
	5号塔底	63803	3111	4240	115314	176464
	1号墩底	277696	4413	54684	271358	1699202
	2号墩底	307973	4103	69427	276107	2753969
	3号墩底	304913	1431	102224	33435	3121869
	4号墩底	289253	4646	82662	278710	2704865
	5号墩底	262961	5287	54133	279772	1183190

表 2-16 不同工况下桥塔塔底及墩底检算结果

荷载	截面	混凝土压应力/MPa 结果	混凝土压应力/MPa 容许	钢筋拉应力/MPa 结果	钢筋拉应力/MPa 容许	裂缝宽度/mm 结果	裂缝宽度/mm 容许
主力	1号塔底	16.848	18.5	−109.507	−260	0.09	0.2
	2号塔底	10.757	18.5	−59.04	−260	0.05	0.2
	3号塔底	7.946	18.5	−24.95	−260	0.02	0.2
	4号塔底	11.432	18.5	−67.729	−260	0.05	0.2
	5号塔底	17.582	18.5	−119.448	−260	0.10	0.2
	1号墩底	6.216	18.5	3.2	−260	0.02	0.2
	2号墩底	5.403	18.5	5.03	−260	0.03	0.2
	3号墩底	6.044	18.5	−12.915	−260	0.02	0.2
	4号墩底	5.5	18.5	1.995	−260	0.03	0.2
	5号墩底	6.269	18.5	0.195	−260	0.02	0.2

续表

荷载	截面	混凝土压应力/MPa 结果	混凝土压应力/MPa 容许	钢筋拉应力/MPa 结果	钢筋拉应力/MPa 容许	裂缝宽度/mm 结果	裂缝宽度/mm 容许
主+附	1号塔底	23.368	24.05	−200.672	−320	0.16	0.24
	2号塔底	13.861	24.05	−99.753	−320	0.08	0.24
	3号塔底	8.293	24.05	−27.101	−320	0.02	0.24
	4号塔底	14.954	24.05	−116.107	−320	0.09	0.24
	5号塔底	23.807	24.05	−223.796	−320	0.18	0.24
	1号墩底	9.027	24.05	−32.716	−320	0.02	0.24
	2号墩底	6.871	24.05	−11.146	−320	0.03	0.24
	3号墩底	7.157	24.05	−29.908	−320	0.02	0.24
	4号墩底	7.234	24.05	−19.208	−320	0.03	0.24
	5号墩底	9.553	24.05	−46.499	−320	0.03	0.24
罕遇纵向	1号塔底	28.375	37	−291.804	−500	—	—
	2号塔底	22.08	37	−230.888	−500	—	—
	3号塔底	12.743	37	−92.294	−500	—	—
	4号塔底	23.776	37	−257.832	−500	—	—
	5号塔底	28.918	37	−303.958	−500	—	—
	1号墩底	10.902	37	−97.512	−500	—	—
	2号墩底	13.913	37	−206.111	−500	—	—
	3号墩底	24.647	37	−496.567	−500	—	—
	4号墩底	11.356	37	−89.392	−500	—	—
	5号墩底	10.224	37	−58.155	−500	—	—
罕遇横向	1号塔底	31.352	37	−352.401	−500	—	—
	2号塔底	30.747	37	−400.247	−500	—	—
	3号塔底	17.897	37	−200.856	−500	—	—
	4号塔底	33.804	37	−449.278	−500	—	—
	5号塔底	31.319	37	−347.451	−500	—	—
	1号墩底	18.514	37	−206.535	−500	—	—
	2号墩底	24.15	37	−413.972	−500	—	—
	3号墩底	17.734	37	−295.137	−500	—	—
	4号墩底	24.525	37	−425.859	−500	—	—
	5号墩底	13.195	37	−97.155	−500	—	—

2.3 桥上无砟轨道结构

目前，我国应用的无砟轨道类型主要有 CRTS Ⅰ型双块式、CRTS Ⅱ型双块式、CRTS Ⅰ型板式、CRTS Ⅱ型板式和 CRTS Ⅲ型板式五种无砟轨道结构形式。五种无砟轨道结构的设计理念不同，结构上也有差异。CRTS Ⅰ型双块式无砟轨道和 CRTS Ⅱ型双块式无砟轨道在桥梁区段道床板和钢筋混凝土底座均采用单元结构；CRTS Ⅰ型板式无砟轨道采用单元分段式结构，桥梁区段每块轨道板设置一个钢筋混凝土底座；CRTS Ⅱ型板式无砟轨道采用纵连结构，轨道板间通过 6 根精轧螺纹钢筋纵向连接，路桥梁区段设置钢筋混凝土底座，在路基和桥梁的过渡段上设置大型端刺；CRTS Ⅲ型板式无砟轨道为我国自主创新的无砟轨道结构形式，采用单元板式无砟轨道结构，轨道板单元设置，桥梁区段每块轨道板间灌注自密实混凝土。

长清黄河特大桥采用 CRTS Ⅲ型板式无砟轨道结构，轨道结构高度为 785mm，横断面设计如图 2-7 所示。轨道结构组成自上而下分别为 60kg/m 钢轨、WJ-8 型扣件、CRTS Ⅲ型轨道板、自密实混凝土、隔离缓冲垫层、底座板等部分。无砟轨道与梁面的连接采用植筋的方式。

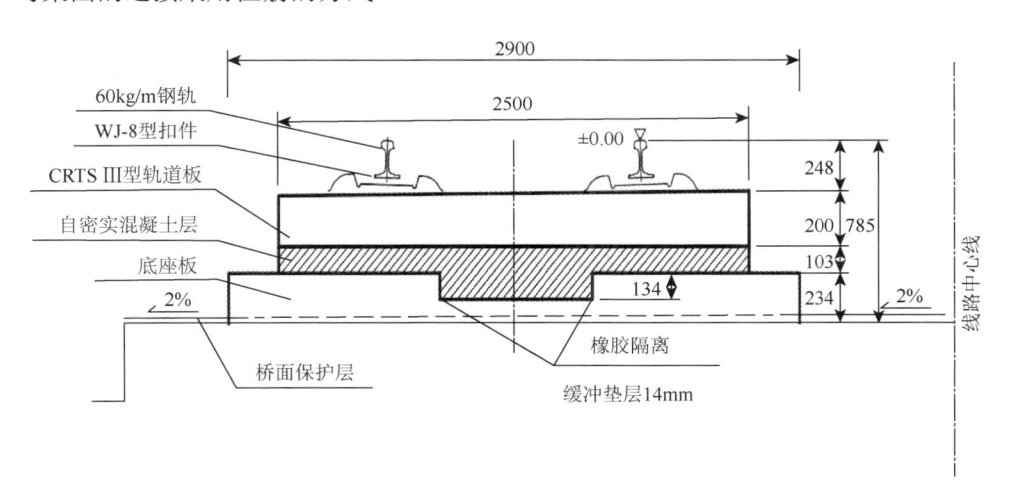

图 2-7 桥上 CRTS Ⅲ型板式无砟轨道断面图（单位：mm）

1. 轨道板与底座板

轨道板采用 C55 混凝土预制板，底座板采用 C40 混凝土现浇结构，板缝设计为 100mm。为改善轨道板与底座板之间的传力，在底座限位凹槽处置有弹性垫板。CRTS Ⅲ型轨道板、底座板与弹性垫板尺寸如图 2-8 和图 2-9 所示。

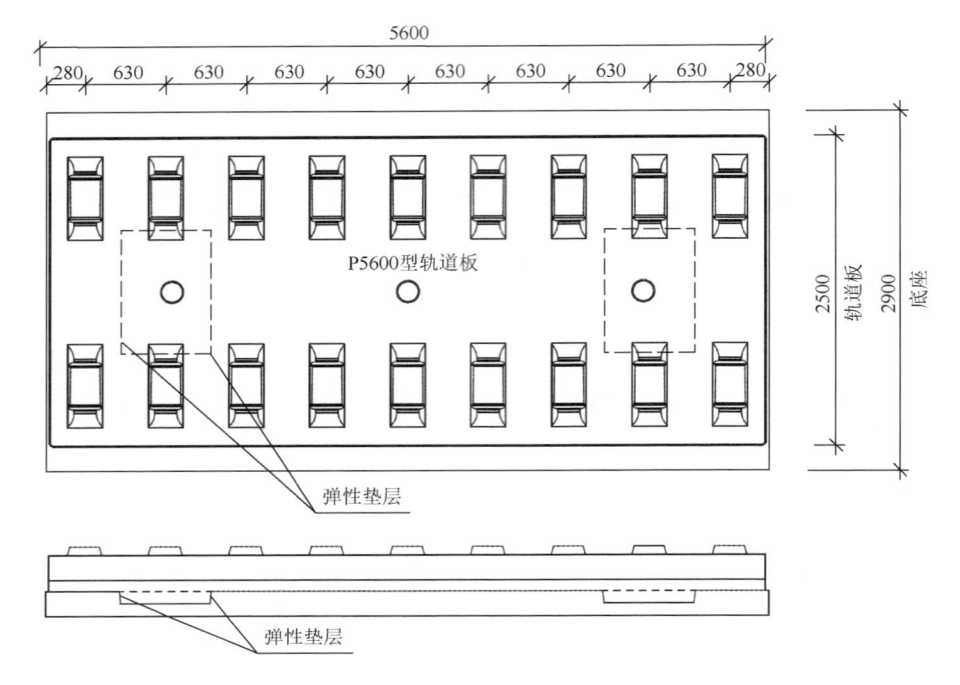

图 2-8　CRTS Ⅲ型（P5600 型）轨道板与底座板（单位：mm）

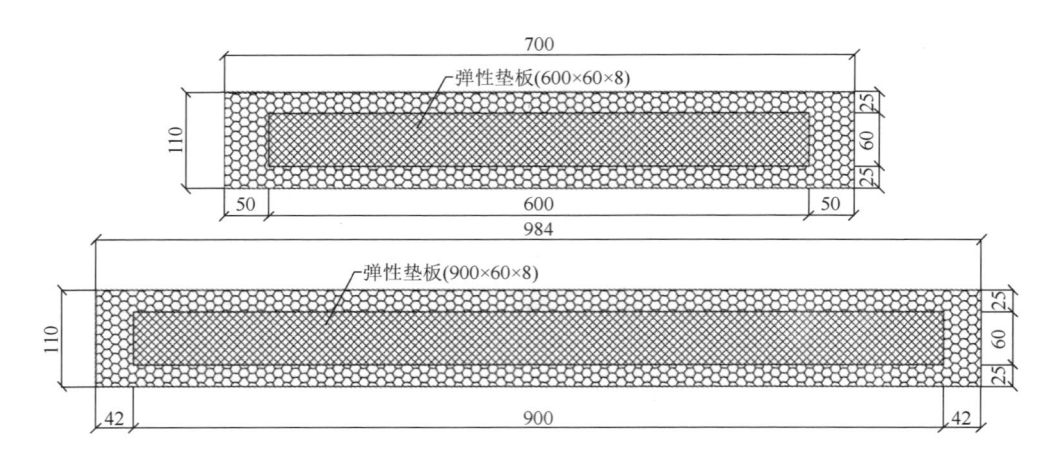

图 2-9　弹性垫板尺寸（单位：mm）

2. 隔离缓冲垫层

大跨度桥梁在列车、温度荷载作用下变形较大，为改善梁端无砟轨道的受力特性，在自密实混凝土与底座板之间铺设一层弹性隔离层，如图 2-10 所示。刚度取 0.1N/mm^3，铺设隔离缓冲垫层的主要作用有以下三个。

1）层间隔离

隔离缓冲垫层能够将上下结构分离开，如现浇道床板、自密实混凝土与下部混凝土底座。垫层的存在使得不同结构层间在温度变化或其他外部荷载作用下能相对自由地伸缩。

2）协调变形

设置隔离缓冲垫层可以协调轨道结构层间及轨道与桥梁之间的变形，在一定程度上避免了结构层间因变形不协调产生的微小离缝，其缓冲隔离作用可减小桥梁变形对轨道受力变形的影响。

3）隔振降噪

在列车通过时，桥梁振动剧烈，通过在无砟轨道结构层间或轨道与桥面之间铺设隔离缓冲垫层，隔离车辆振动对桥梁结构的影响，降低二次结构噪声，并可提高桥梁、轨道结构的耐久性，减小线路运营过程中的养护维修工作量，对设备的养护及延长使用寿命有利。

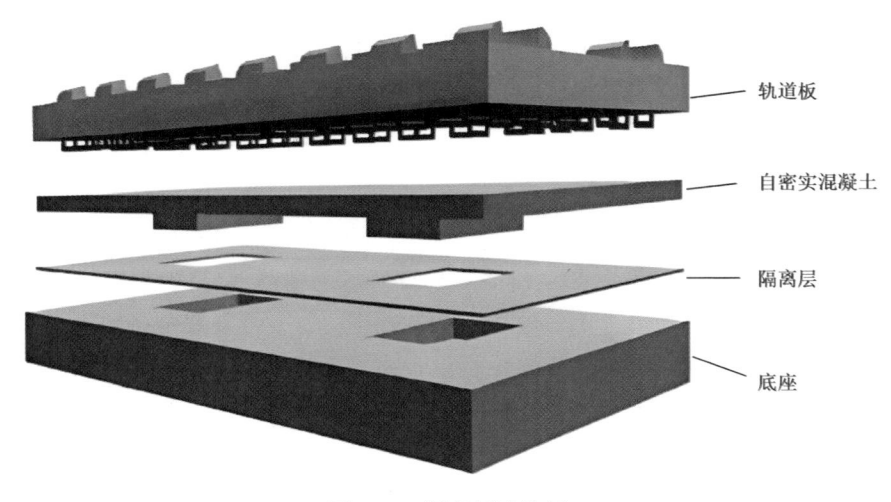

图 2-10 隔离缓冲垫层

3. 钢轨伸缩调节器及梁端伸缩装置

长清黄河特大桥温度跨度达到 540m，为了适当放散钢轨内力，需要在梁缝处设置最小伸缩量为 ±400mm 的钢轨伸缩调节器及配套梁端伸缩装置。按照相关规范规定，伸缩调节器基本轨始端和尖轨跟端焊接接头距离梁缝和支座中心应不小于 2m，且伸缩调节器一般遵循基本轨跨越梁缝、尖轨固定、基本轨伸缩的布置原则。钢轨伸缩调节器布置如图 2-11 所示。

图 2-11　无砟轨道钢轨伸缩调节器布置图

2.4　本 章 小 结

本章以长清黄河特大桥为工程背景，系统阐述了该桥的桥梁工程概况、主桥结构设计、荷载组合与检算、轨道结构选型及施工控制方法，为同类桥梁无砟轨道铺设提供理论依据与实践参考。

（1）长清黄河特大桥是跨径为 108m+4×216m+108m 的矮塔斜拉桥，跨越黄河冲积平原，主河槽宽 800m。桥址区地震动峰值加速度为 0.10g（Ⅶ度），气象条件复杂，年温差大，风速高，水文条件需满足黄河防洪标准（设防流量为 11000m³/s）。

（2）主梁采用单箱双室预应力混凝土箱梁，塔墩固结半漂浮体系，梁底设置抗震支座。斜拉索为环氧涂层钢绞线，分丝管索鞍实现单根张拉与更换。设计中通过弹性垫板、伸缩调节器及隔离缓冲层协调桥梁与轨道变形，温度跨度达 540m。

（3）按主力、主+附组合检算结构安全系数，主力下抗裂安全系数不小于 1.2，强度安全系数不小于 2.2。梁端伸缩位移量合计为±369mm，通过伸缩缝与轨道调节器控制。运营工况斜拉索安全系数不小于 2.06，满足规范要求。

（4）采用 CRTS Ⅲ型板式轨道，含轨道板、自密实混凝土层及弹性隔离缓冲垫层，总高度为 785mm。弹性垫层（刚度为 0.1N/mm³）协调变形、隔振降噪，梁端设置钢轨伸缩调节器（±400mm）适应大跨度桥梁变形。

（5）施工阶段通过 CP Ⅲ轨道控制网实现快速测量，结合温度-变形监测试验优化线形。无砟轨道标高控制采用底座板与轨道板分层施工，施工后几何形位通过中点弦测法评价，残余徐变变形不大于 20mm，满足高铁平顺性要求。

第 3 章　大跨桥上铺设无砟轨道力学特性分析

长清黄河特大桥的桥梁结构为连续矮塔斜拉桥。此类桥主梁刚度较大，相较于同等跨度的普通斜拉桥或连续梁桥，其在荷载作用下的变形较小，因此其挠度控制更有效。斜拉索的存在对主梁的受力状态有重要影响，但随着特征参数 α 的减小，斜拉索直接承受垂向荷载的作用降低，其作用更趋向于通过初张力提供预应力，改善主梁的受力性能。在动力特性方面，连续矮塔斜拉桥的自振周期较短，不属于柔性结构，且高阶振型对结构的影响较小，这与普通斜拉桥形成鲜明对比。我国高速铁路应用此类桥梁的先例较少，特别是联长超过 1000m 的多塔矮塔斜拉桥。为研究千米长联矮塔斜拉桥上铺设无砟轨道对轨道变形和行车的影响，本章基于有限元法建立了大跨度铁路斜拉桥上 CRTS III 型板式无砟轨道无缝线路空间耦合模型，从静力和动力两个方面开展相关研究，相关成果能为桥上 CRTS III 型板式无砟轨道无缝线路设计理论及方法提供参考。

3.1　计算模型与计算参数

3.1.1　静力计算模型

长清黄河特大桥由预应力混凝土主梁、桥塔、斜拉索、轨道结构共同组成了一个复杂的耦合体系。该桥桥型为对称布置，桥塔主要承担斜拉索传递的对称索力，以受压为主，主梁主要承担自重、二期恒载、列车荷载产生的弯矩，斜拉索以受拉为主。桥塔、钢轨、轨道板、底座板、主梁及桥墩均采用梁单元模拟；斜拉索采用只受拉不受压的索单元模拟；扣件垂向及横向刚度采用线性弹簧模拟；限位凹槽（凸台）视为板间纵向弹性约束，采用线性弹簧模拟；桥墩支座采用线性弹簧模拟，阻尼器采用阻尼弹簧模拟；扣件纵向刚度采用非线性弹簧模拟；轨道板与底座板之间的摩擦阻力采用非线性弹簧模拟。

3.1.2　桥梁模型及其参数

1. 主梁与桥塔

长清黄河特大桥主梁为预应力钢筋混凝土结构，桥塔与桥墩采用钢筋混凝土结构，均为 C55 混凝土，采用梁单元模拟。主梁与桥塔的混凝土材料参数如表 3-1 所示，梁截面参数如图 3-1 所示。

表 3-1　混凝土参数

名称	单位	参数
混凝土型号	—	C55
弹性模量	MPa	3.55×10^4
泊松比	—	0.2
线膨胀系数	℃$^{-1}$	1.0×10^{-5}
密度	kg/m^3	2549

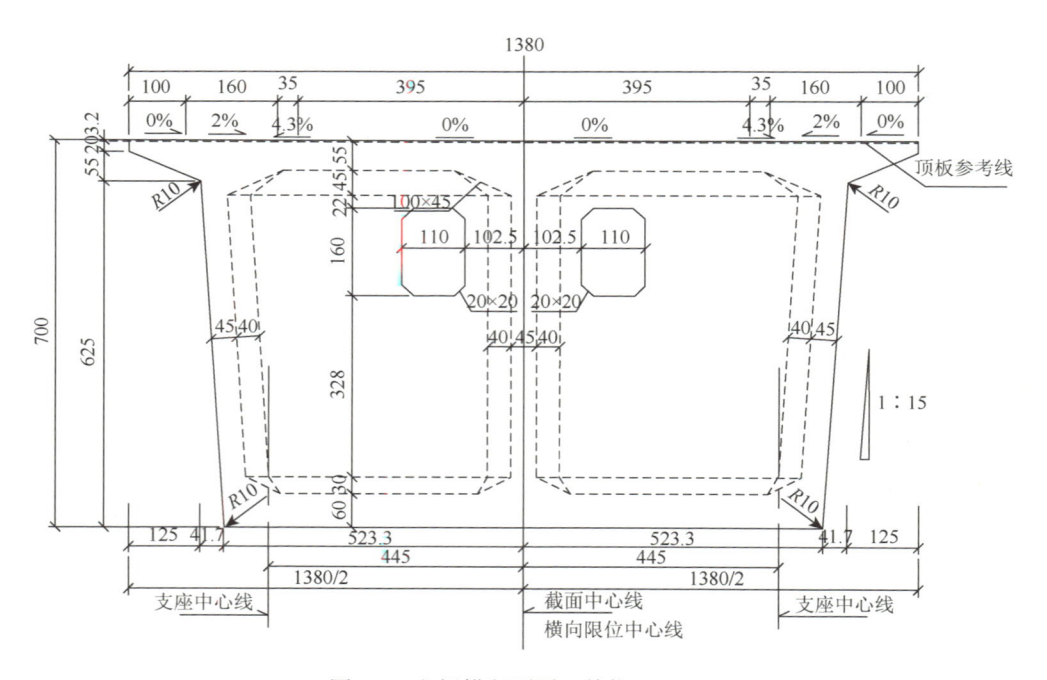

图 3-1　主梁横断面图（单位：mm）

2. 斜拉索

斜拉索为扇形双索面布置，采用矮塔斜拉桥专用的环氧涂层高强钢绞线，根据斜拉索的受力特性，并考虑到桥梁附加力的计算需求，采用桁架单元模拟斜拉索。对称布置的两根斜拉索由桥塔同一点向两侧延伸布置，分别锚固在对应的主梁节点上，斜拉索参数如表 3-2 所示。

表 3-2 斜拉索参数

名称	单位	参数
公称直径	cm	15.2~61
弹性模量	MPa	1.95×10^5
泊松比	—	0.3
线膨胀系数	℃$^{-1}$	1.2×10^{-5}
密度	kg/m^3	8005

3. 支座

全桥共设五个支座,其中中墩为固定支座(纵向固定、横向活动),其余四个墩为活动支座,并在活动支座处设置阻尼器,适当限制地震力、制动力等荷载作用下梁体的水平位移。在计算模型中,采用线性弹簧模型模拟桥梁支座。

4. 桥梁体系

桥梁采用塔墩固结,半漂浮体系,中墩固定支座采用特殊结构,在地震作用下可以被剪断,形成漂浮体系,降低地震对主体结构的不利影响。在计算过程中,不用考虑基础沉降对结构的影响,桥墩底部采用全约束固结条件,即认为桥墩底部不发生位移。

3.1.3 轨道模型及其参数

1. 钢轨

钢轨作为轨道结构的主要部件,需承受车轮的巨大荷载,并将所承受的荷载传递给扣件、轨道板等轨下部件。长清黄河特大桥主线钢轨采用 60kg/m 钢轨,具体参数如表 3-3 所示。

表 3-3 钢轨参数

名称	单位	参数
每米重量	kg	60.643
断面面积	cm^2	77.45
弹性模量	MPa	1.95×10^5
泊松比	—	0.3
线膨胀系数	℃$^{-1}$	1.2×10^{-5}
密度	kg/m^3	7830

2. 扣件

扣件采用 WJ-8 型扣件，如图 3-2 所示。该型扣件由螺旋道钉、平垫圈、弹条、绝缘块、轨距挡板、轨下微调垫板、铁垫板、铁垫板下调高垫板、铁垫板下弹性垫板和预埋套管组成。

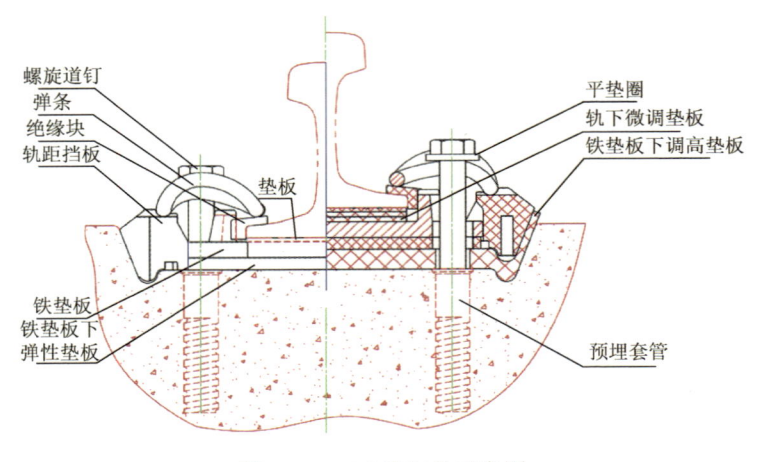

图 3-2　WJ-8 型扣件示意图

扣件作为钢轨和轨道板之间的传力装置，主要承担垂向列车荷载与钢轨纵向力。考虑到扣件传力特点，垂向和横向考虑为线性弹簧单元，纵向考虑为非线性弹簧单元，线路纵向阻力参照《铁路无缝线路设计规范》（TB 10015—2012）取值，如图 3-3 所示，扣件其余计算参数如表 3-4 所示。

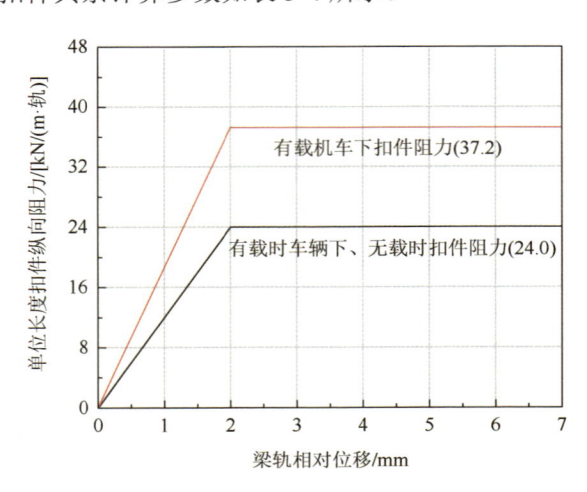

图 3-3　WJ-8 型扣件纵向阻力图

表 3-4　WJ-8 型扣件参数

名称	单位	参数取值
扣件横向刚度	kN/mm	56
扣件垂向刚度	kN/mm	80

3. 轨道板与底座板

轨道板与底座板分别采用 C55、C40 混凝土，板缝设计为 100mm。为改善轨道板与底座板之间的传力，在凸台处设置弹性垫板，其尺寸如图 2-9 所示。

所采用的弹性橡胶垫板主要由三元乙丙橡胶制成，添加防老剂、补强填充体系及其他助剂，表观弹性模量为 32~54MPa，容许拉伸强度约为 12MPa。垫板最大容许变形量约为 1.2mm，约为整体厚度的 10%，变形较小，满足胡克定律，建模时可按式（3-1）将弹性橡胶垫板简化为线性弹簧。

$$k = \frac{EA}{d} \tag{3-1}$$

式中，k 为线性弹簧刚度；E 为弹性橡胶垫板弹性模量；A 为弹性橡胶垫板面积；d 为弹性橡胶垫板厚度。

根据橡胶垫板厚度计算得到每块弹性垫板纵向刚度为 280kN/mm，横向刚度为 250kN/mm。一块标准 CRTS Ⅲ型轨道板有两块凸台，故取单块轨道板上弹性垫板总纵向刚度为 560kN/mm，总横向刚度为 500kN/mm。

3.1.4　轨道-桥梁一体化计算模型

长清黄河特大桥温度跨度高达 540m，在实际计算中，伸缩调节器位置对主桥梁轨相互作用影响不大。因此，该模型在梁缝处分别设置一组单向伸缩调节器，伸缩调节器布置如图 3-4 所示。此外，梁端范围内梁轨相对位移较大，故在桥梁梁端处也设置伸缩调节器，适当放散钢轨内力。

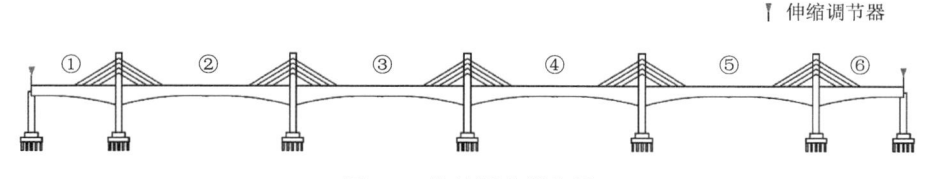

图 3-4　伸缩调节器位置

为消除边界效应，模型在主桥两侧各建立 3×32m 简支梁，简支梁梁端钢轨向外侧延伸 200m 以模拟路基段。轨-梁-索-塔-墩一体化有限元模型如图 3-5 所示。

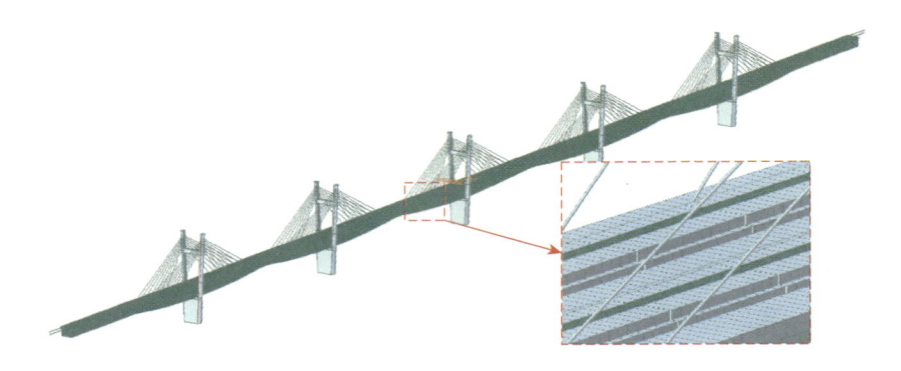

图 3-5 轨-梁-索-塔-墩一体化有限元模型

3.1.5 荷载取值

1. 列车荷载

垂向列车荷载采用 ZK 标准活载，标准活载计算图式如图 3-6 所示。

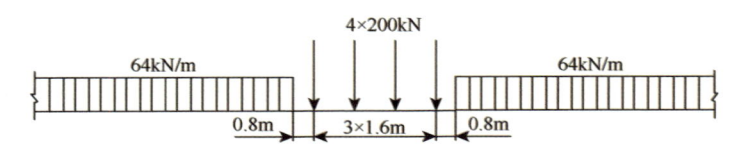

图 3-6 ZK 标准活载计算图式

参考《铁路无缝线路设计规范》(TB 10015—2012)，该桥列车荷载加载长度设置为 400m，并换算为等效均布荷载。考虑斜拉桥结构的对称性，列车荷载考虑两种工况：

（1）一线列车由左侧入桥、一线列车由右侧入桥，两列车交会于第二跨与第三跨。

（2）一线列车由左侧入桥、一线列车由右侧入桥，两列车交会于斜拉桥中心。具体列车荷载布置如图 3-7 所示。

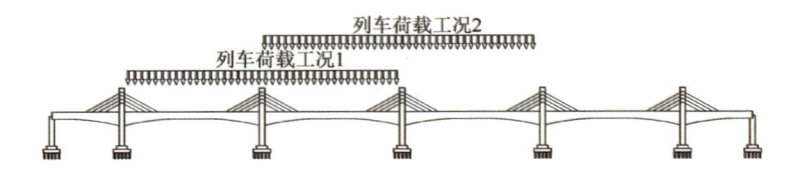

图 3-7 列车荷载布置图

2. 制动力

参照《铁路无缝线路设计规范》(TB 10015—2012),制动力集度 q 按式(3-2)计算:

$$q = \mu Q_d \tag{3-2}$$

式中,μ 为轮轨黏着系数,采用 0.164;Q_d 为设计活载,采用 ZK 标准活载。

由式(3-2)可得制动力集度为 10.496kN/m。加载长度一般取 400~550m。制动力工况设置与列车荷载设置类似,考虑最不利工况,即双线列车于加载范围内交会并发生制动/启动。

3. 温度荷载

无砟轨道结构暴露于大气环境中,受到温度荷载的持续作用。长清黄河特大桥温度荷载主要考虑整体温度荷载、日照引起的温度梯度荷载及梁索温差。

1) 整体温度荷载

根据气象资料,当地极端最高气温为 42.5℃,对应的最高轨温为 62.5℃,极端最低气温为-20℃,对应的最低轨温为-25℃。拟定锁定轨温为(20±5)℃,钢轨最大升温幅度为 50℃,最大降温幅度为 50℃。参照《铁路无缝线路设计规范》(TB 10015—2012)中的相关要求,对于混凝土梁的年温差,按照 30℃进行取值,日温差则按照 15℃进行取值。同时,暂定轨道板和底座板的温差与桥梁温差保持一致。此外,现有规范中并未对斜拉桥桥塔和桥墩的年温差变化做出明确规定,故考虑其温差与主梁温差相同。

2) 温度梯度荷载

混凝土热传导性能较差,因此轨道板在太阳辐射作用下内部存在正温度梯度(上热下冷)、在冬季降温条件下内部存在负温度梯度(上冷下热)。根据《高速铁路设计规范》(TB 10621—2014)对无砟轨道设计的规定,正温度梯度(上热下冷)的取值为 90℃/m,负温度梯度(上冷下热)的取值为 45℃/m,CRTS Ⅲ型轨道板厚度为 0.2m,按此计算日照引起的轨道板正温差为 18℃(上热下冷),负温差(上冷下热)为 9℃。

长清黄河特大桥桥梁选址为东西走向,桥梁截面可以分为受阳面与背阴面。夏季太阳辐射和气温变化等环境因素共同影响,引起桥梁不均匀的温度分布,从而产生温度应力和温度位移。参照《铁路桥涵混凝土结构设计规范》(TB 10092—2017)规定,箱梁沿梁宽方向的日照温差荷载为指数函数,分别按式(3-3)、式(3-4)和表 3-5 计算取值,最终可得出沿梁宽方向的最大温度差值为 10℃。

$$T_y = T_{01} e^{-ay} \tag{3-3}$$

$$T_x = T_{02} e^{-ax} \tag{3-4}$$

式中，T_y、T_x 分别为计算点 y、x 处的温差，℃；T_{01}、T_{02} 分别为沿梁高方向与梁宽方向的温差，℃；a 为温差曲线指数，m^{-1}。

表 3-5　日照温差曲线 a 与 T_0 值

方向	a/m^{-1}	T_0/℃
单向（沿梁高方向）	5	20
单向（沿梁宽方向）	7	16

3）梁索温差

依据当地气候条件，并参考类似类型桥梁的相关研究，可认为斜拉桥主梁与斜拉索之间因日照影响而产生的温差范围为±10℃。

3.2　长清黄河特大桥轨面平顺性分析

3.2.1　大跨度桥梁轨面平顺性评价方法

大跨度铁路桥梁在平顺性评价标准方面所面临的主要问题为垂向变形远超过规范限值。《铁路桥涵设计规范》（TB 10002—2017）中关于梁体垂向挠度容许值的规定如表 3-6 所示。

表 3-6　梁体垂向挠度容许值

铁路设计标准	设计速度/(km/h)	$L \leq 40$m	40m$ < L \leq 80$m	$L > 80$m
高速铁路	350	$L/1600$	$L/1900$	$L/1500$
	300	$L/1500$	$L/1600$	$L/1100$
	250	$L/1400$	$L/1400$	$L/1000$
城际铁路	200	$L/1750$	$L/1600$	$L/1200$
	160	$L/1600$	$L/1350$	$L/1100$
	120	$L/1350$	$L/1100$	$L/1100$
客货共线铁路	200	$L/1200$	$L/1000$	$L/900$
	160	$L/1000$	$L/900$	$L/800$
重载铁路	120 及以下	$L/900$	$L/800$	$L/700$

注：L 为梁的计算跨度。

参照《铁路桥涵设计规范》（TB 10002—2017）中的相关规定计算出长清黄河特大桥（主跨为216m）的跨中垂向挠度容许值为144mm。桥梁变形会直接映射在轨面上形成轨道不平顺，因此当桥梁的跨中垂向挠度为144mm时，钢轨的垂向位移也应在144mm左右。

现行《铁路轨道设计规范》（TB 10082—2017）中对于高速铁路静态平顺度的要求为10mm/240a（m），基线长度为480a（m）。其中，a为扣件间距，取0.625m，即300m弦长范围内每150m的线形误差需控制在10mm以内，这与144mm的桥梁跨中垂向挠度容许值相差甚远。

上述两个规范对于铁路桥梁垂向挠度所规定的容许值差异很大，若参照《铁路桥涵设计规范》规定的限值设计会使轨道结构高低不平顺严重超限，而参照《铁路轨道设计规范》规定的限值设计虽然可以很好地满足轨道平顺性要求，但在实际工程应用中实施难度较大。

然而，昌赣高铁赣江特大桥、商合杭高铁裕溪河特大桥顺利开通并达速运营和国内对京沪高铁、京津城际运营数据的持续观测表明，即使线路条件不满足300m弦长波管理值，依然可能满足行车舒适性、安全性的要求。因此，可以采用静态、准静态、动态评价方法对大跨度桥梁上的无砟轨道平顺性进行有效管理，从而确保轨道平顺性符合相关要求。

1. 静态评价方法

静态评价方法是基于设计基准温度下的轨道不平顺质量指数（TQI）评价。轨道不平顺质量指数是一种采用数学统计方法描述区段轨道整体质量状态的综合指标和评价方法。运用TQI评价和管理轨道状态，是对单一幅值扣分评判轨道质量方法的补充，提高轨道检测数据综合应用水平，为科学制订线路维修计划、保证轨道状态的均衡发展提供科学依据。

TQI是左高低、右高低、左轨向、右轨向、轨距、水平和三角坑7项几何不平顺在200m区段的标准差之和。TQI计算式见式（3-5）和式（3-6）。

$$\mathrm{TQI} = \sum_{i=1}^{7}\sigma_i \tag{3-5}$$

$$\sigma_i = \sqrt{\frac{1}{n}\sum_{j=1}^{n}\left(x_{ij}^2 - \overline{x}_i^2\right)} \tag{3-6}$$

式中，σ_i为各项几何偏差的标准差；x_{ij}为200m区段内各项几何偏差的幅值；n为单元区段中采样数，每米采集4个样。

既有线路不同速度等级及高速铁路线路轨道不平顺200m区段TQI及单项标准差管理标准如表3-7所示。

表3-7 TQI管理标准

速度等级/(km/h)	高低/mm	轨向/mm	轨距/mm	水平/mm	三角坑	TQI
$V \leqslant 100$	2.5×2	2.2×2	1.6	1.9	2.1	15
$100 < V \leqslant 120$	2.5×2	1.8×2	1.5	1.9	2.0	14

续表

速度等级/(km/h)	高低/mm	轨向/mm	轨距/mm	水平/mm	三角坑	TQI
120＜V≤160	1.8×2	1.4×2	1.3	1.6	1.7	11
160＜V＜200	1.5×2	1.1×2	1.1	1.3	1.4	9
200≤V≤250	1.4×2	1.0×2	0.9	1.1	1.2	8
300＜V≤350	0.8×2	0.7×2	0.6	0.7	0.7	5
300＜V≤350	2.0×2	1.5×2	波长为42~120m，区段长为500m				

注：除注明外，适用于轨道不平顺波长为42米以下。

采用 TQI 评价轨面平顺性时应以设计基准温度下桥梁变形为基准，测试结果应减去测试温差引起的变形再进行计算。

2. 准静态评价方法

准静态评价方法考虑列车、温度荷载等作用，采用 60m 中点弦测法和旅客舒适度评价法评价。

1）60m 中点弦测法

中点弦测法是基于弦线基准测量系统的，最直观、结构原理最简单并且最早得到应用的一种方法。在测量过程中，一根固定长度的弦线两端与钢轨接触，并随着测量过程向前移动，移动过程中，按照一定采样步长记录弦线中点位置相对于钢轨的法向偏差值，即中点正矢偏差值，也称为弦测值。长久以来，弦测值被直接当成轨道不平顺的近似值。弦测值越大意味着钢轨的不平顺程度越大。中点弦测法的计算模型如图 3-8 所示。假定测量弦长为 2L，测量 i 点时，需要同时测量 i−L 点和 i+L 点，计算 i 点的不平顺幅值公式如式（3-7）所示：

$$v_i = h_i - \frac{1}{2}(h_{i-L} + h_{i+L}) \tag{3-7}$$

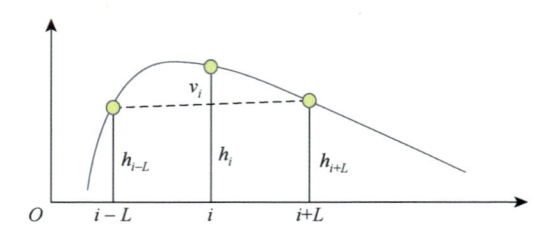

图 3-8 中点弦测法示意图

中点弦测法将固定弦长作为测量基准，以三点弦测为例。在进行不平顺计算时，首先需要求得变形后的线路不平顺幅值 v_1，再得出线路设计线形不平顺 v_2，则每一待测点的不平顺值如式（3-8）所示：

$$v_q = |v_1 - v_2| \tag{3-8}$$

在间距为 p 的三个轴上分别安装位移计，测量轴头与车体之间的相对位移。假设轨道的真实不平顺为 $x(a)$，弦测系统测量值为 $y(a)$，则 $y(a)$ 计算表达式如式（3-9）所示：

$$y(a) = x(a) - \frac{1}{2}[x(a-p) + x(a+p)] \tag{3-9}$$

对式（3-9）进行傅里叶变换可得

$$Y(\omega) = \left(1 - \frac{e^{-j\omega p} + e^{j\omega p}}{2}\right) X(\omega) = [1 - \cos(\omega p)] X(\omega) \tag{3-10}$$

式中，ω 为空间角频率，$\omega = 2\pi/\lambda$，λ 为轨道不平顺波长。

传递函数表达式为

$$H(\omega) = 1 - \frac{e^{-j\omega p} + e^{j\omega p}}{2} = 1 - \cos(\omega p) \tag{3-11}$$

图 3-9 显示了分别采用 10m、30m 和 40m 弦长时轨道不平顺波长和幅值增益的关系。由图可见，10m、30m 和 40m 弦对应的有效检测波段分别为 7～20m、20～68m 和 27～80m。

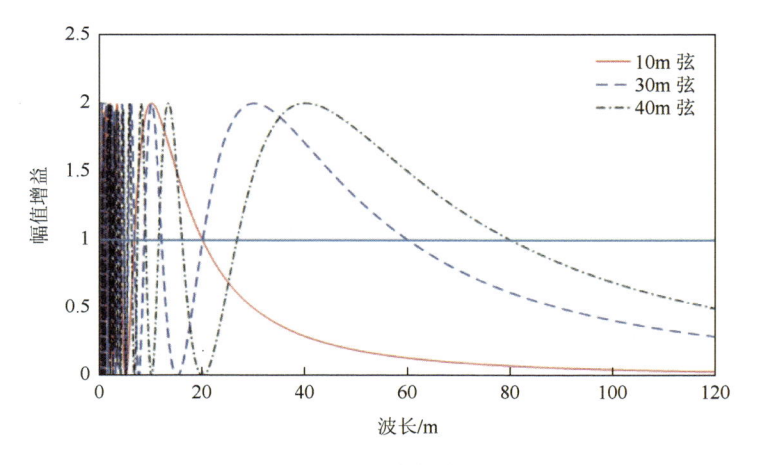

图 3-9 弦测法有效区段

为研究合理弦长，分别计算不同弦长对应的有效检测波长区段，如表 3-8 所示。

表 3-8　不同弦长有效检测区段（增益值大于 1.0）

弦长/m	起始波长/m	终止波长/m
10	7	20
20	13	40
30	20	60
40	27	80
50	33	100
60	40	120
70	47	140
80	53	160

根据中国铁道科学研究院研究报告《京津城际基础设施状态评估及提升技术研究》中的分析结果，350km/h 的动车组列车敏感波长汇总如表 3-9 所示。

表 3-9　350km/h 的不同车型动车敏感波长汇总　（单位：m）

方向	061C	068C	150C	203	301
垂向	75	75~85	75~85	75~85	119
横向	149	149	133	119	171

由表 3-9 可以看出，350km/h 动车组列车的垂向敏感波长范围为 75~119m，60m 弦长的有效检测区段为 40~120m，可以覆盖垂向敏感波长范围，因此可采用 60m 弦长的中点弦测法对轨道进行平顺性分析。依据《高速铁路无砟轨道线路维修规则（试行）》（TG/GW 115—2012）的控制标准，并结合《京津城际基础设施状态评估及提升技术研究-运营期高铁轨道平顺性提升关键技术研究报告》的相关研究成果，基于 60m 中点弦测法的 350km/h 线路轨面高低不平顺的超限控制标准如表 3-10 所示。

表 3-10　基于 60m 中点弦测法轨面高低不平顺控制标准

项目名称	经常保养	舒适度	临时补修	限速
偏差等级	Ⅰ级	Ⅱ级	Ⅲ级	Ⅳ级
容许偏差值/mm	7	11	16	21
车体加速度/(m/s²)	1.0	1.5	2.0	2.5

2）旅客舒适度评价法

将大桥在不同荷载工况下的线形按照高速铁路线路的标准进行拟合，得到大桥不同里程处的等效曲线半径等线路参数；把列车视为质点，使列车按照设计速度通过不同荷载组合下的大桥线形，进一步得到列车在不同等效曲线半径处的离心加速度。

考虑到特大桥变形大，行车条件复杂，对于纵断面，按照《高速铁路设计规范》（TB 10621—2014）中的规定，车体垂向离心加速度限值一般取为 0.4m/s^2，困难时取 0.5m/s^2。

3. 动态评价方法

动态评价方法包括舒适性及安全性的车体动力响应评价。车辆动力响应指标主要划分为行车安全性和行车舒适性两个方面。其中，行车安全性采用轮轨垂向力、轮轨横向力、脱轨系数、轮重减载率进行评定，而行车舒适性采用车体振动加速度和 Sperling 平稳性指标进行评价。相关评价标准参照《高速铁路工程动态验收技术规范》（TB 10761—2024）、《高速铁路设计规范》（TB 10621—2014）、《铁路桥涵设计规范》（TB 10002—2017）、《机车车辆动力学性能评定及试验鉴定规范》（GB/T 5599—2019）、《机车车辆动力学性能评定及试验鉴定规范》（GB/T 5599—2019）等相关技术标准和规范来确定。

3.2.2　60m 中点弦测法轨面平顺性分析

1. 列车荷载对轨道高低不平顺的影响

列车荷载是对铁路桥梁变形影响最大的荷载之一，在列车荷载作用下，桥梁会发生一定的挠曲，从而影响轨道的平顺性。本节按照是否考虑双线列车会车与列车荷载的作用位置将列车荷载设置为 4 种工况，列车荷载的位置详见 3.1.5 节，工况设置详见表 3-11。

表 3-11　列车荷载工况

工况	是否考虑会车	列车荷载作用位置
1	考虑双线列车会车	桥梁边跨
2	考虑双线列车会车	桥梁跨中
3	不考虑会车	桥梁边跨
4	不考虑会车	桥梁跨中

计算得到列车荷载作用下钢轨的垂向位移如图 3-10 所示，基于 60m 中点弦测法的轨道高低不平顺如图 3-11 所示。

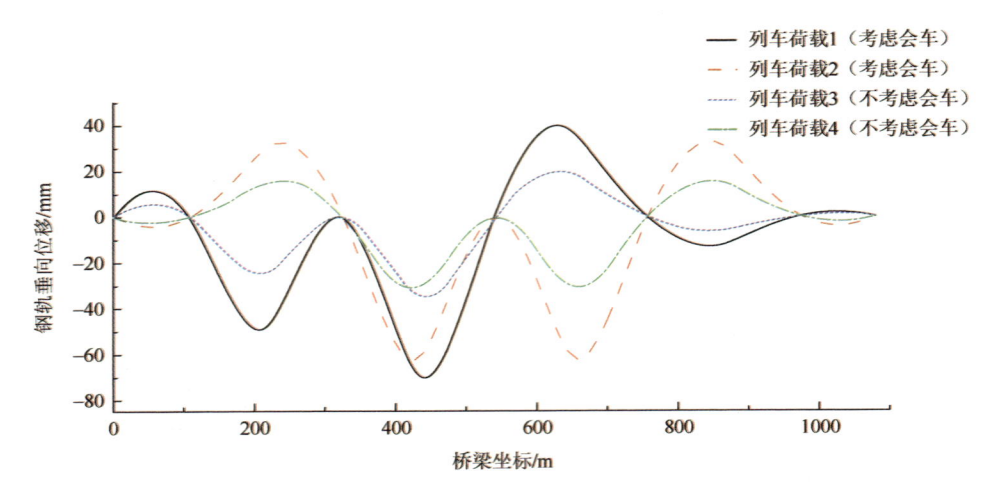

图 3-10 列车荷载与整体升温工况下钢轨垂向位移

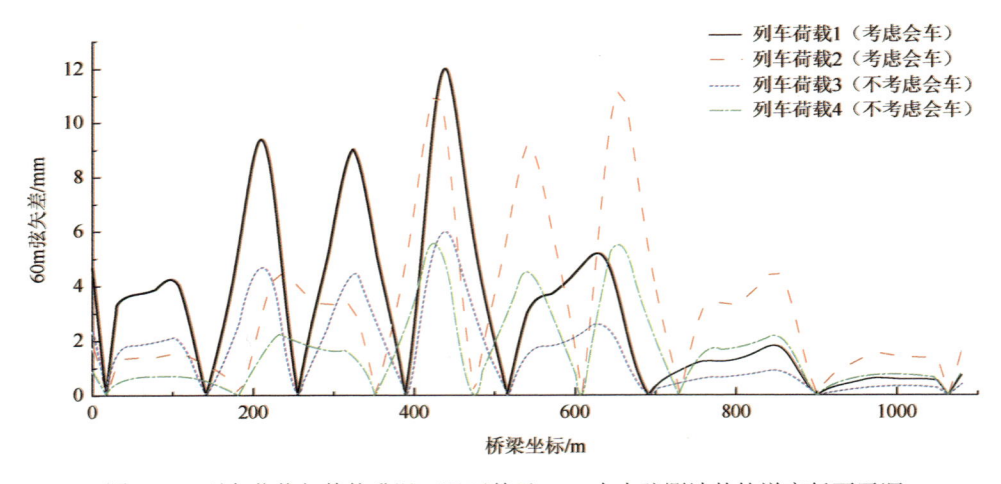

图 3-11 列车荷载与整体升温工况下基于 60m 中点弦测法的轨道高低不平顺

由图 3-10 可以看出，列车荷载的加载位置会对梁体垂向位移产生一定的影响。相较于双线列车交会于斜拉桥中心时，双线列车交会于斜拉桥一侧产生的钢轨垂向位移幅值较大，其值为 70.17mm，位于第三跨跨中附近，双线列车交会于斜拉桥中心时，钢轨垂向位移幅值为 62.60mm，也位于第三跨跨中附近。

单线列车荷载产生的钢轨垂向位移为考虑双线列车交会时的 1/2。其中，单线列车荷载作用于斜拉桥一侧及斜拉桥中心时产生的钢轨垂向位移幅值分别为 35.08mm 和 31.30mm，均位于第三跨跨中附近。

由图 3-11 可以看出，双线列车交会于桥梁一侧时（列车荷载 1），基于 60m 中点弦测法的轨道高低不平顺幅值为 12.00mm；双线列车交会于桥梁中心时（列车荷载 2），轨道高低不平顺幅值为 11.14mm；列车荷载 3 作用下，轨道高低不平顺幅值为 6.00mm；列车荷载 4 作用下，轨道高低不平顺幅值为 5.57m。

综合以上数据可以看出，长清黄河特大桥高低不平顺主要集中在每跨跨中和墩台位置。考虑双线列车交会时，列车荷载产生的钢轨垂向位移与轨道高低不平顺均为考虑单线列车荷载时的 2 倍。仅考虑单线列车荷载时，轨道的平顺性较好，基于 60m 中点弦测法的轨道不平顺幅值未突破Ⅰ级（7mm）；考虑双线列车交会时，基于 60m 中点弦测法的钢轨不平顺幅值均未突破Ⅲ级（16mm），能满足列车正常运行。

由上述分析可知，双线列车交会于斜拉桥一侧时（列车荷载 1）对轨道平顺性的影响最大。故将该工况考虑为最不利工况，在后续分析中的列车荷载均按双线列车交会于斜拉桥一侧时来考虑。

2. 梁塔升温对轨道高低不平顺的影响

长清黄河特大桥为预应力混凝土斜拉桥，桥塔也为钢筋混凝土结构，主梁与桥塔材料一致，两者在实际中的温差较小，因此本节不考虑梁塔温差，仅考虑梁塔整体升温对轨道高低不平顺的影响。具体的工况设置如表 3-12 所示，钢轨垂向位移计算结果如图 3-12 所示，基于 60m 中点弦测法的轨道高低不平顺如图 3-13 所示。

表 3-12 梁塔整体升温工况

工况	主梁升温/℃	桥塔升温/℃
1	5	5
2	10	10
3	15	15
4	20	20

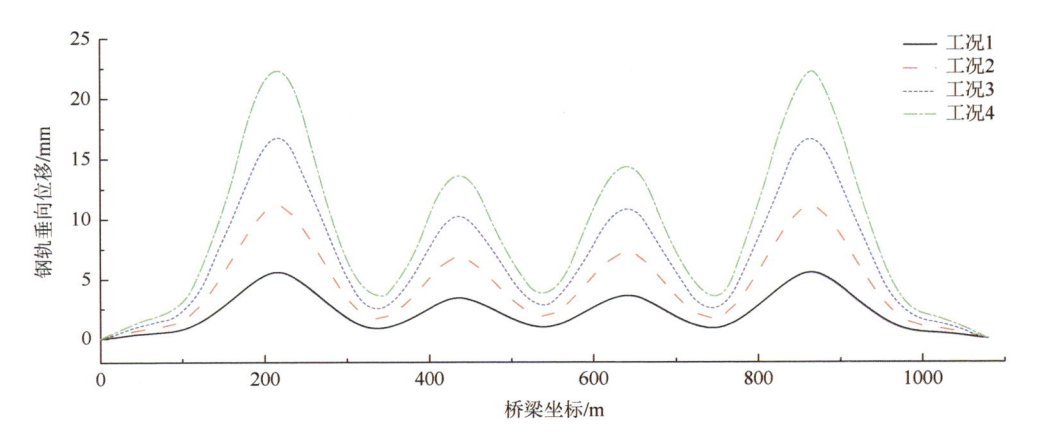

图 3-12 梁塔整体升温工况下钢轨垂向位移

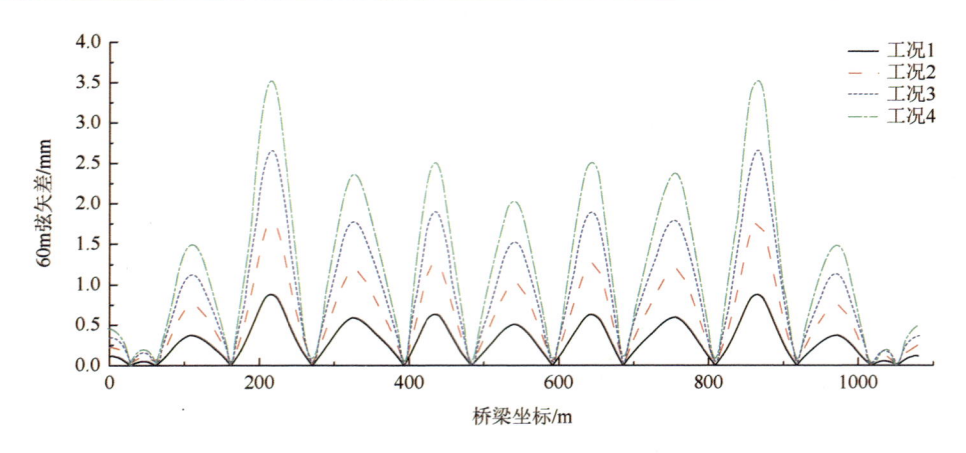

图 3-13 梁塔整体升温工况下基于 60m 中点弦测法的轨道高低不平顺

由图 3-12 可以看出，在梁塔升温作用下，主梁会发生不同程度的上拱，梁塔升温 5℃（工况 1）、梁塔升温 10℃（工况 2）、梁塔升温 15℃（工况 3）、梁塔升温 20℃（工况 4）作用下，钢轨垂向位移幅值（不计正负）分别为 5.59mm、11.18mm、16.77mm、22.36mm，幅值点位于第二跨跨中附近。

由图 3-13 可以看出，考虑梁塔整体升温时，线路基于 60m 中点弦测法的轨道高低不平顺幅值均未突破Ⅰ级（7mm），可以满足列车正常运行。但梁塔升温幅度越小，轨道高低不平顺幅值也越小。因此，在铁路斜拉桥施工与运营过程中也需要重视桥梁与桥塔的温度监测工作，尽可能地降低梁塔温差，避免其对轨道高低不平顺产生不利影响，从而确保列车运行的平稳性和安全性。

3. 梁索温差对轨道高低不平顺的影响

在日照作用下，由于受光面积与角度不同，斜拉索与梁体的温度存在一定的差异，斜拉索温度升高时，靠近桥塔的缆索索力会降低，而远离桥塔的缆索索力会增加。斜拉桥存在由梁-索-塔-墩组成的复杂传力体系，斜拉索温度变化产生的缆索索力重分布现象会对梁体位移产生一定影响，从而使钢轨产生周期性的高低不平顺。因此，需要分析梁索温差对轨道高低不平顺的影响，具体的工况设置如表 3-13 所示，钢轨垂向位移计算结果如图 3-14 所示，基于 60m 中点弦测法的轨道高低不平顺如图 3-15 所示。

表 3-13 斜拉索升温工况设置

工况	主梁升温/℃	斜拉索升温/℃	梁索温差/℃
1	15	15	0
2	15	20	5

续表

工况	主梁升温/℃	斜拉索升温/℃	梁索温差/℃
3	15	25	10
4	15	30	15

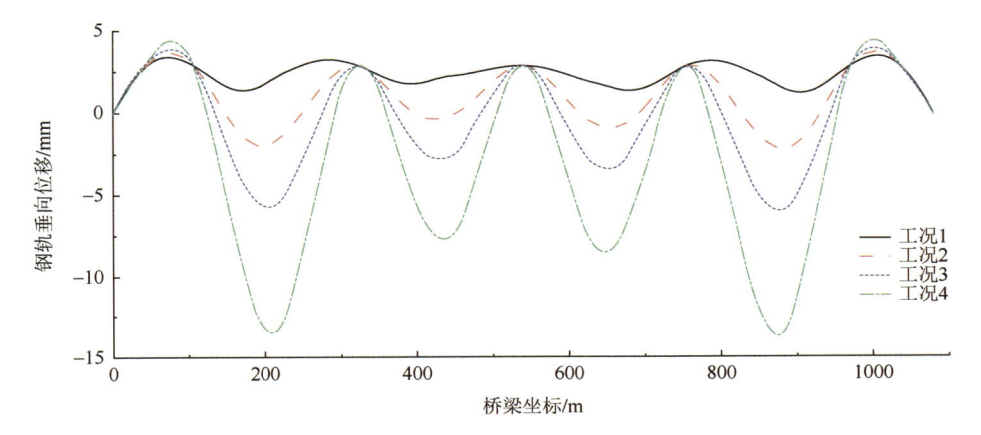

图 3-14 主梁升温与梁索温差工况下钢轨垂向位移

由图 3-14 可以看出，桥梁整体升温（无梁索温差）所产生的钢轨垂向位移较小，当主梁与斜拉索之间存在温差时（工况 2～工况 4），所产生的钢轨垂向位移较大。无梁索温差（工况 1）、5℃梁索温差（工况 2）、10℃梁索温差（工况 3）、15℃梁索温差（工况 4）作用下，钢轨垂向位移幅值（不计正负）分别为 3.43mm、3.67mm、6.02mm、13.69mm，幅值点位于第二跨跨中附近。由此可见，梁索温差引起的幅值点位置与梁塔升温引起的幅值点位置接近，但两种情况下的钢轨位移方向相反。

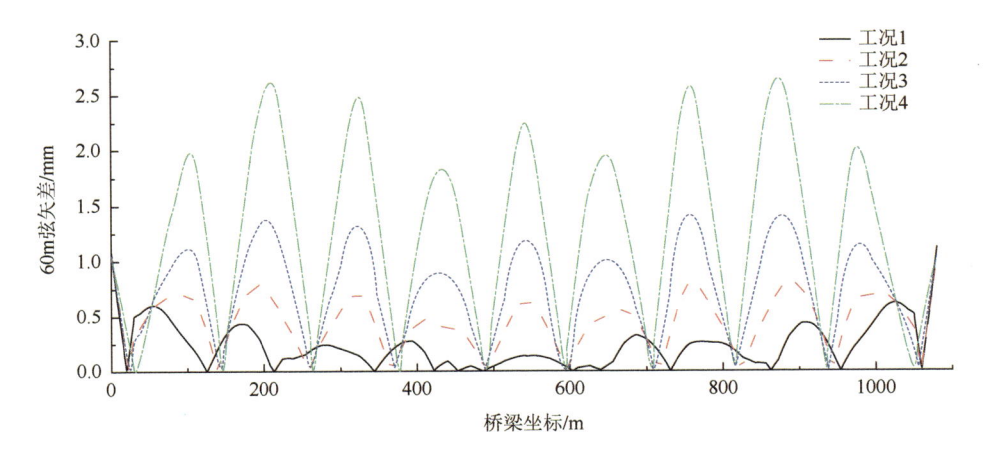

图 3-15 整体升温与梁索温差工况下基于 60m 中点弦测法的轨道高低不平顺

由图 3-15 可以看出，考虑主梁升温与斜拉索升温时，线路基于 60m 中点弦测法的轨道高低不平顺幅值均未突破 I 级（7mm），可以满足列车正常运行。其中，当斜拉桥整体升温时（主梁、桥塔、斜拉索间无温差），温度对钢轨垂向位移幅值与轨道高低不平顺幅值的影响系数较小。因此，铁路斜拉桥在施工与运营过程中也需要做好桥梁与斜拉索的温度监测工作，尽可能地降低梁索温差，避免梁索温差对轨道高低不平顺产生较大的影响。

4. 日照温差对轨道高低不平顺的影响

在太阳辐射作用下，由于受光面积与角度不同，铁路桥梁各结构的温度变化情况存在一定的差异。轨道板顶部受光面积大，其温度变化较为明显；底座板内部与混凝土箱梁内部由于受光面积小，日照作用下温度几乎没有变化。这种不均匀的温度变化会引起无砟轨道结构产生沿梁宽方向与沿梁高方向的日照温差。

长清黄河特大桥桥梁选址为东西走向，桥梁截面分为受阳面与背阴面。在日照作用下桥梁会产生一定的变形，从而产生周期性的轨道不平顺。因此，需要分析日照温差对轨道平顺性的影响。日照温差的具体计算工况如表 3-14 所示，钢轨垂向位移计算结果如图 3-16 所示，基于 60m 中点弦测法的轨道高低不平顺如图 3-17 所示。

表 3-14 日照温差工况设置

工况	日照温差（沿梁宽方向）/℃	日照温差（沿梁高方向）/℃
1	10	—
2	10	5
3	10	10
4	10	20

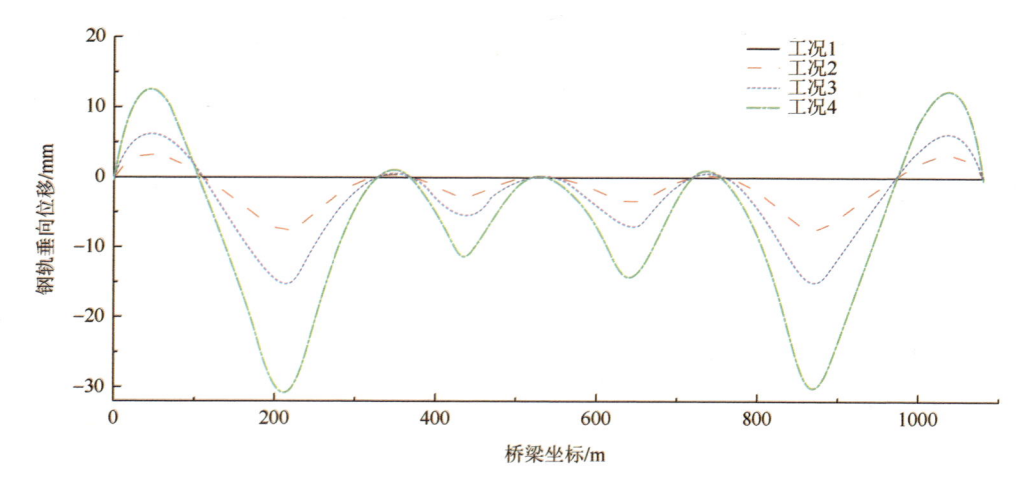

图 3-16 日照温差作用下钢轨垂向位移

由图 3-16 可以看出，在 10℃日照温差（沿梁宽方向）作用下（工况 1），钢轨垂向位移几乎为 0。因此，沿梁宽方向的日照温差不会对钢轨的垂向位移产生不利影响；而沿梁高方向的日照温差对钢轨的垂向位移影响较大，在 5℃、10℃、20℃日照温差（沿梁高方向）作用下，钢轨的垂向位移分别为 7.74mm、15.47mm、30.95mm，幅值点位置位于第二跨跨中，与梁索温差作用下的钢轨垂向位移幅值点位置接近。

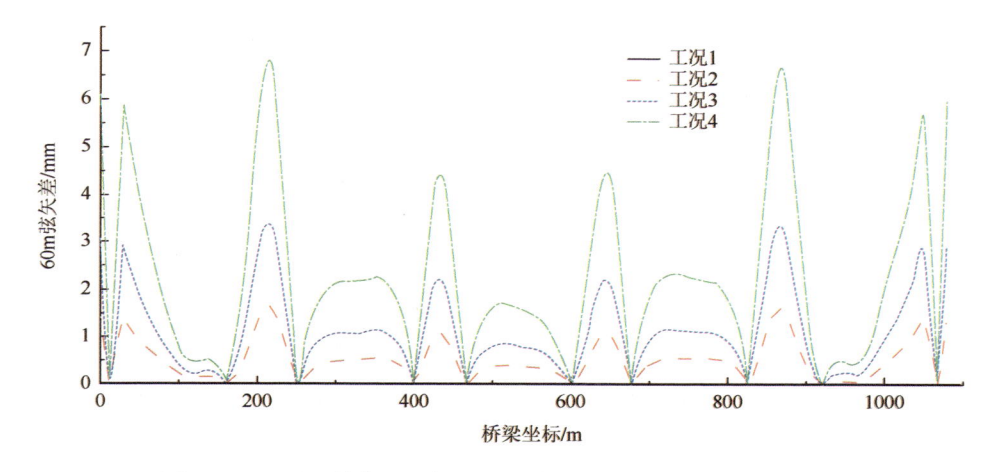

图 3-17 日照温差作用下基于 60m 中点弦测法的轨道高低不平顺

由图 3-17 可以看出，在日照温差作用下，基于 60m 中点弦测法得出的钢轨不平顺幅值均未超过Ⅰ级（7mm），符合列车正常运行的要求。同时，还可以看出，轨道的高低不平顺主要集中在梁缝和每跨跨中位置。

5. 轨道不平顺综合分析

综合上述分析得出，影响轨道不平顺的因素主要包括列车荷载、主梁主塔升温、斜拉索升温和主梁垂向温度梯度。为研究大跨度铁路桥梁运营期内各种荷载对钢轨平顺性的影响规律，本节综合考虑各因素的影响，并分析各因素组合对钢轨垂向位移幅值与轨道高低不平顺幅值的影响。

1）主梁、桥塔升温与斜拉索升温对轨道高低不平顺的影响

在主梁、桥塔与斜拉索不同的温度设置下，钢轨垂向位移幅值与基于 60m 中点弦测法的轨道高低不平顺幅值分别如图 3-18 和图 3-19 所示。由图可以看出，主梁、桥塔整体升温与斜拉索升温单独作用时，两者均对桥梁最大垂向位移与 60m 弦最大矢差产生正相关影响。但由于主梁、桥塔整体升温与斜拉索升温产生的钢轨位移方向相反，两者同时作用时，钢轨位移幅值与高低不平顺幅值反而降低。

(a) 曲面图　　　　　　　　　　　(b) 等高线图

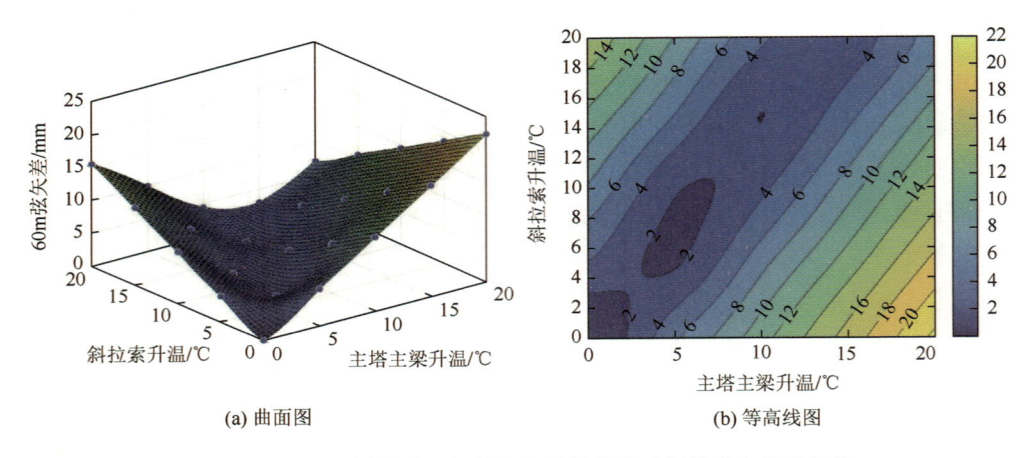

图 3-18　主梁、桥塔升温与斜拉索升温作用下钢轨垂向位移幅值

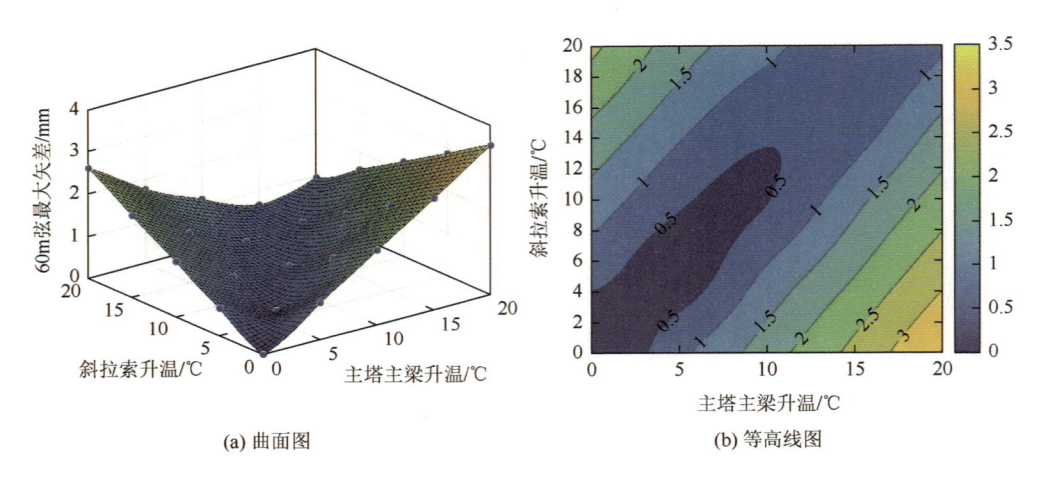

(a) 曲面图　　　　　　　　　　　(b) 等高线图

图 3-19　主梁、桥塔升温与斜拉索升温作用下轨道高低不平顺幅值

此外，由图 3-18 和图 3-19 还可以看出，主梁、桥塔整体升温与斜拉索升温对钢轨垂向位移幅值、60m 弦最大矢差的影响大致相同，均为线性正相关影响。两者共同作用时，对钢轨垂向位移幅值的影响系数为 0.35mm/℃，对轨道高低不平顺的影响系数为 0.48mm/℃。两者单独作用时，主梁、桥塔整体升温时对钢轨垂向位移幅值的影响系数为 1.12mm/℃，对 60m 弦最大矢差的影响系数为 0.18mm/℃；斜拉索升温对钢轨垂向位移幅值的影响系数为 0.78mm/℃，对 60m 弦最大矢差的影响系数为 0.13mm/℃。

2）主梁、桥塔升温与日照温差（沿梁高方向）对轨道高低不平顺的影响

在主梁、桥塔升温与日照温差作用下，钢轨最大垂向位移与 60m 弦最大矢差如图 3-20 和图 3-21 所示。由图可以看出，主梁、桥塔整体升温与日照温差单独

第 3 章　大跨桥上铺设无砟轨道力学特性分析

作用时,两者与所引起的钢轨垂向位移及轨道高低不平顺的幅值也呈正相关关系。其中,日照温差对钢轨垂向位移幅值与轨道高低不平顺幅值的影响较大,主梁、桥塔升温对钢轨垂向位移幅值与轨道高低不平顺幅值的影响较小。这两种温度共同作用时同样会存在一定的抵消效果。

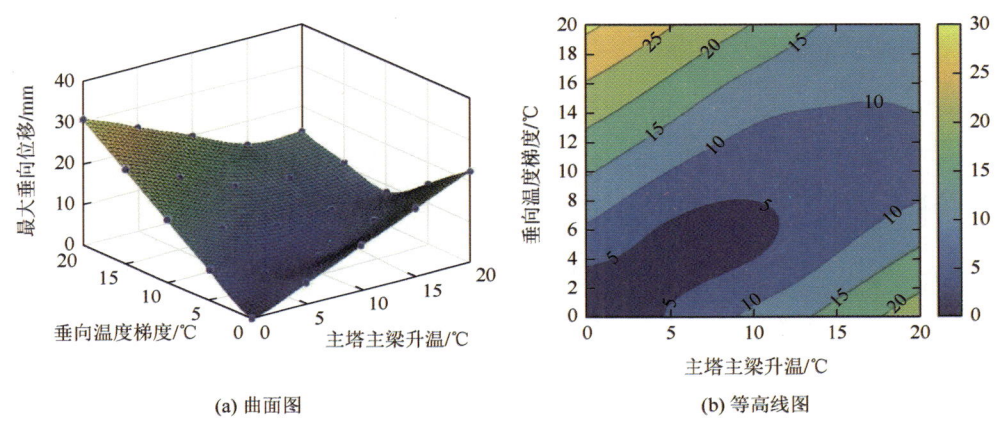

(a) 曲面图　　　　　　　　　　(b) 等高线图

图 3-20　主梁、桥塔升温与日照温差作用下钢轨垂向位移幅值

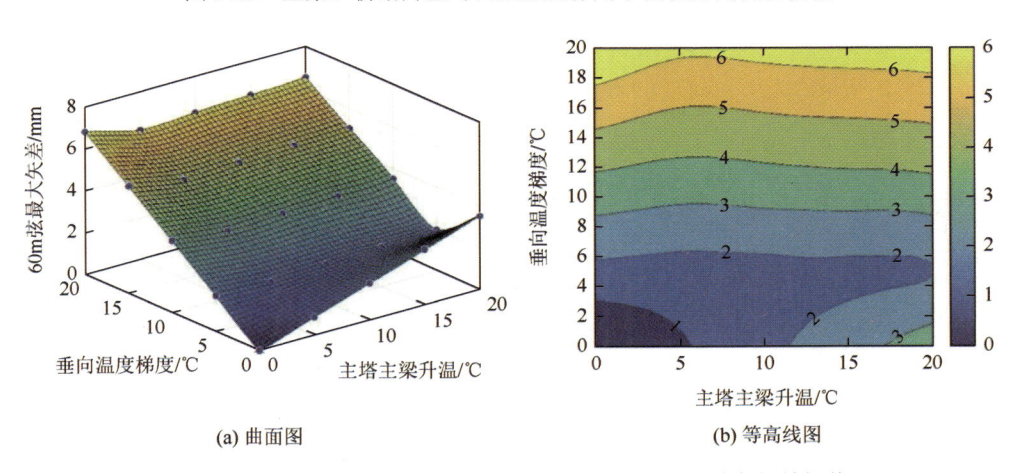

(a) 曲面图　　　　　　　　　　(b) 等高线图

图 3-21　主梁、桥塔升温与日照温差作用下 60m 弦最大矢差幅值

此外,由图 3-20 和图 3-21 还可以看出,主梁、桥塔整体升温与斜拉索升温共同作用时对钢轨垂向位移幅值的影响系数为 0.75mm/℃,对轨道高低不平顺幅值的影响系数为 0.33mm/℃。两者单独作用时,主梁、桥塔整体升温时对钢轨垂向位移幅值的影响系数为 1.12mm/℃,对 60m 弦最大矢差的影响系数为 0.18mm/℃;日照温差对钢轨垂向位移幅值的影响系数为 1.55mm/℃,对 60m 弦最大矢差的影响系数为 0.34mm/℃。

3）垂向温度梯度荷载与斜拉索升温对轨道高低不平顺的影响

在日照温差与斜拉索升温的作用下，钢轨垂向位移幅值与轨道高低不平顺幅值如图 3-22 和图 3-23 所示。由图可以看出，主梁、桥塔整体升温与垂向温度梯度单独作用时，两者与其所引起的钢轨垂向位移及轨道高低不平顺的幅值均呈正相关的增长趋势。其中，日照温差对钢轨垂向位移幅值与轨道高低不平顺幅值的影响较大，斜拉索升温对钢轨垂向位移幅值与轨道高低不平顺幅值的影响较小。

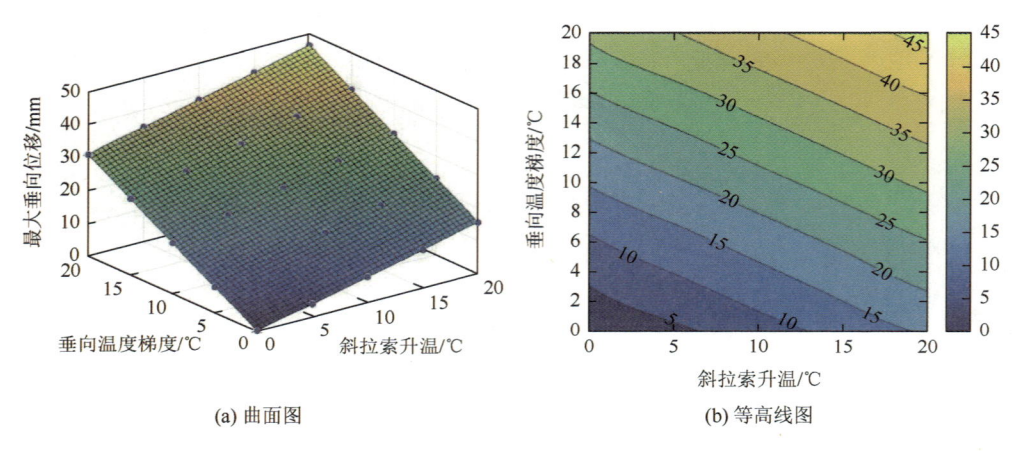

(a) 曲面图　　　　　　　　　　(b) 等高线图

图 3-22　垂向温度梯度与斜拉索升温作用下钢轨垂向位移幅值

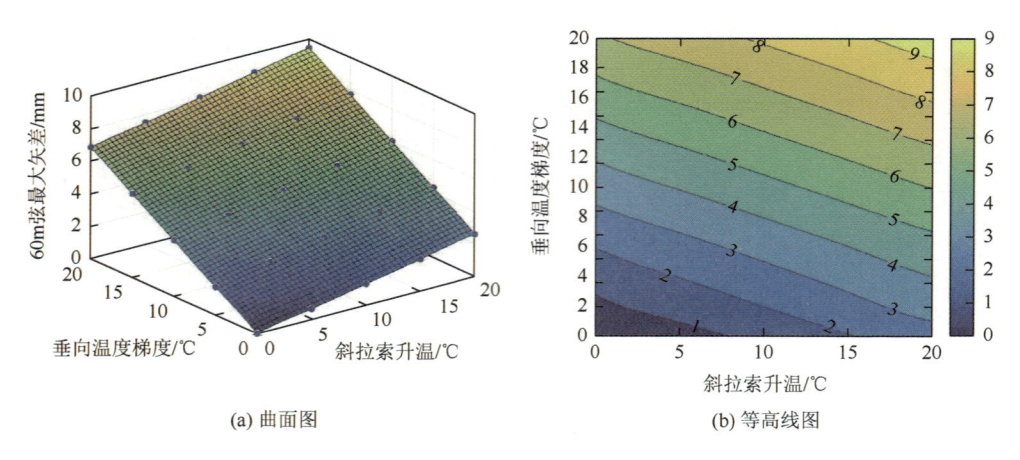

(a) 曲面图　　　　　　　　　　(b) 等高线图

图 3-23　主梁、桥塔升温与斜拉索升温作用下 60m 弦最大矢差幅值

此外，由图 3-22 和图 3-23 还可以看出，日照温差与斜拉索升温共同作用时对钢轨垂向位移幅值的影响系数为 2.32mm/℃，对轨道高低不平顺幅值的影响系数为 0.47mm/℃。两者单独作用时，日照温差对钢轨垂向位移幅值的影响系数为

1.55mm/℃，对 60m 弦最大矢差的影响系数为 0.34mm/℃；斜拉索升温对钢轨垂向位移幅值的影响系数为 0.78mm/℃，对 60m 弦最大矢差的影响系数为 0.13mm/℃。

4）多影响因素综合分析

在列车荷载的基础上，综合考虑主梁主塔整体升温、斜拉索升温和主梁垂向温度梯度，分析其对钢轨垂向位移与高低不平顺的影响。将计算结果以三维热力图的形式展现，得到多工况作用下钢轨垂向位移幅值的变化趋势如图 3-24 所示，基于 60m 中点弦测法的轨道高低不平顺幅值的变化趋势如图 3-25 所示。

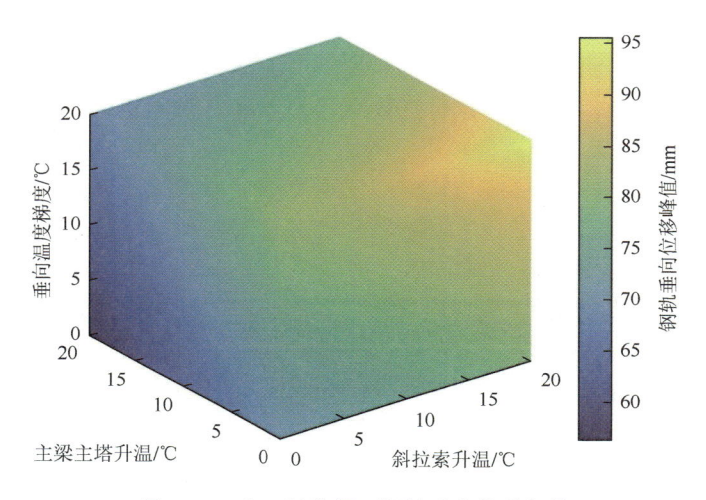

图 3-24　多工况作用下钢轨垂向位移幅值

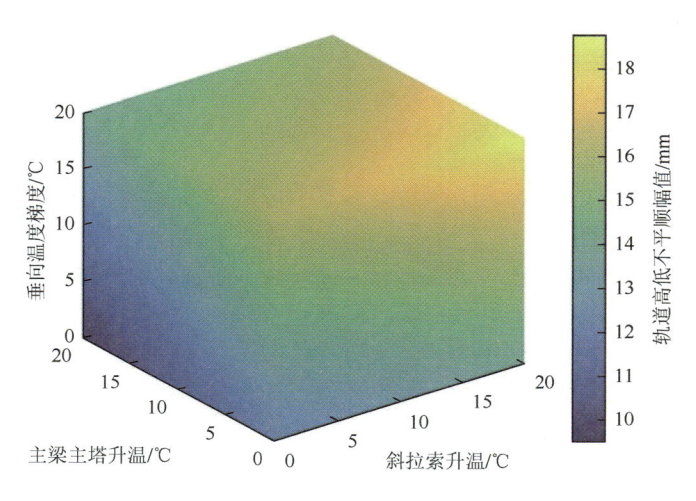

图 3-25　多工况作用下轨道高低不平顺幅值

根据插值法对图 3-25 中的数据进行拟合得到

$$z = 5.995k_1 - 0.1243T_1 + 0.0945T_2 + 0.215T_3 \qquad (3-12)$$

式中，k_1 为列车荷载系数，单线列车荷载取 1，考虑双线列车交会时取 2；z 为基于 60m 中点弦测法的轨道高低不平顺幅值；T_1 为主梁与主塔升温，℃；T_2 为斜拉索升温，℃；T_3 为垂向温度梯度，℃。

由图 3-24、图 3-25 与式（3-12）可知，基于 60m 中点弦测法的轨道高低不平顺幅值随斜拉索升温与日照温差的增大而增大，随主梁、主塔升温的增大而减小。这是因为受热胀冷缩的影响，主梁与桥塔升温时，桥塔高度会增大，带动斜拉索与主梁产生一个向上的位移，起到类似预拱度的作用。这会在一定程度上降低列车荷载作用下主梁的下挠。斜拉桥主体结构整体升温时（主梁、桥塔、斜拉索间无温差），轨道高低不平顺幅值较小，但当主梁、桥塔与斜拉索之间存在较大温差时，产生的钢轨垂向位移幅值与轨道高低不平顺幅值较大。因此，为了满足轨道高低不平顺限值的要求，在高速铁路斜拉桥运营时应做好主梁、斜拉索温度的监测工作，以避免产生较大的梁索温差。

以表 3-10 为控制标准，在 15℃桥梁日温差、5℃梁索温差、10℃垂向温度梯度作用下，考虑双线列车交会于桥梁边跨时，利用有限元模型计算得到基于 60m 中点弦测法的轨道高低不平顺幅值为 14.96mm，利用式（3-12）拟合公式计算得到轨道高低不平顺幅值为 14.31mm，公式计算结果与有限元计算结果相近，误差小于 5%，因此结果是可靠的。两者的静态平顺性评价均处于Ⅲ级标准，可以满足列车正常运行。

3.2.3 旅客舒适度评价法轨面平顺性分析

1. 列车荷载对旅客舒适度的影响

按照表 3-11 中的工况进行计算，未被平衡的离心加速度计算结果如图 3-26 所示。由图 3-26 可知，旅客舒适度评价法计算结果趋势与 60m 中点弦测法计算结果一致，故此处不再叙述。此外，还可以看出，当双线列车会车于桥梁边跨时引起的离心加速度最大，为 0.30m/s²，未超过 0.4m/s² 限值。

2. 梁塔升温对旅客舒适度的影响

按照表 3-12 中的工况进行计算，未被平衡的离心加速度计算结果如图 3-27 所示。由图 3-27 可知，旅客舒适度评价法计算结果趋势与 60m 中点弦测法计算结果也一致。梁塔升温引起的离心加速度整体较小，工况 4 梁塔升温 20℃引起的离心加速度最大，为 0.088m/s²，未超过 0.4m/s² 限值。

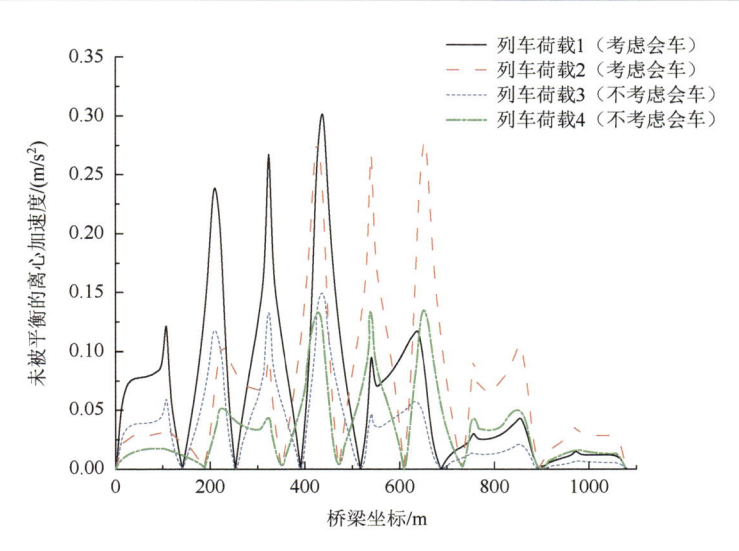

图 3-26 列车荷载作用下未被平衡的离心加速度

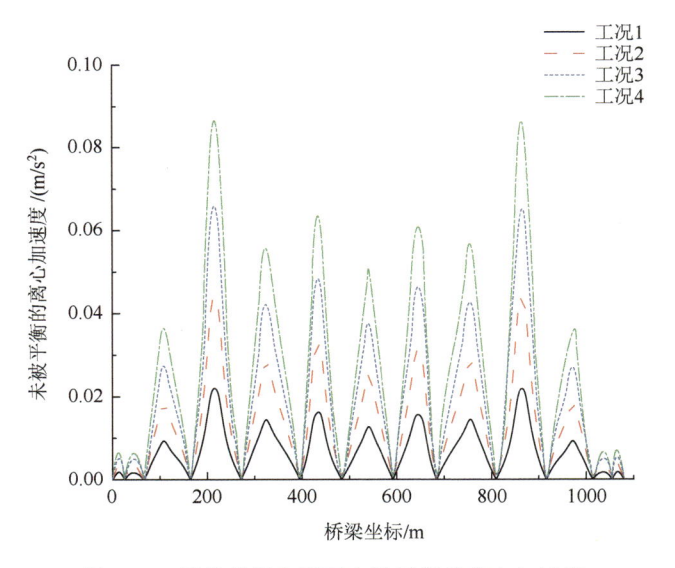

图 3-27 梁塔升温作用下未被平衡的离心加速度

3. 梁索温差对旅客舒适度的影响

按照表 3-13 中的工况进行计算，未被平衡的离心加速度计算结果如图 3-28 所示。由图 3-28 可知，旅客舒适度评价法计算结果趋势与 60m 中点弦测法计算结果一致。梁索温差引起的离心加速度整体较小，15℃梁索温差（工况 4）引起的离心加速度最大，为 0.063m/s²，未超过 0.4m/s² 限值。

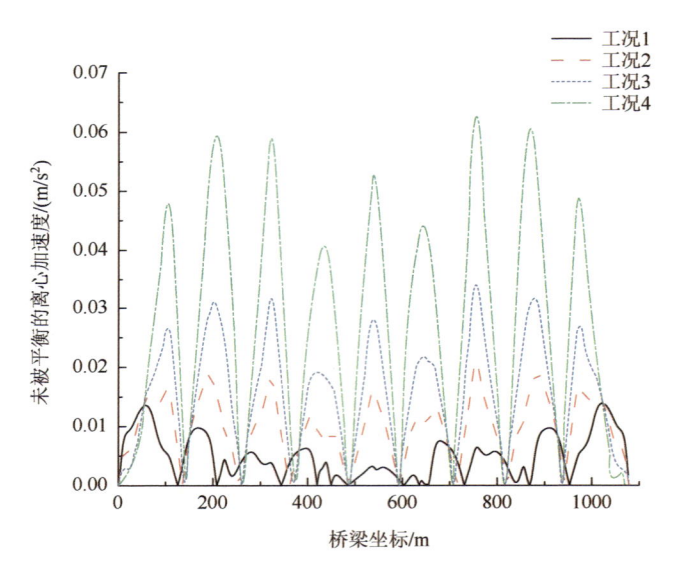

图 3-28　梁索温差作用下未被平衡的离心加速度

4. 日照温差对旅客舒适度的影响

按照表 3-14 中的工况进行计算，未被平衡的离心加速度计算结果如图 3-29 所示。由图 3-29 可知，旅客舒适度评价法计算结果趋势与 60m 中点弦测法计算结果一致。日照温差引起的离心加速度整体较大，沿梁高方向 20℃日照温差（工况 4）引起的离心加速度最大，为 0.20m/s^2，未超过 0.4m/s^2 限值。

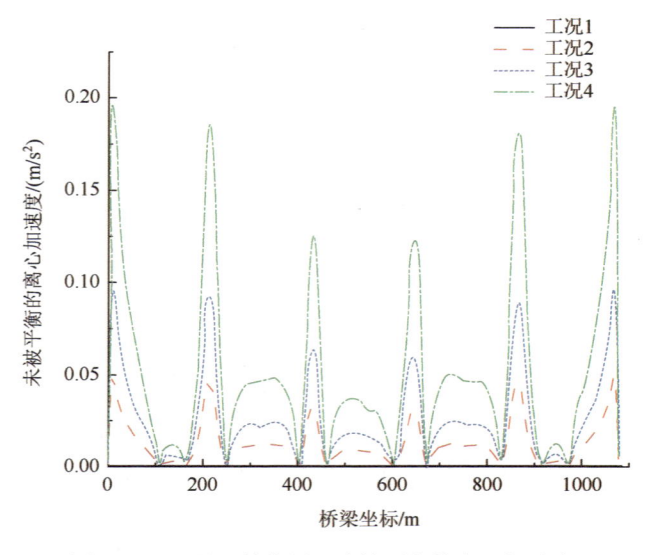

图 3-29　日照温差作用下未被平衡的离心加速度

5. 旅客舒适度综合分析

根据本节四种计算工况可以得到，旅客舒适度评价法与60m中点弦测法计算结果趋势基本一致，以15℃桥梁日温差、5℃梁索温差、10℃垂向温度梯度作用，双线列车交会于桥梁边跨作为运营阶段出现的较为不利工况进行检算。未被平衡的离心加速度计算结果如图3-30所示。由图3-30可知，该工况作用下未被平衡的离心加速度最大值为0.36m/s²，接近0.4m/s²限值，可以满足列车正常运行。

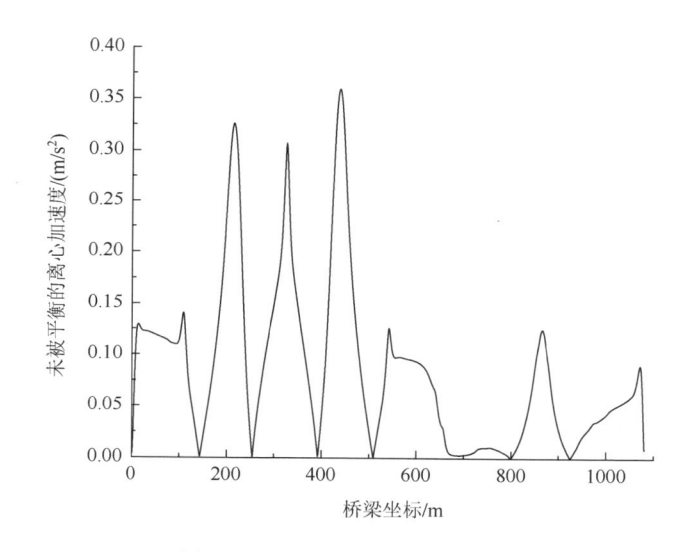

图3-30 未被平衡的离心加速度

综上所述，本节提出了静态评价-准静态评价-动态评价体系方法，并基于60m中点弦测法和旅客舒适度评价法分析了列车荷载、主梁、桥塔整体升温、斜拉索升温、温度梯度等多种因素对轨道高低不平顺的影响，得出以下结论。

（1）在15℃桥梁日温差、5℃梁索温差、10℃垂向温度梯度作用下，考虑单线列车荷载作用于桥梁最不利位置时，钢轨垂向位移幅值为32.54mm，基于60m中点弦测法的轨道高低不平顺幅值为6.15mm，静态平顺性处于Ⅰ级标准。在15℃桥梁日温差、5℃梁索温差、10℃垂向温度梯度作用下，考虑双线列车交会于桥梁一侧时，钢轨垂向位移幅值为79.75mm，基于60m中点弦测法的轨道高低不平顺幅值为14.96mm，静态平顺性处于Ⅲ级标准，以上两种工况均可满足列车正常运行。

（2）在大跨度铁路斜拉桥运营阶段，桥梁与主塔升温、斜拉索降温带来的梁体上拱会起到"预拱度"的作用，在一定程度上减缓列车荷载作用下的梁体下挠，降低轨道高低不平顺幅值，但斜拉索升温与日照温差（沿梁高方向）均会增大轨道高低不平顺幅值。因此，为了保证轨道高低不平顺不超限，在铁路运营时应做好桥梁各构件的温度监测工作，避免温度变化对轨道高低不平顺带来较大的影响。

（3）对钢轨平顺性影响最大的是列车荷载，其次为日照温差（沿梁高方向），最后是塔梁日温差和梁索温差。日照温差（沿梁高方向）、塔梁日温差和梁索温差对轨道高低不平顺的影响系数分别为 0.34mm/℃、0.18mm/℃ 和 0.13mm/℃。

（4）旅客舒适度评价法与 60m 中点弦测法计算结果趋势一致，均能较好地对轨面线形进行分析。长清黄河特大桥在这两个评价方法下均满足控制标准，能保证列车正常运行。

3.3 梁轨相互作用分析

3.3.1 梁轨温差对梁轨相互作用的影响

钢轨的导热系数大，在太阳辐射作用下升温速率快。混凝土的导热系数小，故其温度变化远远迟滞于钢轨，导致桥梁与轨道之间存在一定的温度差。由于扣件的存在，梁轨温差形成的梁轨相对位移会在长钢轨之间积聚纵向力。无砟轨道扣件阻力较大，不能像有砟轨道一样通过振动释放部分钢轨纵向力。因此，桥上无缝线路在极端工况下可能会产生涨轨、断轨等不良现象，对高速列车行车的安全性造成影响。在梁轨温差作用下，钢轨的纵向附加力与梁轨相对位移如图 3-31 所示。

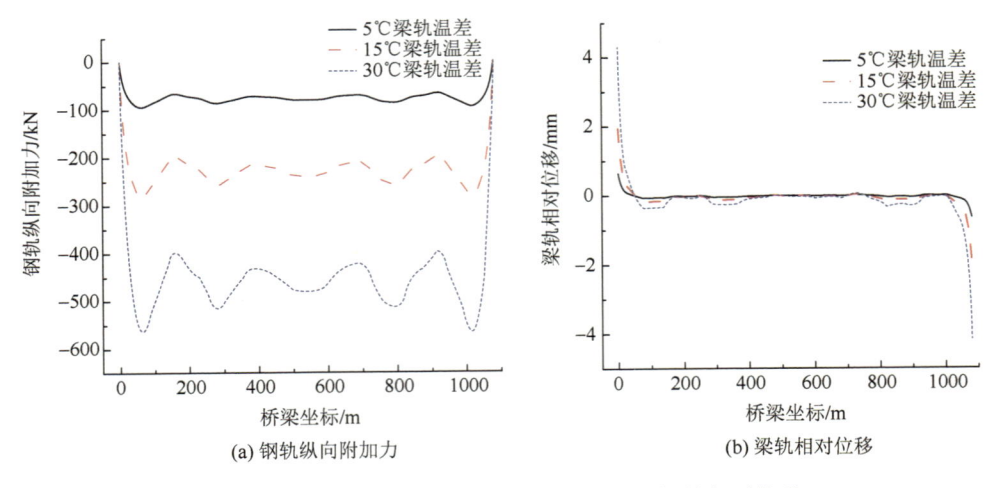

(a) 钢轨纵向附加力

(b) 梁轨相对位移

图 3-31 梁轨温差作用下钢轨纵向附加力与梁轨相对位移

由图 3-31（a）可以得出，在梁轨温差工况下，钢轨纵向力幅值出现在梁端附近。在 5℃、15℃、30℃梁轨温差作用下，钢轨纵向力幅值分别为 94.4kN、283.2kN、566kN。三种温度工况下除梁端区域外，钢轨纵向力的变化幅度较小，分布在 65～85kN、200～255kN、470～520kN 范围。由图 3-31（b）可以发现，在梁轨温差工况下，梁轨相对位移幅值出现在梁端位置。在 5℃、15℃、30℃梁轨温差作用下，梁轨相对位移幅值分别为 0.65mm、1.94mm、4.24mm。

结合图 3-31（a）和图 3-31（b）可绘制出梁轨温差与钢轨纵向力幅值和梁轨相对位移幅值的关系图，如图 3-32 所示。可以看出，梁轨温差与钢轨纵向力幅值和梁轨相对位移幅值均呈线性关系，钢轨纵向附加力幅值与梁轨相对位移幅值均随梁轨温差的增大而增大。

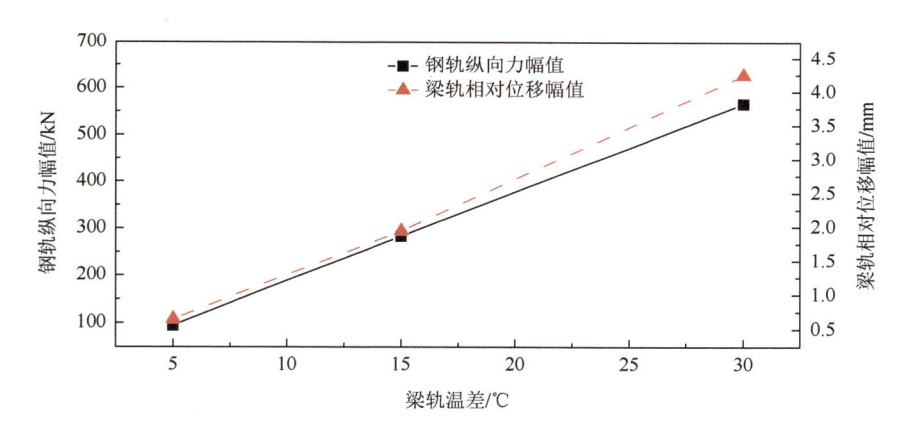

图 3-32 梁轨温差对钢轨纵向力幅值与梁轨相对位移幅值的影响

3.3.2 制动力对梁轨相互作用的影响

制动力是纵向力的重要组成部分，其对梁轨相互作用有较大影响。本节主要研究制动荷载的作用长度、作用位置对大跨度铁路斜拉桥上无缝线路力学特性的影响。由 3.1.5 节可知，该桥设计活载采用 ZK 标准活载。参照《铁路无缝线路设计规范》（TB 10015—2012）相关规定，取轨黏着系数为 0.164，计算得到制动力的集度为 10.496kN/m；加载长度范围取为 400～550m；制动力设置与列车荷载设置类似，均考虑最不利工况，即双线列车于加载范围内交会并发生制动/启动。具体工况设置如表 3-15 所示，荷载布置如图 3-33 所示。其中，通过工况 1（2）与工况 3（4）可以分析加载长度对桥上无缝线路力学特性的影响，通过工况 1（3）与工况 2（4）可以分析加载位置的影响。

表 3-15　制动力工况设置

制动力工况	加载长度	加载位置
1	550m	桥梁边侧
2	550m	桥梁中心
3	400m	桥梁边侧
4	400m	桥梁中心

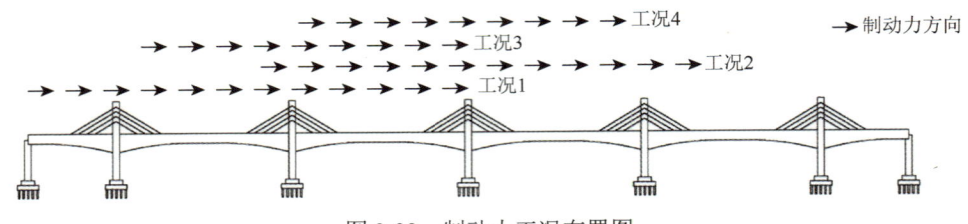

图 3-33　制动力工况布置图

在制动荷载工况下，钢轨纵向力分布如图 3-34 所示，梁轨快速相对位移如图 3-35 所示。

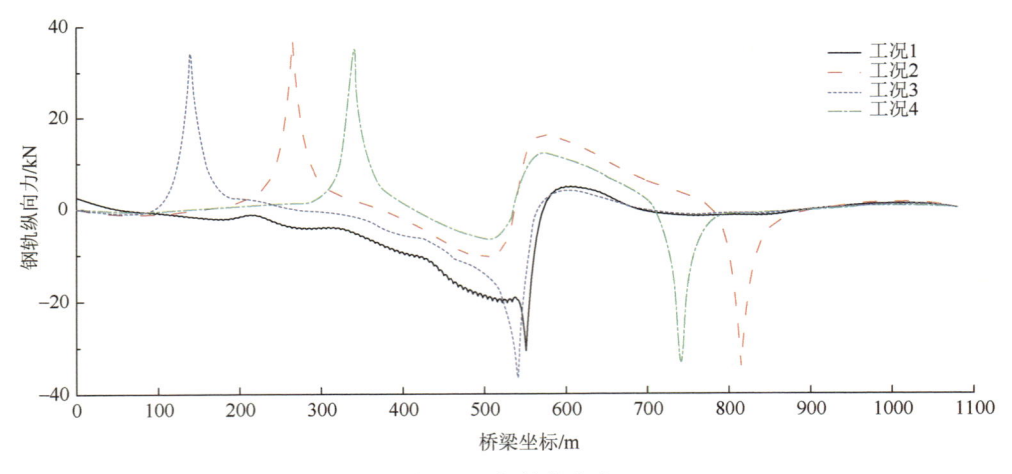

图 3-34　钢轨纵向力

由图 3-34 可以看出，在向右的制动力/牵引力作用下（除工况 1 外），钢轨纵向力在左侧主梁范围内受拉，而在右侧主梁范围内受压，钢轨的拉/压力幅值点位于制动荷载起/止点附近。四种制动工况下钢轨的拉力幅值分别为 4.83kN、37.11kN、34.68kN、35.93kN，钢轨的压力幅值分别为 30.69kN、34.44kN、37.00kN、33.26kN。在工况 2、工况 3、工况 4 作用下，钢轨的拉/压力幅值均在 35kN 左右，相差小于 6%。因此，在大跨度斜拉桥主桥范围内，制动荷载的加载长度与加载位置对钢轨纵向力的影响不大。

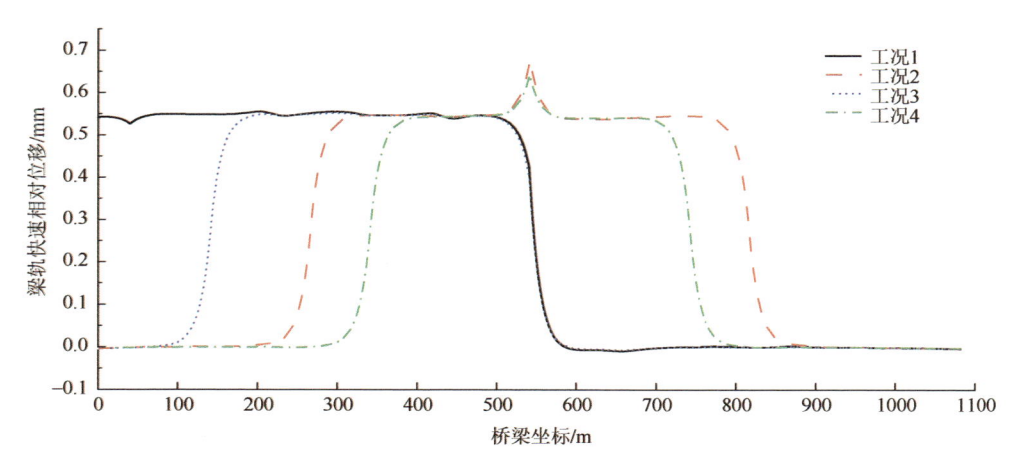

图 3-35 梁轨快速相对位移

由图 3-35 可以看出,在制动荷载作用下,在荷载的作用范围内会产生 0.55mm 左右的梁轨快速相对位移,主桥上除荷载的作用范围外其余区域为梁轨固定区。四种制动荷载作用下的相对位移幅值分别为 0.56mm、0.68mm、0.55mm、0.64mm。因此,在大跨度斜拉桥主桥范围内,制动荷载的加载位置对梁轨快速相对位移幅值存在一定影响,但加载长度对梁轨快速相对位移幅值的影响不大。

3.3.3 日照效应对梁轨相互作用与凸台力的影响

长联大跨矮塔斜拉桥的温度效应较为明显,并且会随着桥梁跨径的增大而持续增大。在日照作用下,由于受光面积与角度的不同,铁路桥梁各结构的温度变化情况也存在一定的差异。

斜拉桥由主梁、斜拉索、桥塔、墩台组成,结构与传力体系较为复杂。本节主要计算桥梁各结构不同温度工况对桥梁伸缩附加力与梁轨相对位移的影响,具体工况设置如表 3-16 所示。

表 3-16 温度工况明细

工况	主梁升温	钢轨升温	桥塔与斜拉索升温	轨道板温度荷载	底座板升温	日照温差荷载(横向)
1	30℃	50℃	—	—	—	—
2	30℃	50℃	25℃	25℃	25℃	—
3	30℃	50℃	25℃	上表面升温 45℃,下表面升温 27℃	25℃	20℃

1. 钢轨纵向附加力与梁轨相对位移

钢轨纵向附加力与梁轨相对位移的计算结果如图 3-36 和图 3-37 所示。其中，图 3-36 中正值代表结构发生拉伸变形（拉力），负值代表结构产生压缩变形（压力）。

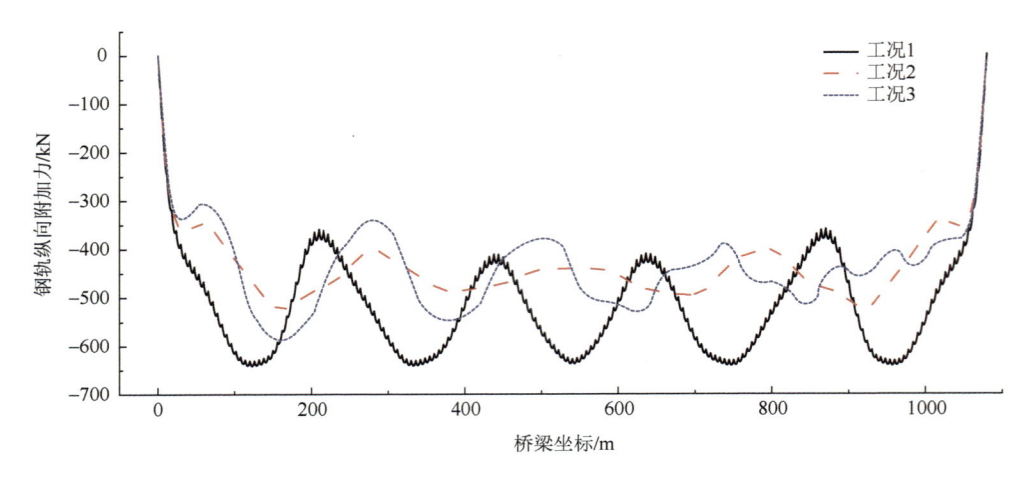

图 3-36　不同温度工况下钢轨纵向附加力

由图 3-36 可知，钢轨纵向附加力两个幅值点均位于桥梁端部，而五个极值点均位于桥塔处。三种工况下梁轨纵向力幅值分别为 –641.14kN、–525.22kN、–592.474kN。表明斜拉索升温会放松张拉，减缓主梁升温带来的上拱，从而降低钢轨纵向附加力的幅值，因此日照引起的横向温差荷载对钢轨纵向附加力的影响不大。

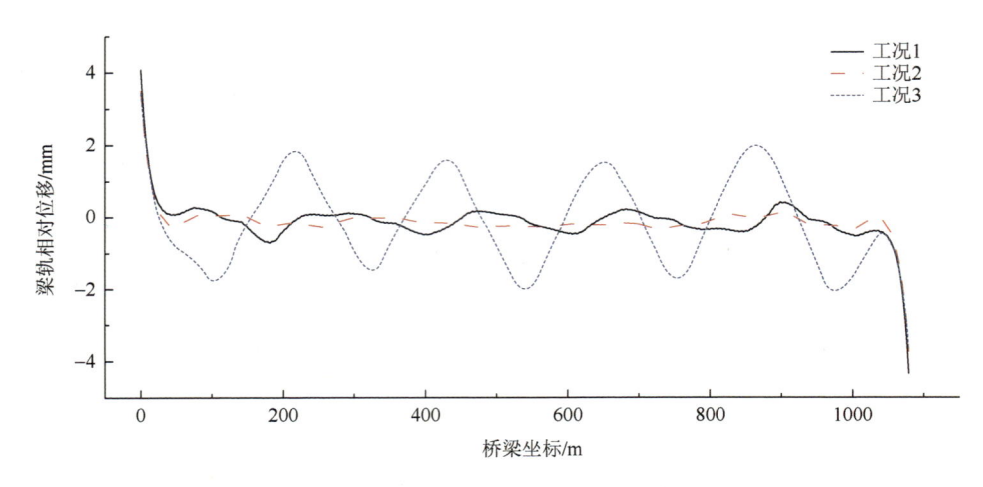

图 3-37　不同温度工况下梁轨相对位移

由图 3-37 可知，工况 1（梁轨温差）与工况 2（桥梁与轨道结构整体升温）产生的梁轨相对位移相差不大。这两种工况作用下产生的梁轨相对位移幅值点出现在梁端伸缩区，分别为 4.08mm 和 3.49mm，其余区域的梁轨相对位移数值较小，在 –0.4～0.5mm 范围内。工况 3（考虑太阳辐射产生的轨道板垂向温度梯度与桥梁横向温度梯度）作用下梁轨相对位移幅值点仍出现在梁端伸缩区，数值为 3.43mm。固定区的梁轨相对位移出现正弦式变化，负极值点出现在桥塔处，正极值点出现在跨中处。工况 3 与工况 1、工况 2 在固定区内的梁轨相对位移分布情况差别较大，这可能是因为主梁横向温差荷载会引起桥梁发生正弦式的横向变形，从而产生梁轨相对位移。

2. 凸台力与弹性垫板压缩量

不同工况下凸台力与弹性垫板压缩量分布如图 3-38 和图 3-39 所示。

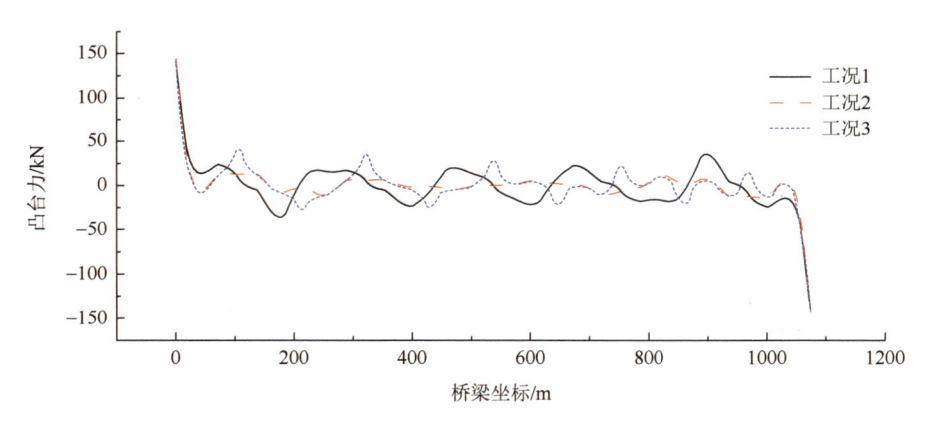

图 3-38　不同工况下凸台力分布

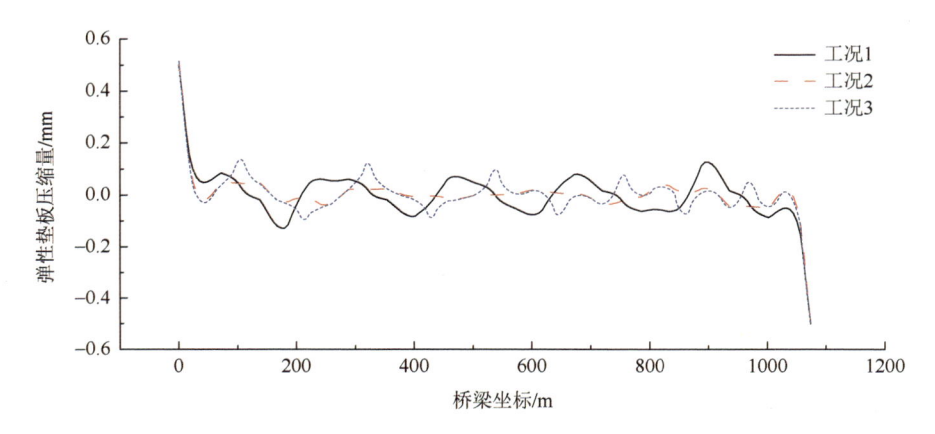

图 3-39　不同工况下弹性垫板压缩量分布

由图 3-38 和图 3-39 可以看出，凸台力与弹性垫板压缩量分布接近，大致呈线性关系。弹性垫板压缩量与凸台力出现两个幅值点，均位于桥梁端部。三种工况下最大凸台力与弹性垫板压缩量一致，均为 140kN 与 0.5mm。梁端 50m 范围内凸台力与弹性垫板压缩量较大，其余区域的凸台力与弹性垫板压缩量分布较为平缓，凸台力在 –50～50kN 范围内分布，弹性垫板压缩量在 –0.2～0.2mm 范围内分布。

上述现象产生的原因可能为：梁端范围内的梁轨相对位移较大（≥2mm），扣件达到了所能传递的最大纵向阻力（15kN）。凸台作为扣件与底座板间的传力机构，其荷载最大值受单块轨道板上扣件数量与扣件最大纵向阻力影响。理论上单块轨道板上扣件均达到最大纵向阻力时，凸台力与弹性垫板压缩量也达到最大值。

3.3.4 地震对梁轨相互作用的影响

为研究地震对梁轨相互作用的影响，设置参数如下：时程分析采用非线性直接积分法，时间积分参数使用 Newmark 法，阻尼比取 0.05，阻尼计算方法选用质量和刚度因子法。计算步长取值为 0.02s，与地面加速度时程曲线中时间间隔一致。为提高计算效率，计算总时长取值为 20s，与地面加速度时程曲线的有效时长一致。选用质量和刚度因子阻尼计算方法，阻尼比取 0.05，在地震波加载之前需进行前序恒载工况设置。

长清黄河特大桥五座桥塔与两座辅助墩为对称布置，因此仅需分析半结构即可，按墩台从左至右编号，如图 3-40 所示。

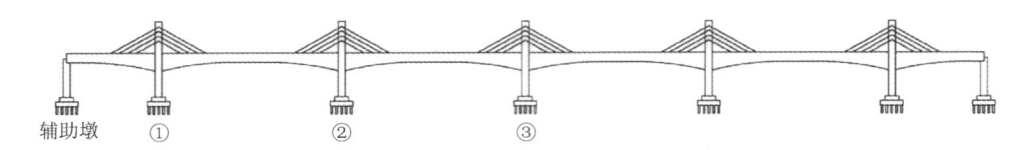

图 3-40 墩台编号

1. 钢轨纵向力的地震响应

长清黄河特大桥在两端分别设置有一组伸缩调节器，因此本次计算地震作用下的钢轨纵向力时，考虑设置伸缩调节器与不设置伸缩调节器两种情况。在地震作用下，主梁上钢轨各点最大值如图 3-41 和图 3-42 所示。

由图 3-41 和图 3-42 可以看出，在地震作用下，是否设置伸缩调节器对钢轨纵向力幅值有很大的影响。设置伸缩调节器时，钢轨纵向力幅值为 385.39kN，而不设置伸缩调节器时，钢轨纵向力幅值为 3919.05kN，约为设置伸缩调节器时的 10 倍。

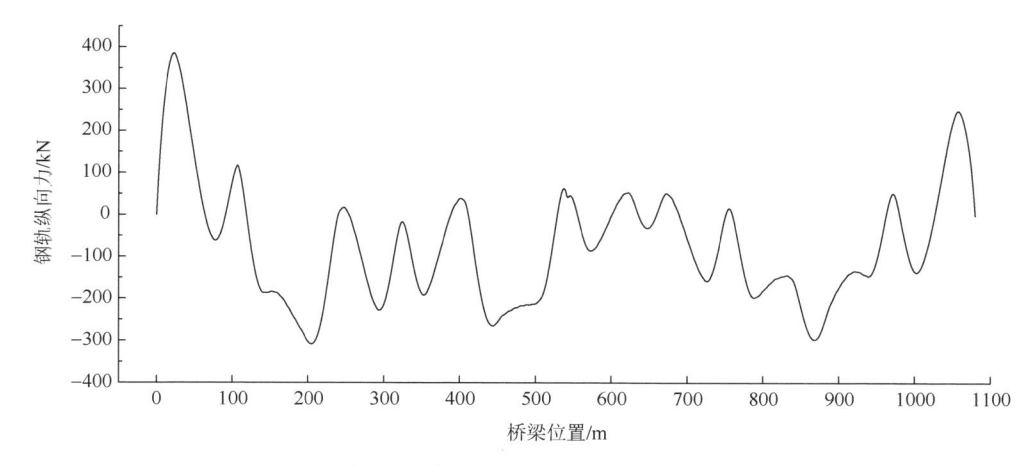

图 3-41 有伸缩调节器时钢轨纵向力

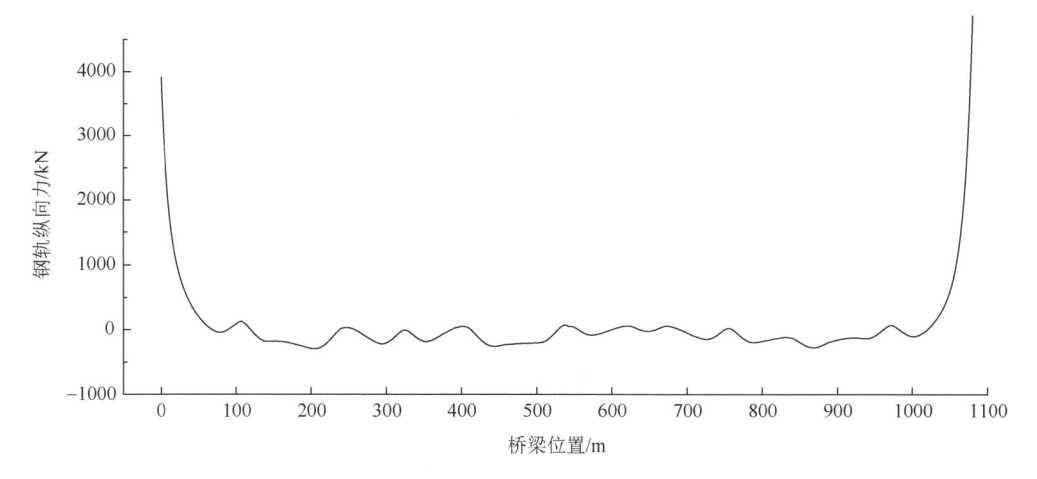

图 3-42 无伸缩调节器时钢轨纵向力

如图 3-43 所示为不设置伸缩调节器时钢轨纵向力的时程曲线。由图 3-43 可以看出，从第 3s 开始，钢轨纵向力出现剧烈波动，与地面加速度保持一致。随即钢轨纵向力达到峰值，其大小为 3919.05kN，已远超钢轨容许拉应力 2722kN，此时钢轨可视为发生折断。

2. 支座的地震响应

由计算结果可知，在地震作用下，不设置伸缩调节器的无缝线路的钢轨在地震初期就会发生折断。因此，后续模型均设置伸缩调节器（钢轨在梁缝处断开）。最终可得到地震作用下辅助墩、1 号墩、2 号墩、3 号墩墩顶的位移时程曲线如图 3-44～图 3-47 所示。

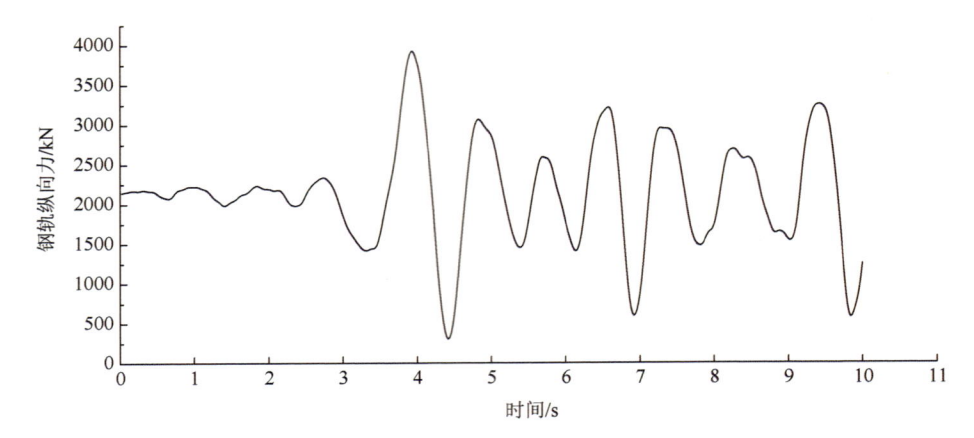

图 3-43　无伸缩调节器时钢轨纵向力时程曲线

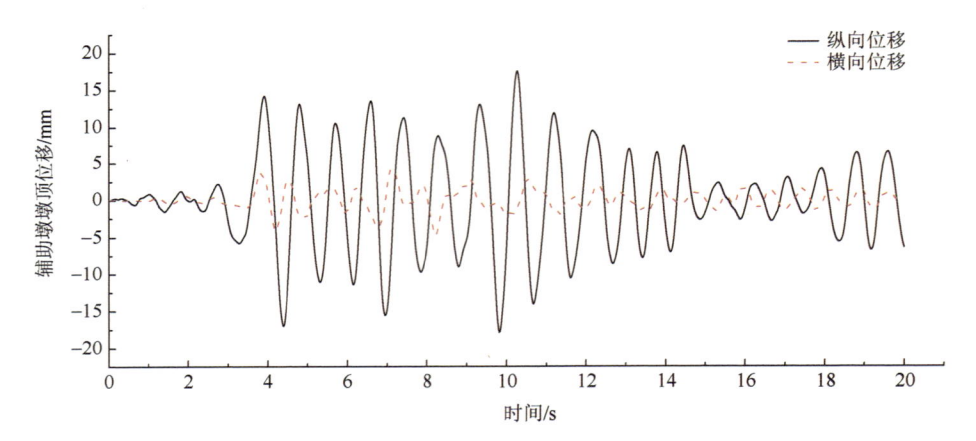

图 3-44　辅助墩墩顶位移时程曲线

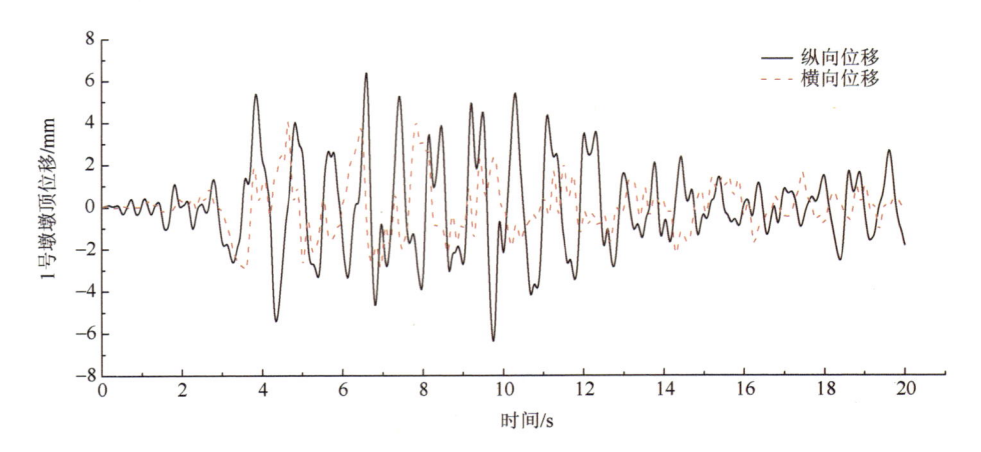

图 3-45　1 号墩墩顶位移时程曲线

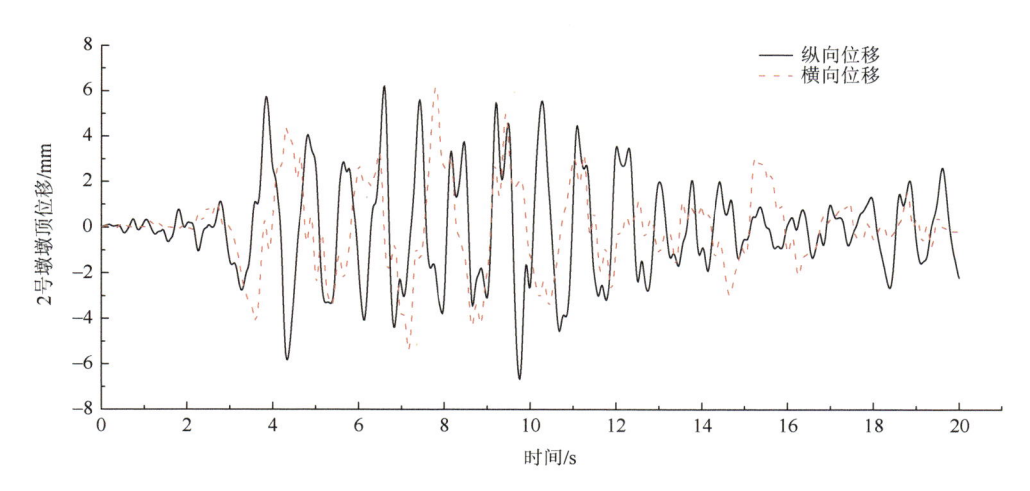

图 3-46　2 号墩墩顶位移时程曲线

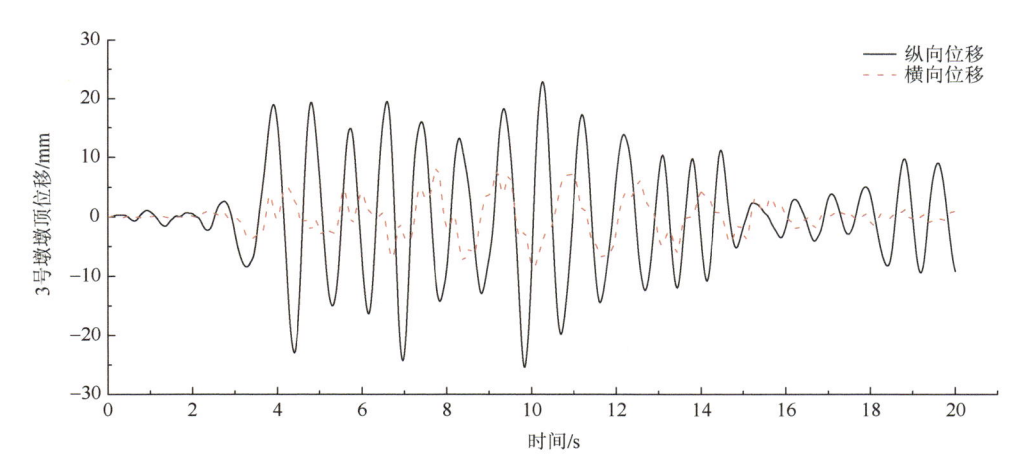

图 3-47　3 号墩墩顶位移时程曲线

由图 3-44～图 3-47 可以看出，在地震作用下，辅助墩与 3 号墩墩顶的纵向位移较大，纵向位移幅值分别达到 17.48mm 与 22.9mm，1 号墩与 2 号墩的地震响应相似，纵向位移幅值分别达到 6.38mm 与 6.23mm。由于横向限位装置的存在，在地震作用下，辅助墩、1 号墩、2 号墩与 3 号墩墩顶的横向位移幅值较小，分别为 4.27mm、4.07mm、6.20mm、8.18mm。

在地震作用下，1 号墩、2 号墩与 3 号墩上方梁底位移时程曲线如图 3-48～图 3-50 所示。

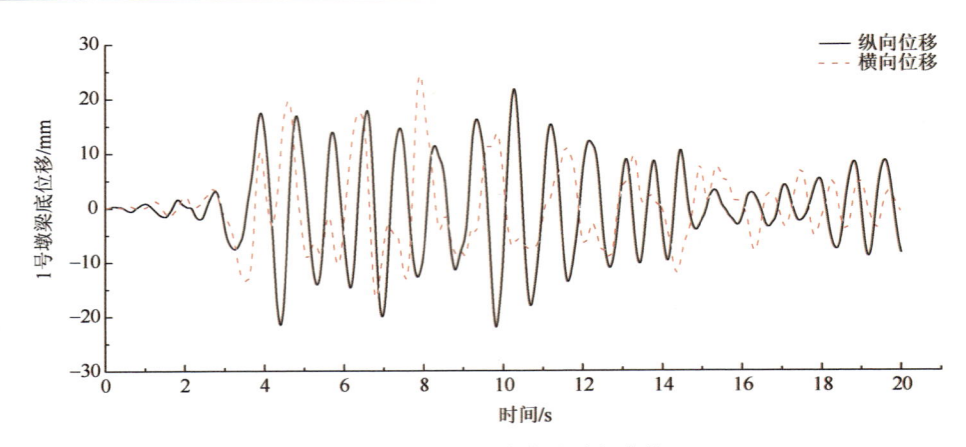

图 3-48　1 号墩梁底位移时程曲线

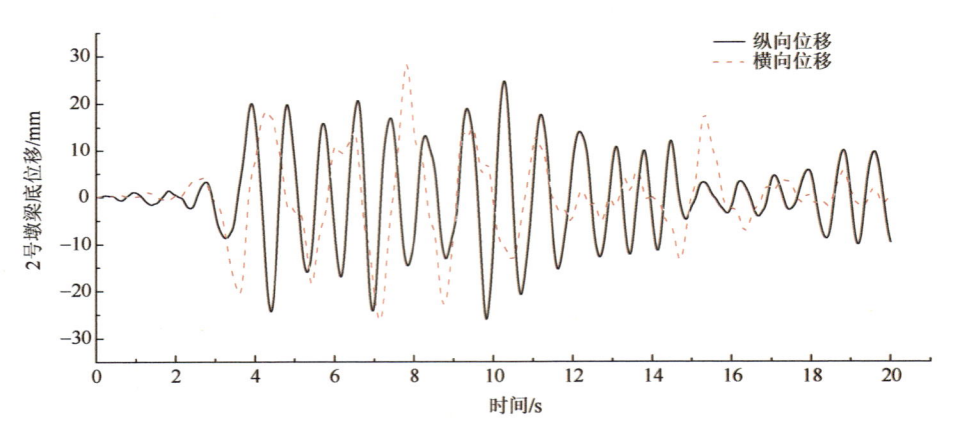

图 3-49　2 号墩梁底位移时程曲线

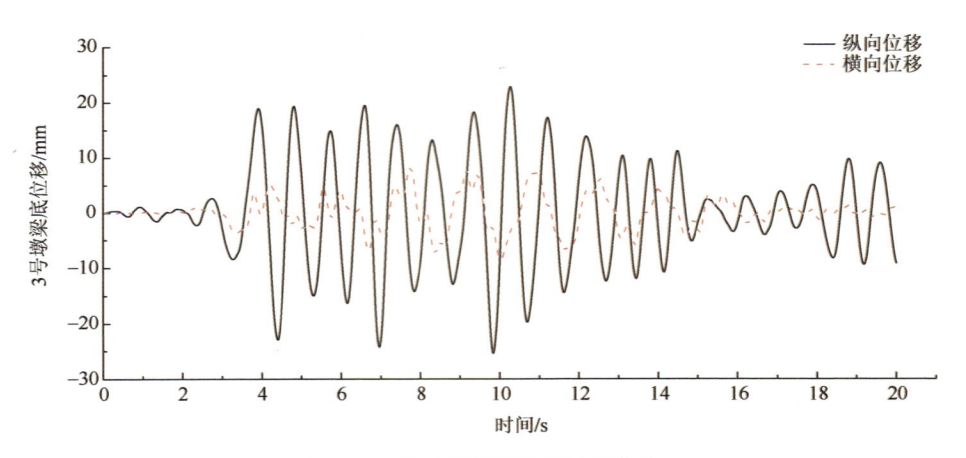

图 3-50　3 号墩梁底位移时程曲线

由图 3-48~图 3-50 可以看出，在地震作用下，各桥墩上方梁底的纵向位移基本保持一致，纵向位移幅值分别为 21.73mm、24.61mm、22.90mm。这可能是由于该混凝土主梁纵向刚度较大，在钢筋混凝土进入塑性破坏阶段之前，主梁各截面纵向位移基本保持一致。各桥墩上方梁底横向位移的区别较为明显，2 号墩上方梁底横向位移幅值最大，其次为 1 号墩，3 号墩最小。各桥墩上方梁底的横向位移幅值分别为 24.27mm、28.17mm、8.18mm。其原因可能为本桥一阶振型为反对称塔梁横弯，在此振型下，桥梁主要发生横向弯曲，3 号墩位于反对称振型对称轴位置，位移较小，1 号墩与 2 号墩位于振幅较大的区域，位移较大。

3.3.5 弹性垫板纵向刚度变化对梁轨相互作用的影响

由计算结果可知，在 30℃主梁升温、25℃桥塔和斜拉索升温、50℃钢轨升温工况下，梁端 75m 范围内（梁轨伸缩区）的钢轨纵向力较大。此范围内的钢轨长期处于拉-压的循环状态中，并且此范围内的凸台也将长期处于大应力状态。弹性橡胶垫板长期服役将会产生不同程度的老化与残余变形，影响轨道结构的受力。而弹性垫板位于轨道板下方，不易检查和维修。因此，需要考虑在弹性垫板存在残余变形的情况下，其刚度发生变化对梁轨相互作用的影响。

由于梁端 75m 范围内的凸台力较大，考虑此范围内弹性橡胶垫板产生残余变形，纵向刚度发生不同程度的衰减，其余范围内的弹性垫层刚度不变。具体工况设置如表 3-17 所示。考虑弹性垫层纵向刚度变化时的钢轨纵向力与梁轨相对位移分别如图 3-51 和图 3-52 所示。

表 3-17 弹性垫层纵向刚度衰减工况

工况	凸台纵向刚度/(kN/mm)	衰减幅度/%
1	560	—
2	392	30
3	280	50
4	112	80

由图 3-51 和图 3-52 可知，在凸台弹性垫板四种不同程度刚度衰减的工况下，钢轨纵向力幅值均出现在桥塔附近，分别为 525.2kN、524.2kN、522.9kN、517.3kN，而梁轨相对位移幅值均出现在梁端位置，分别为 3.46mm、3.57mm、3.70mm、4.46mm。

因此，凸台弹性垫板刚度变化对无缝线路梁轨相互作用的影响相对较小，仅会在局部范围内以较小的程度影响钢轨纵向力与梁轨相对位移。

图 3-51 钢轨纵向力

图 3-52 梁轨相对位移

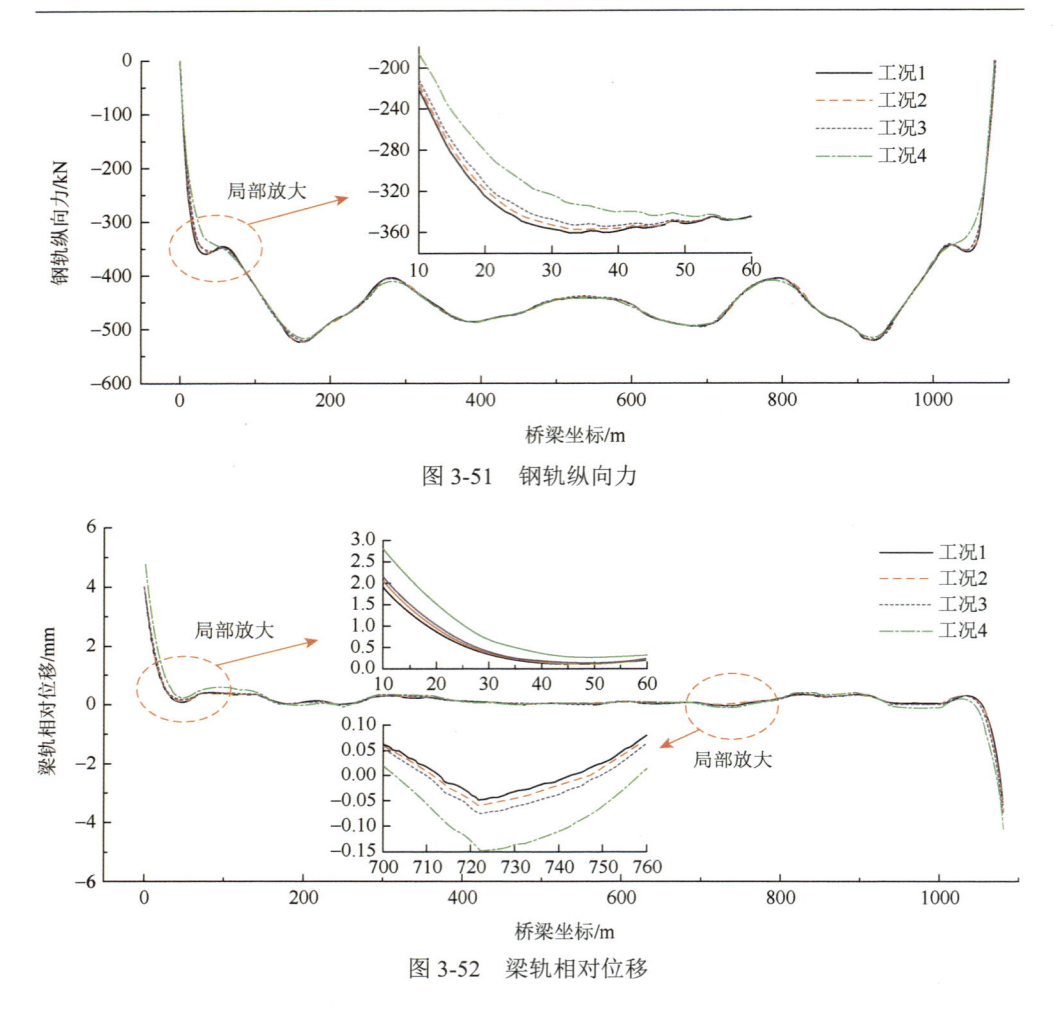

3.3.6 弹性垫层强化计算

桥上 CRTS Ⅲ型板式无砟轨道在限位凹槽或凸台的 4 个垂直面上安装有弹性橡胶垫板。对于此类带限位凹槽和弹性垫层的无砟轨道，梁轨温差、列车制动产生的纵向力都会通过凸台传递到桥梁结构上。由于该桥温度跨度较大（540m），温度荷载作用下梁端范围内弹性垫板将长期处于大应力状态，有可能会出现压溃、老化而逐渐丧失弹性，进而对轨道结构的传力体系产生破坏，影响高速铁路行车。

由计算结果可知，梁端范围内凸台力与弹性垫板压缩量较大。为防止弹性橡胶垫板长期高强度服役产生不良现象，建议对梁端 75m 范围内的轨道板进行加强处理，从而改善凸台受力。P5600 型轨道板（后续简称标准轨道板）与对凸台进行改进处理后的 P5600 改进型轨道板（后续简称改进型轨道板）分别如图 3-53 和图 3-54 所示。具体工况设置如表 3-18 所示。

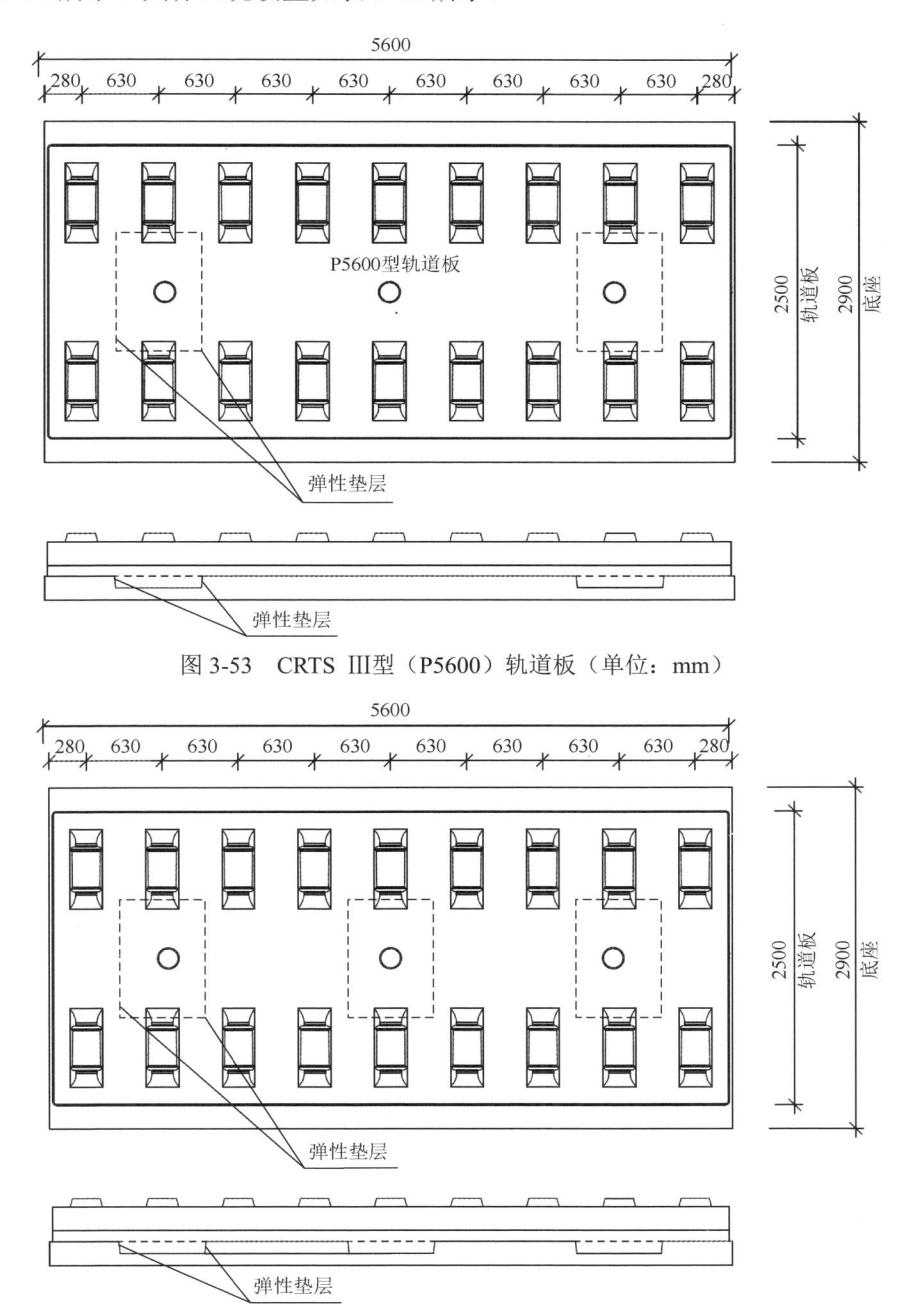

图 3-53　CRTS Ⅲ型（P5600）轨道板（单位：mm）

图 3-54　CRTS Ⅲ型三凸台轨道板（单位：mm）

表 3-18 温度工况明细

工况	主梁升温	钢轨升温	桥塔与斜拉索升温	轨道板温度荷载	底座板升温	日照温差荷载（横向）
1	30℃	50℃	25℃	25℃	25℃	—
2	30℃	50℃	25℃	上表面升温45℃，下表面升温27℃	25℃	10℃

在整体升温荷载（工况 1）与双向温度梯度荷载（工况 2）作用下，轨道板改进前后的凸台力分别如图 3-55 和图 3-56 所示。

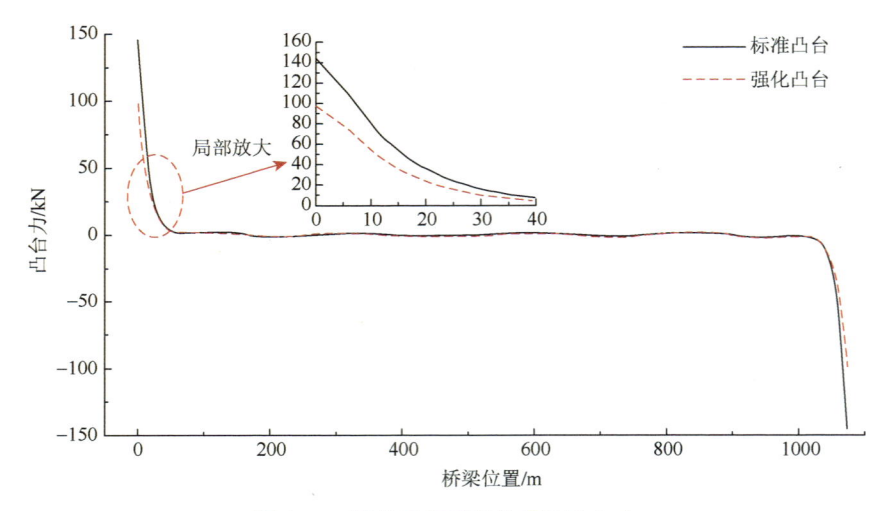

图 3-55 整体升温荷载作用下凸台力

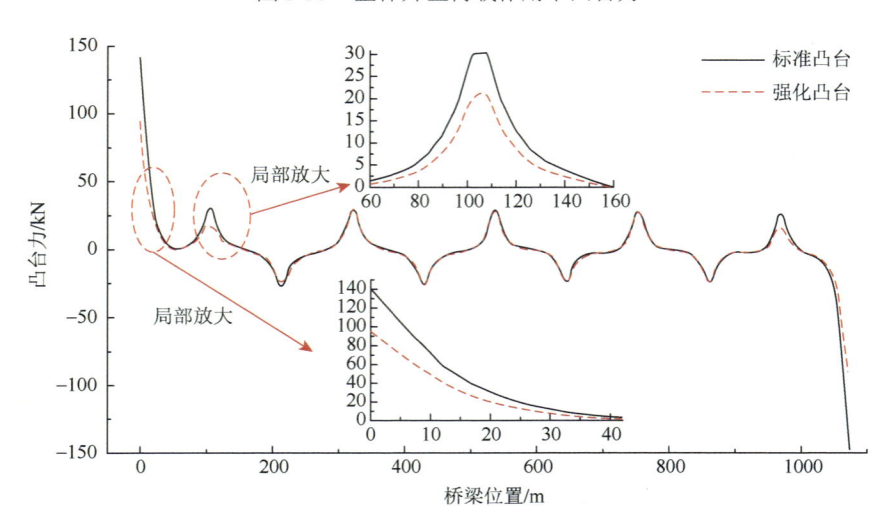

图 3-56 双向温度梯度荷载作用下凸台力

由图 3-55 和图 3-56 可以看出，在整体升温荷载作用下，标准轨道板与改进型轨道板的凸台力幅值均位于梁端，分别为 140kN、94kN。除梁端外，其余位置凸台力基本为零。在双向温度梯度荷载作用下，标准轨道板与改进型轨道板的凸台力幅值均位于梁端，分别为 140kN、94kN。除梁端外，其余位置凸台力以桥塔为对称轴对称分布。由 3.3.3 节可知，凸台力与弹性垫板压缩量呈线性关系，经计算得到，140kN 与 94kN 的凸台力对应的凸台压缩量为 0.5mm 与 0.36mm。由此可见，对梁端 200m 范围内轨道板进行改进处理后，轨道板凸台受力得到了显著改善，凸台力幅值与弹性垫板压缩量幅值均降低了 30%左右。

由上面的分析可知，梁端处弹性垫板压缩量最大，标准轨道板凸台最大压缩量为 0.5mm，而改进型轨道板凸台最大压缩量为 0.36mm，压缩量降幅可达 28%。同时，该桥所采用的弹性垫板厚度为 8mm，计算发现，这两种弹性垫板的最大压缩量均小于 10%，符合《高速铁路 CRTS Ⅲ型板式无砟轨道橡胶弹性缓冲垫层》（Q/CR 785—2020）规范的要求，但采用改进型轨道板更有利于结构的稳定。

3.3.7 钢轨强度检算

1. 钢轨最大温度拉力

无缝线路允许温降幅度为 48.75℃，最大温度拉力按式（3-13）计算，得出最大温度拉力为 115.37MPa。

$$\sigma_t = E\alpha\Delta T_{d\max} \tag{3-13}$$

式中，σ_t 为钢轨最大拉应力，MPa；α 为钢轨线膨胀系数，取 $1.15\times10^{-5}℃^{-1}$；E 为钢轨弹性模量，MPa；$\Delta T_{d\max}$ 为无缝线路最大温降幅度，℃。

2. 钢轨最大附加力

根据计算结果，取伸缩力的最大值 566kN，即 73.06MPa。

3. 制动力

根据计算结果，取制动力为 37kN，即 4.78MPa。

4. 钢轨动弯应力

根据准静态计算，在客运专线车载作用下，轨底动弯拉应力最大值为 100.71MPa，轨头动弯压应力最大值为 121.92MPa。

5. 强度检算公式

作用在钢轨上的应力应满足：

$$\sigma_{\text{底d}} + \sigma_{\text{t}} + \sigma_{\text{f}} + \sigma_{\text{z}} \leqslant \frac{\sigma_{\text{s}}}{K} \tag{3-14}$$

式中，$\sigma_{\text{底d}}$ 为轨底边缘动弯应力；σ_{t} 为钢轨最大温度应力；σ_{f} 为钢轨最大附加应力；σ_{z} 为钢轨牵引（制动）力；σ_{s} 为钢轨屈服强度，CHN60（U71Mnk）钢轨屈服强度为 457MPa；K 为安全系数，取 1.3。

经过计算，钢轨强度检算结果如表 3-19 所示。由表中数据可知，钢轨强度满足要求。

表 3-19　钢轨强度检算表　　　　　　　　（单位：MPa）

基本温度力	钢轨纵向附加力（伸缩+制动）	轨底动拉应力	总应力	钢轨容许应力
115.37	77.84	100.71	293.92	351.5

综上所述，本节基于轨-梁-索-塔-墩一体化的有限元模型，研究了温度荷载、列车荷载活载、制动力作用下斜拉桥体系及桥上无缝线路基本力学特征。探讨了温度荷载幅值、结构温差、温度荷载组合等因素对钢轨纵向传力机制与梁轨相对位移的影响，并探究了无砟轨道凸台优化设计方案，主要得出以下结论。

（1）无缝线路伸缩力大小主要受主梁温度变化影响，日照产生的不均匀温差、主塔、斜拉索与轨道结构温度变化对钢轨纵向附加力和梁轨相对位移幅值的影响不大。在 30℃主梁升温、50℃钢轨升温工况下，钢轨纵向附加力幅值为–641.14kN，梁轨相对位移幅值为 4.08mm；在桥梁（主梁+桥塔+轨道结构）30℃整体升温、50℃钢轨升温工况下，钢轨纵向附加力幅值为–525.22kN，梁轨相对位移幅值为 3.49mm，两种工况下的梁轨相对位移幅值均位于梁端处，钢轨纵向附加力幅值位于梁端桥塔处。

（2）在制动荷载作用下，主梁上荷载的作用范围内会产生 0.55mm 左右的梁轨快速相对位移，主桥上除荷载的作用范围外其余区域为梁轨固定区。梁轨快速相对位移幅值仅受制动荷载加载位置的影响，钢轨纵向力幅值不受制动荷载的加载长度、加载位置的影响。

（3）在温度作用下，凸台力与弹性垫板压缩量呈线性关系。三种温度工况下，最大凸台力与弹性垫板压缩量一致，均为 140kN 与 0.5mm，幅值点位于桥梁端部。梁端 75m 范围内凸台力与弹性垫板压缩量较大，其余区域的凸台力与弹性垫板压缩量分布较为平缓，凸台力在–50～50kN 范围内分布，弹性垫板压缩量在–0.2～0.2mm 范围内分布。凸台弹性垫板刚度变化对钢轨纵向力的影响相对较小，仅会在局部范围内以较小的程度影响钢轨纵向力与梁轨相对位移。

（4）在梁端 75m 范围内设置三凸台 CRTS Ⅲ型轨道板，可以显著改善轨道板凸台受力。设置三凸台轨道板后,凸台力由 140kN 降低到 94kN,弹性垫板压缩量由 0.5mm 降低到 0.36mm,降幅达到 28%。

3.4 车-轨-桥耦合动力性能影响分析

为研究列车高速过桥时桥上无砟轨道的动力特性,本节采用基于桥上无砟轨道实际结构的车-轨-桥耦合系统动力分析模型,对无砟轨道结构的振动、变形特点及层间传递规律进行分析,并考虑扣件刚度、缓冲隔离垫层支承刚度对桥梁-轨道系统动力性能的影响。

3.4.1 车-轨-桥耦合计算模型

1. 列车动力模型

车辆是一个复杂的多自由度系统。首先建立车辆基本部件,然后根据车辆各部件特性和连接关系,用铰接、约束和力元等将各部件连接,最后形成车辆结构模型。

为了使车辆各部件之间的振动和互相作用模拟得更加精确,需要确定车辆模型的自由度。模型采用高速列车 CRH2C 动车组,由 8 节车辆组成,速度为 200~350km/h。每节车辆有一个车体、两个转向架和四个轮对,总计 7 个刚体。每个刚体有沿 X、Y、Z 坐标轴的 3 个平动自由度(伸缩、横移、沉浮),以及绕 X、Y、Z 坐标轴的 3 个转动自由度(侧滚、点头、摇头),总计 6 个自由度。因此,每节车辆共有 42 个自由度,如表 3-20 所示。整个动车组共计 336 个自由度。

表 3-20 单车模型自由度

构件	车体	转向架一	转向架二	轮对一	轮对二	轮对三	轮对四
伸缩	x_c	x_{t1}	x_{t2}	x_{w1}	x_{w2}	x_{w3}	x_{w4}
横移	y_c	y_{t1}	y_{t2}	y_{w1}	y_{w2}	y_{w3}	y_{w4}
沉浮	z_c	z_{t1}	z_{t2}	z_{w1}	z_{w2}	z_{w3}	z_{w4}
侧滚	θ_c	θ_{t1}	θ_{t2}	θ_{w1}	θ_{w2}	θ_{w3}	θ_{w4}
点头	φ_c	φ_{t1}	φ_{t2}	φ_{w1}	φ_{w2}	φ_{w3}	φ_{w4}
摇头	ψ_c	ψ_{t1}	ψ_{t2}	ψ_{w1}	ψ_{w2}	ψ_{w3}	ψ_{w4}

2. 桥梁动力模型

由于桥梁结构复杂,单元多,自由度大,使用有限元离散后,将有成千上万的自由度。如果采用直接积分法计算求解，工作量巨大，求解十分困难，计算成本高。因此，采用动态子结构法，该方法有利于分析多自由度复杂大结构。

模态综合法的基本过程是首先依照复杂结构的特点和分析问题的需要将整体结构切分成若干个独立子结构，将这些子结构进行模态分析，得出相应的动力特性；然后以各子结构间力平衡条件和位移关系为依据，组装起来计算出整体结构的动力特性。模态综合法依据对子结构结构界面约束情况可分为固定界面和自由界面两种。本模型由主桥、引桥、梁端伸缩一体化装置和 CRTS Ⅲ型板式无砟轨道等多个复杂结构组成，因此采用固定界面模态综合法，步骤如图 3-57 所示。

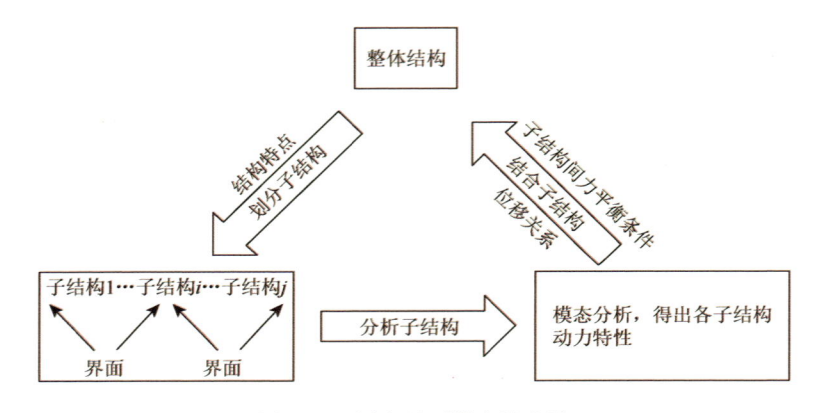

图 3-57　固定界面模态综合法

利用 ANSYS 与 UM 联合仿真建立车-线-桥耦合作用分析模型，其步骤为：①在 ANSYS 软件中分部建立桥梁、轨道结构有限元模型，根据各部分的结构特点及连接方式，选取接口节点，在 ANSYS 软件中运行宏命令 UM.mac 缩减结构自由度并对模型的模态进行计算，输出各结构的质量矩阵、刚度矩阵、点坐标等信息，将各部分柔性体模型作为子结构系统分块导入 UM 软件中，剔除刚体模态及模态正则化；②在 UM 前处理中，建立车辆模型，导入桥梁、轨道结构子结构系统，并利用软件中的 bushing 力元完成桥梁、轨道自身和相互之间连接及边界条件的模拟，生成运动方程，编译运动仿真，在 UM 后处理中，对车辆、轨道、桥梁进行耦合，建立完整的车-线-桥耦合作用分析模型，如图 3-58 所示。

3.4.2　车-轨-桥耦合系统动力响应指标

1. 车辆动力响应指标

车辆动力响应指标主要划分为行车安全性、行车舒适性两个方面。其中，行

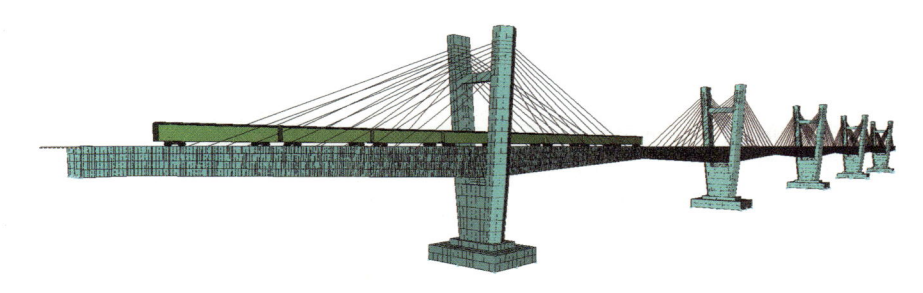

图 3-58 车-线-桥耦合作用分析模型

车安全性采用轮轨垂向力、横向力、脱轨系数、轮重减载率进行评定，行车舒适性采用车体振动加速度和 Sperling 平稳性指标进行评价，参照《高速铁路工程动态验收技术规范》（TB 10761—2024）、《高速铁路设计规范》（TB 10621—2014）、《铁路桥涵设计规范》（TB 10002—2017）、《机车车辆动力学性能评定及试验鉴定规范》（GB/T 5599—2019）、《高速试验列车动力车强度及动力学性能规范》（GB/T 5599—2019）等相关技术标准和规范，各指标的具体含义及限值取值规范要求如表 3-21 所示。

表 3-21 车辆动力响应指标

指标类型	最大限值	基本定义
轮轨垂向力	$P_{max}=170\text{kN}$	列车轮轴竖直方向上受到的力
轮轨横向力	$Q \leqslant \begin{cases} 60.0\text{kN}, & 动车 \\ 66.7\text{kN}, & 拖车 \end{cases}$	列车轮轴水平方向上受到的力
脱轨系数	$Q/P \leqslant 0.8$	轮对横向力 Q 与垂直力 P 的比值
轮重减载率	$\Delta P/P \leqslant 0.6$	减载侧轴重减载量 ΔP 与两侧平均轮重 P 的比值
车体垂向加速度	$a \leqslant 0.13g \approx 1.275\text{m/s}^2$（半峰值）	车体在垂直方向上的加速度
车体横向加速度	$a \leqslant 0.10g \approx 0.981\text{m/s}^2$（半峰值）	车体在水平方向上的加速度
Sperling 平稳性指标	$W<2.50$ 优秀 $2.50 \leqslant W < 2.75$ 良好 $2.75 \leqslant W < 3.00$ 合格	考虑车体振动加速度的幅值、频率和持续时间的乘客舒适度评价指标

2. 桥梁动力响应指标

在实际运营时，桥梁过大的振动会引起线路线形的变化，对高速行驶的列车过桥时的安全性和乘客的舒适性带来不利影响，降低桥上轨道及其他设备使用的稳定性。同时，长期、过大的振动将会降低桥梁结构自身疲劳强度及耐久性功能。参照《铁路桥梁检定规范》(铁运函〔2004〕120号)、《高速铁路设计规范》(TB 10621—2014)、《铁路桥涵设计规范》(TB 10002—2017)等铁路规范,可得出列车过桥时桥梁动力响应指标的相关规定,详见表3-22。

表 3-22 桥梁动力响应指标

指标类型	最大限值
桥梁垂向振动加速度	$0.5g \approx 4.905 m/s^2$ (半峰值、无砟轨道)
桥梁横向振动加速度	$0.14g \approx 1.373 m/s^2$ (半峰值、无砟轨道)
桥梁垂向振幅	$L/1500 = 144.0 mm$ (半峰值)
桥梁横向振幅	$L/9000 = 24 mm$ (半峰值)
墩顶横向振幅	0.2mm

3. 无砟轨道动力响应指标

桥上 CRTS Ⅲ型板式无砟轨道作为连接车辆与桥梁的中间结构,其自身与桥梁之间的协同变形能力,以及在车-轨-桥耦合系统中的振动传递能力都对桥上高速行车和桥梁-轨道系统实际运营中结构的安全性、耐久性等方面产生较大影响。因此,需要对桥上无砟轨道结构的动力性能进行更为细致的分析,包括结构功能划分、各部分动力响应指标、动力响应不利位置等。根据车-轨-桥耦合动力分析模型的结构特点,提出桥上 CRTS Ⅲ型板式无砟轨道各动力响应指标控制类型,侧重研究轨道结构与桥梁的协同性能和轨道结构参数与系统动力响应的传递能力的影响关系,详见表3-23。

表 3-23 桥上无砟轨道动力响应指标类型

轨道结构	动力响应类型	
钢轨	垂向加速度 垂向位移	横向加速度 横向位移
道床板	垂向加速度 垂向位移	横向加速度 横向位移
底座板	垂向加速度 垂向位移	横向加速度 横向位移
凸台	纵向力 横向力	

3.4.3 车-线-桥耦合系统动力响应

为验证大跨度斜拉桥上铺设无砟轨道的可行性，本节将以 250km/h、300km/h、350km/h 的设计行车速度及 400km/h 的检算行车速度为计算工况，研究不同行车速度下车-桥耦合系统动力响应的指标符合情况及变化规律，确定系统各动力响应的最不利位置，进而为后续桥上无砟轨道各参数对车-轨-桥耦合系统的振动影响分析奠定基础。

1. 车辆动力响应分析

计算得出行车速度为 350km/h 时车体的垂向加速度、横向加速度、轮轨垂向力、轮轨横向力、脱轨系数、轮重减载率时程曲线，如图 3-59～图 3-63 所示。

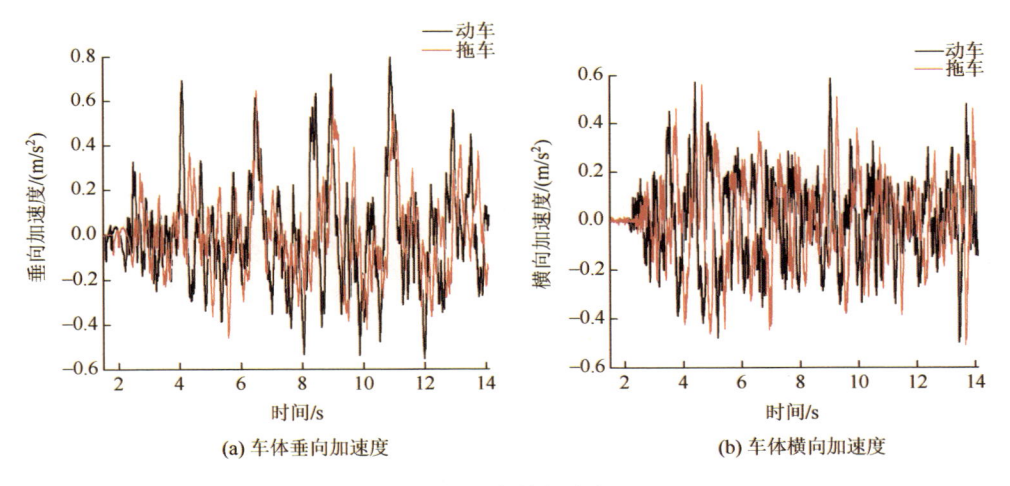

图 3-59 车体加速度

从列车运行安全性来看，轮轨的垂向力、横向力、脱轨系数、轮重减载率在全桥范围内均为常规波动，但在各跨跨中位置处变化较为强烈，且动车各动力响应略大于拖车各动力响应，振动先后规律明显。动车轮轨垂向力最大值为 111.650kN，拖车轮轨垂向力最大值为 109.720kN，动车轮轨横向力最大值为 10.055kN，拖车轮轨横向力最大值为 8.072kN，均小于各响应指标对应限值；动车脱轨系数最大值为 0.124，拖车脱轨系数最大值为 0.091，动车轮重减载率最大值为 0.439，拖车轮重减载率最大值为 0.412，满足行车安全性要求。

从行车舒适性来看，车体的垂向加速度、横向加速度在全桥范围内呈常规波动变化，但在列车通过全桥各跨跨中时振动较为明显，呈现出较大幅值。其中，

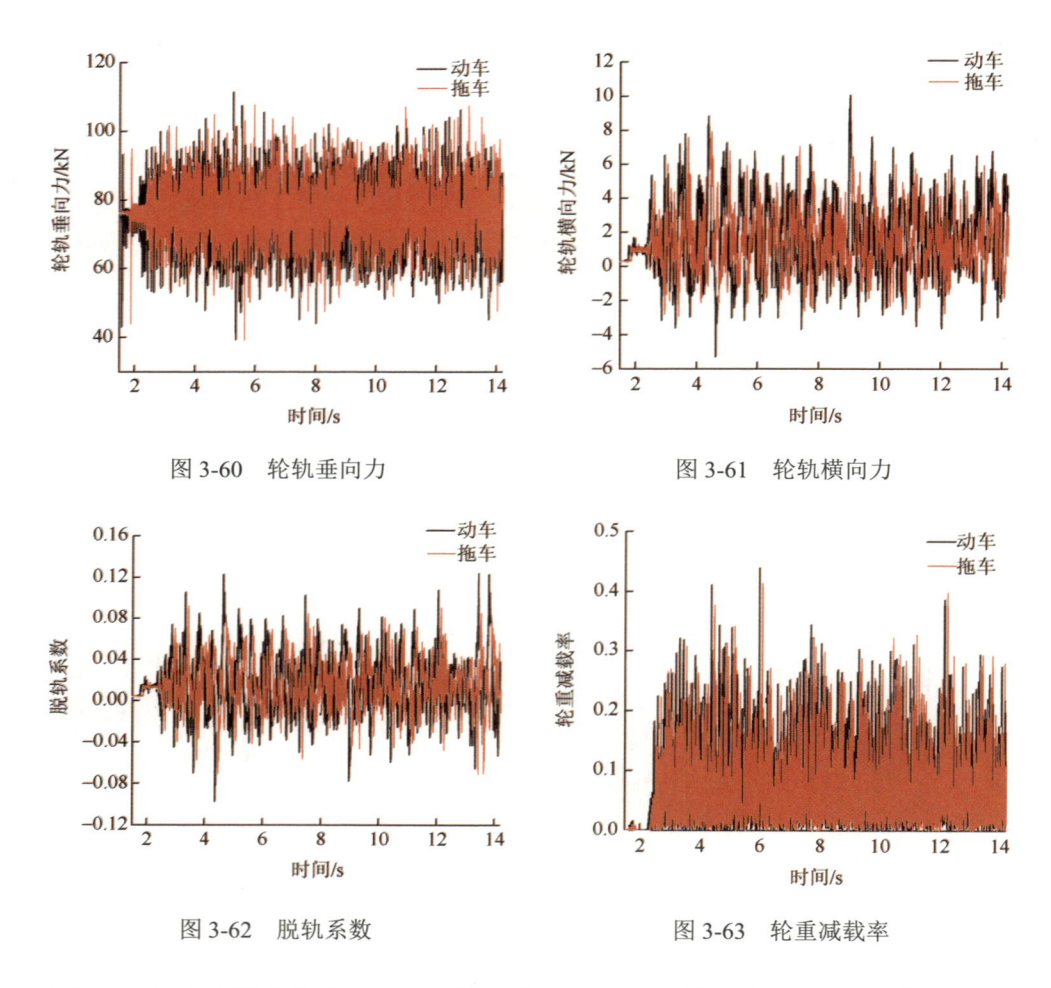

图 3-60　轮轨垂向力　　　　　　　图 3-61　轮轨横向力

图 3-62　脱轨系数　　　　　　　　图 3-63　轮重减载率

动车垂向加速度最大值为 0.795m/s^2，拖车垂向加速度最大值为 0.662m/s^2，均小于车体的垂向加速度指标限值 1.275m/s^2；动车横向加速度最大值为 0.588m/s^2，拖车横向加速度最大值为 0.561m/s^2，均小于车体的横向加速度指标限值 0.981m/s^2。在本工况设置下，动车垂向、横向 Sperling 指标分别为 2.342 和 2.174，拖车垂向、横向 Sperling 指标分别为 2.223 和 2.141，均达到"优秀"等级，满足行车舒适性要求。在列车过桥的整个时段，动车的垂向加速度、横向加速度及 Sperling 指标普遍大于拖车的垂向加速度、横向加速度，这是因为动车的轴重相对较大。

为验证不同行车速度下车辆动力响应的一般规律，并初步验证大跨度混凝土斜拉桥上铺设无砟轨道的可行性，提取各行车速度下车辆动力学响应的最值，如表 3-24 和表 3-25 所示。

第3章 大跨桥上铺设无砟轨道力学特性分析

表 3-24 车辆动力响应汇总表

动车

车速/(km/h)	垂向加速度/(m/s²)	横向加速度/(m/s²)	垂向力/kN	横向力/kN	脱轨系数(Q/P)	轮重减载率($\Delta P/P$)	Sperling 舒适性指标 垂向	Sperling 舒适性指标 横向
250	0.643	0.483	108.430	8.786	0.089	0.386	2.072	1.937
300	0.712	0.531	109.520	9.412	0.108	0.404	2.220	2.084
350	0.795	0.588	111.650	10.055	0.124	0.439	2.324	2.174
400	0.951	0.667	115.500	11.688	0.163	0.472	2.584	2.358

拖车

车速/(km/h)	垂向加速度/(m/s²)	横向加速度/(m/s²)	垂向力/kN	横向力/kN	脱轨系数(Q/P)	轮重减载率($\Delta P/P$)	Sperling 舒适性指标 垂向	Sperling 舒适性指标 横向
250	0.562	0.461	106.530	6.985	0.074	0.368	2.013	1.926
300	0.614	0.517	107.740	7.252	0.084	0.384	2.134	2.043
350	0.662	0.561	109.720	8.072	0.091	0.412	2.223	2.141
400	0.856	0.640	114.090	10.515	0.113	0.452	2.527	2.330

表 3-25 车辆动力响应指标评价表

动车

车速/(km/h)	垂向加速度/(m/s²)	横向加速度/(m/s²)	垂向力/kN	横向力/kN	脱轨系数(Q/P)	轮重减载率($\Delta P/P$)	Sperling 舒适性指标 垂向	Sperling 舒适性指标 横向
250	满足	满足	满足	满足	满足	满足	优秀	优秀
300	满足	满足	满足	满足	满足	满足	优秀	优秀
350	满足	满足	满足	满足	满足	满足	优秀	优秀
400	满足	满足	满足	满足	满足	满足	良好	优秀

拖车

车速/(km/h)	垂向加速度/(m/s²)	横向加速度/(m/s²)	垂向力/kN	横向力/kN	脱轨系数(Q/P)	轮重减载率($\Delta P/P$)	Sperling 舒适性指标 垂向	Sperling 舒适性指标 横向
250	满足	满足	满足	满足	满足	满足	优秀	优秀
300	满足	满足	满足	满足	满足	满足	优秀	优秀
350	满足	满足	满足	满足	满足	满足	优秀	优秀
400	满足	满足	满足	满足	满足	满足	良好	优秀

由表 3-24 和表 3-25 中的数据可以得出，在车辆安全性评价方面，轮轨的垂向力、横向力、脱轨系数、轮重减载率等指标的最值都随行车速度的增大而增大，且增幅与行车速度也呈正比例关系。相较于其他行车速度区间，在 350~400km/h 的行车速度区间，各车辆安全性动力响应最值增幅显著提升。在各车辆安全性动力响应中，轮重减载率最接近规范限值。然而，即使在行车速度为 400km/h 的条件下，轮重减载率最大值也仅为 0.452，仍存在一定缓冲余量。因此，在线路设计行车速度 350km/h 及检算行车速度 400km/h 的条件下，车辆各安全性动力响应均符合各响应指标规定，列车过桥时行车安全性可靠。

在车辆舒适性评价方面，车体的垂向加速度、横向加速度最值及对应的舒适度指标与行车速度呈正相关变化趋势，且增幅明显，尤其在行车速度达到 400km/h 时，车体垂向 Sperling 舒适性指标评价由"优秀"转为了"良好"，车体垂向加速度最大值达到 0.951m/s^2，逐步接近规范限值。但从总体来看，400km/h 的检算行车速度能够通过车辆各舒适性方面规范的要求，在 350km/h 的设计行车速度下，车辆各舒适性动力响应整体都处于较优水平，与限值缓冲余量充足，列车过桥时行车舒适度较好。

2. 桥梁动力响应分析

提取行车速度为 350km/h 时全桥主梁各跨跨中截面的垂向位移、横向位移及垂向加速度、横向加速度，各主塔塔顶顺桥向位移及加速度，各墩墩顶横向位移及加速度时程曲线，如图 3-64~图 3-75 所示。

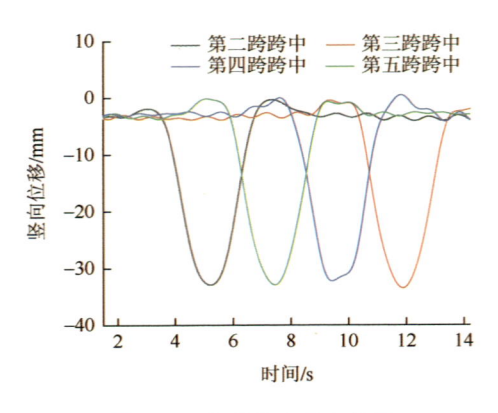

图 3-64 主跨跨中垂向位移

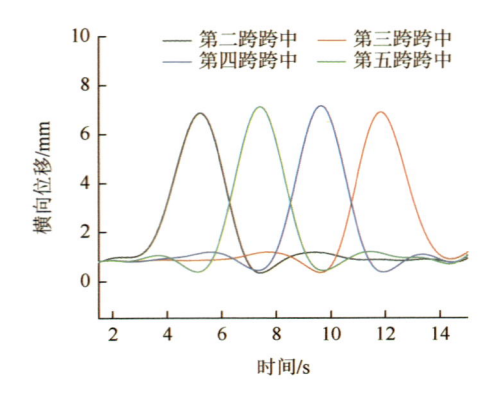

图 3-65 主跨跨中横向位移

由图 3-64~图 3-67 可以得出，在列车过桥时，动态的列车荷载是引起桥梁振动的主要因素，直接影响桥梁各结构的动力响应。对于主梁垂向位移，随着列车驶过全桥各跨跨中，在列车重力作用下，主梁各主跨跨中截面均呈现出先下沉后

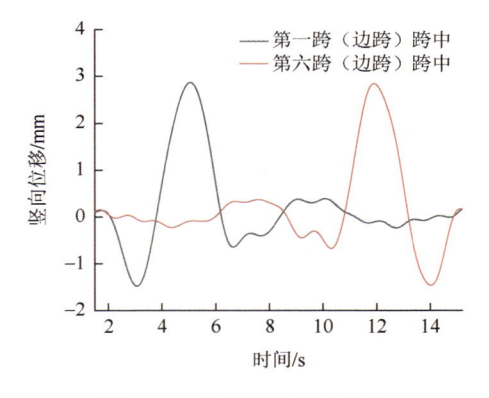

图 3-66　边跨跨中垂向位移

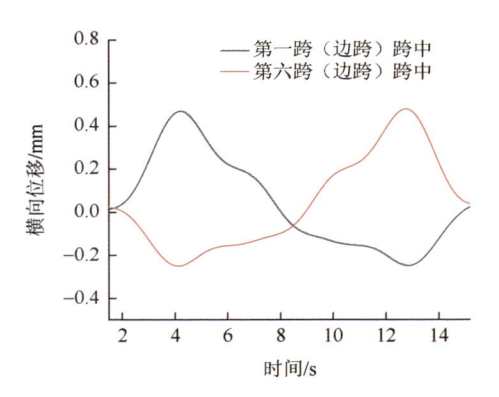

图 3-67　边跨跨中横向位移

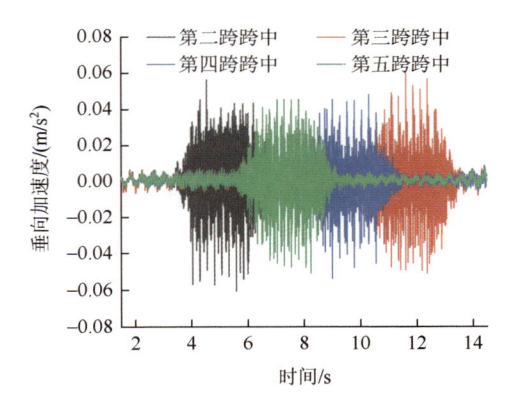

图 3-68　主跨跨中垂向加速度

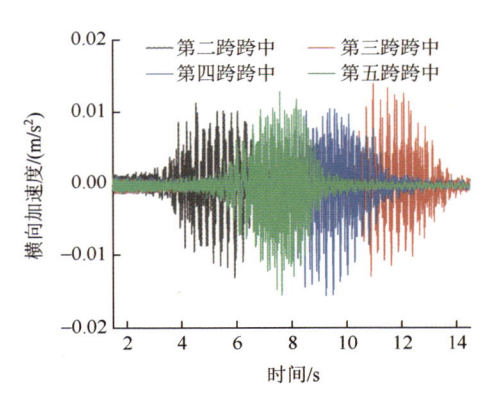

图 3-69　主跨跨中横向加速度

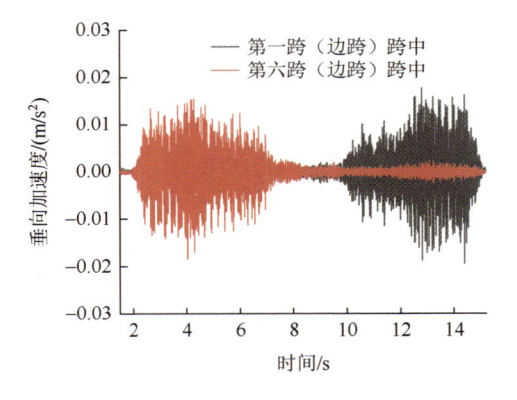

图 3-70　边跨跨中垂向加速度

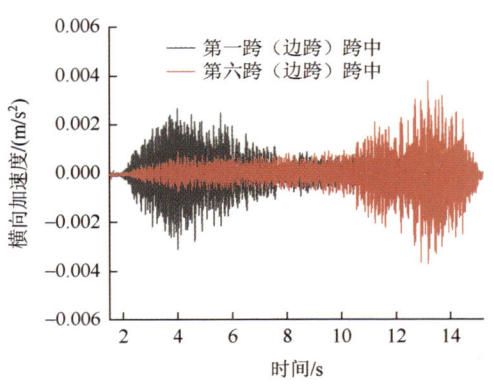

图 3-71　边跨跨中横向加速度

图 3-72　塔顶顺桥向位移

图 3-73　塔顶顺桥向加速度

图 3-74　墩顶横向位移

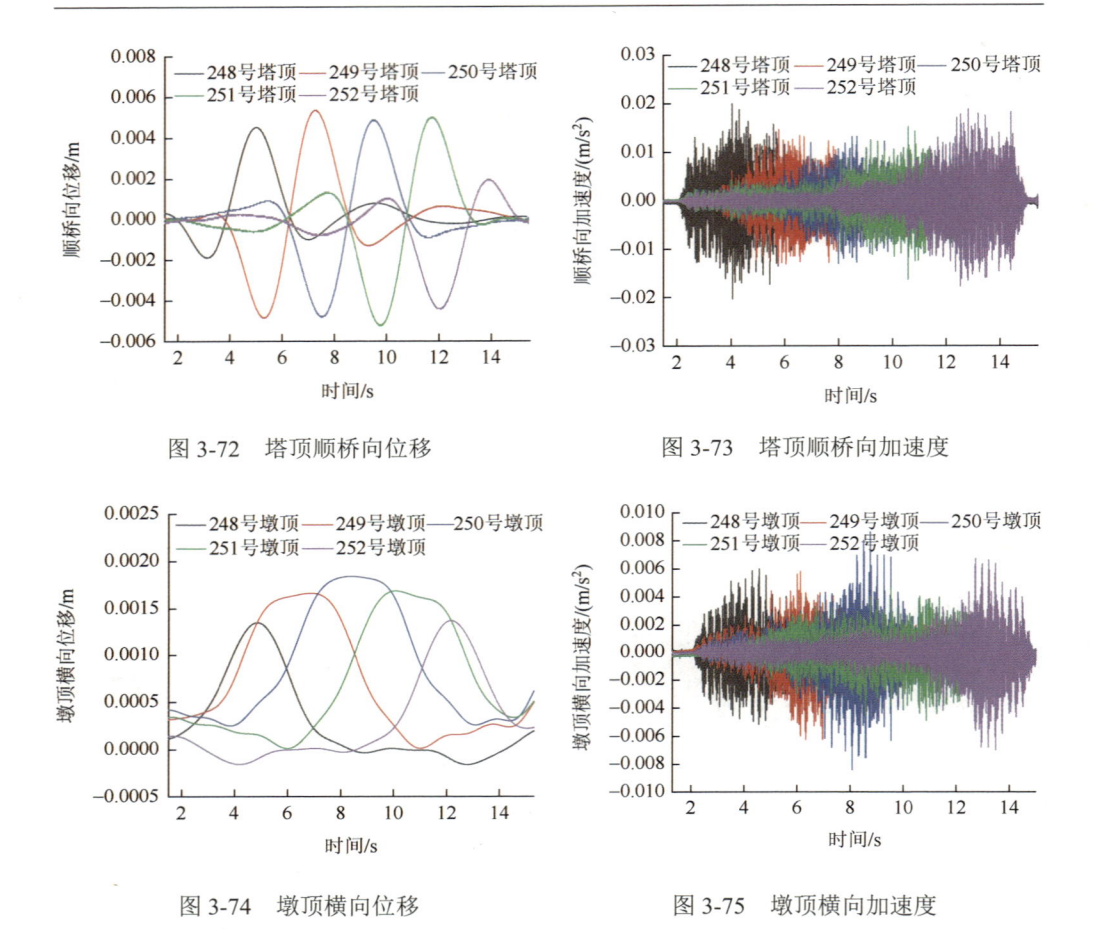

图 3-75　墩顶横向加速度

回升的挠曲变化线形，各主跨跨中截面下沉量接近，其中最大下沉位移为 34.02mm；各边跨跨中截面挠曲变化线形则在下沉后呈现抬升趋势。这是由于边跨跨径仅为主跨的 1/2，相对刚度较大，列车驶离至主梁主跨后，主梁主跨跨中截面下沉，由于斜拉索连接和支座支承作用，引起边跨主梁截面的上翘变形。因此，两边跨跨中截面挠曲变化线形大致呈对称分布，其最大上挠位移为 2.87mm。

对于主梁横向位移，这主要是由于单线行驶时列车偏载作用引起桥梁产生扭转变形，进而使主梁产生横向变形。各主跨跨中截面横向挠曲变化线形趋势一致，且幅值接近，其最大横向变形位移为 7.14mm，两边跨跨中截面横向挠曲变化线形同样呈对称分布，其最大横向变形位移为 5.13mm，小于主跨跨中截面最大横向变形位移，这也是主梁边跨、主跨横向刚度差异造成的。

由图 3-68～图 3-75 可以看出，对于主梁的垂向加速度和横向加速度，其振动原因及变化趋势同位移变形一致。随着主梁的位移变形增大，各跨跨中截面振动加剧，主梁垂向加速度和横向加速度增大，且振动规律相同，其中各主跨跨中截面垂向加速度和横向加速度最大值分别为 0.061m/s²、0.015m/s²，两边跨跨中截面垂向加速度和横向加速度最大值分别为 0.019m/s²、0.004m/s²，均远小于规范限值。对比主梁主跨及边跨动力响应可知，边跨部分动力响应明显小于主跨部分动力响应，考虑其跨径导致刚度差异，这可能是列车自重引起主梁下沉变形增大了桥梁结构的动力响应。这表明桥梁跨径的增大会给高速行车引发的主梁振动带来不利影响。

塔顶、墩顶的动力响应时程特性明显，与列车过桥时的实时位置紧密相关。塔顶顺桥向挠曲大致呈"前摆—归原—后摆—归原"的变化过程。这是由于斜拉索的连接，主塔两侧主梁的先、后下沉带动主塔顶部在顺桥向上产生变形，该变形最大值为 5.13mm。目前没有规范明确规定大跨度混凝土斜拉桥塔顶顺桥向位移的限值，但考虑本桥为半漂浮体系以及索、塔、梁之间的相互连接，结合本桥支座对主梁在顺桥方向最小±150mm 的活动位移，可以判断塔顶在顺桥方向的位移变形值属较小范围，满足高速行车要求；塔顶顺桥向振动加速度随该方向位移不断增大而振动加剧，其中 248 号、252 号主塔在列车过桥时振动最为剧烈，其最大值为 0.021m/s²，参考桥梁垂向加速度和横向加速度限值，该动力响应属小振动范围。

墩顶横向挠曲呈"挠动—归原"的一般变化过程，该波动持续时间较长，其中 250 号中墩墩顶横向位移最大，为 1.83mm，小于规范值 2.0mm。墩顶横向加速度同样在 250 号中墩处振动最为强烈，这是由中墩上部为固定支座，该处主梁活动位移被限制引起的，其最大值为 0.008m/s²，满足规范要求。

提取各行车速度下桥梁各结构动力学响应最值，汇总如表 3-26 所示。桥梁动力响应指标评价表如表 3-27 所示。

由表 3-26 和表 3-27 中的数据可以得出，在组合不平顺激励下，桥梁动力响应的特点及规律如下。

（1）从增长趋势来看，桥梁各动力响应最值与行车速度同样呈正相关变化趋势，尤其在行车速度为 350～400km/h 时，主梁及塔顶处各动力响应指标增幅显著。这表明列车高速通过桥梁时会大幅度加剧桥梁的振动。

（2）从各动力响应指标限值来看，在位移变形方面，在行车速度为 400km/h 条件下，主梁跨中截面横向位移最大值为 7.30mm、墩顶横向位移最大值为 1.94mm，均接近规范限值。在加速度方面，桥梁各动力响应最值均远小于规范限值，其缓冲余量充足。整体来看，在上述工况下，桥梁各动力响应主要以位移变形为控制变量，400km/h 的检算行车速度能够满足桥梁各动力响应相关规范要求，而列车在以 350km/h 设计行车速度通过长清黄河特大桥时引起的桥梁振动不会造成桥梁结构的破坏。

表 3-26 桥梁动力响应汇总表

车速 (km/h)	主梁主跨跨中截面 横向位移/mm	主梁主跨跨中截面 垂向位移/mm	主梁边跨跨中截面 横向位移/mm	主梁边跨跨中截面 垂向位移/mm	主梁主跨跨中截面 横向加速度/(m/s²)	主梁主跨跨中截面 垂向加速度/(m/s²)	主梁边跨跨中截面 横向加速度/(10⁻³ m/s²)	主梁边跨跨中截面 垂向加速度/(m/s²)	塔顶 顺桥向位移/mm	塔顶 顺桥向加速度/(m/s²)	墩顶 横向位移/mm	墩顶 横向加速度/(10⁻³ m/s²)
250	6.66	32.86	0.48	2.82	0.011	0.051	2.279	0.012	5.03	0.014	1.74	6.074
300	6.90	33.78	0.48	2.85	0.012	0.056	3.232	0.015	5.05	0.017	1.80	7.345
350	7.14	34.02	0.48	2.87	0.015	0.061	3.920	0.019	5.13	0.021	1.83	8.347
400	7.30	34.86	0.49	2.98	0.017	0.080	5.682	0.029	5.372	0.028	1.94	9.852

表 3-27 桥梁动力响应指标评价表

车速 (km/h)	主梁主跨跨中截面 横向位移/mm	主梁主跨跨中截面 垂向位移/mm	主梁边跨跨中截面 横向位移/mm	主梁边跨跨中截面 垂向位移/mm	主梁主跨跨中截面 横向加速度/(m/s²)	主梁主跨跨中截面 垂向加速度/(m/s²)	主梁边跨跨中截面 横向加速度/(10⁻³ m/s²)	主梁边跨跨中截面 垂向加速度/(m/s²)	塔顶 顺桥向位移/mm	塔顶 顺桥向加速度/(m/s²)	墩顶 横向位移/mm	墩顶 横向加速度/(10⁻³ m/s²)
250	满足	满足	满足	满足	满足	满足	满足	满足	满足	满足	满足	满足
300	满足	满足	满足	满足	满足	满足	满足	满足	满足	满足	满足	满足
350	满足	满足	满足	满足	满足	满足	满足	满足	满足	满足	满足	满足
400	满足	满足	满足	满足	满足	满足	满足	满足	满足	满足	满足	满足

（3）综合车辆与桥梁各动力响应分析结果，在 250～400km/h 行车速度下，车辆与桥梁各动力响应符合大跨度桥梁车-桥耦合振动的一般规律，其中以 350km/h 设计行车速度过桥时，各动力响应数据均处于优良水平，满足相关规范要求，初步验证了在大跨度混凝土斜拉桥上铺设无砟轨道及 350km/h 高速行车的可行性。

3. 无砟轨道动力响应分析

根据车-桥耦合系统动力响应计算结果，可认为主梁主跨跨中截面的变形与振动幅值最大。故选取全桥主梁主跨跨中截面上部无砟轨道结构为主要研究对象，取行车速度为 350km/h，对桥上无砟轨道的变形及振动特点进行分析。

提取主梁主跨跨中截面上部无砟轨道结构中钢轨垂向位移、横向位移及垂向加速度、横向加速度，道床板垂向位移、横向位移及垂向加速度、横向加速度，底座板垂向位移、横向位移及垂向加速度、横向加速度，凸台纵向力、横向力时程曲线图，如图 3-76～图 3-89 所示。

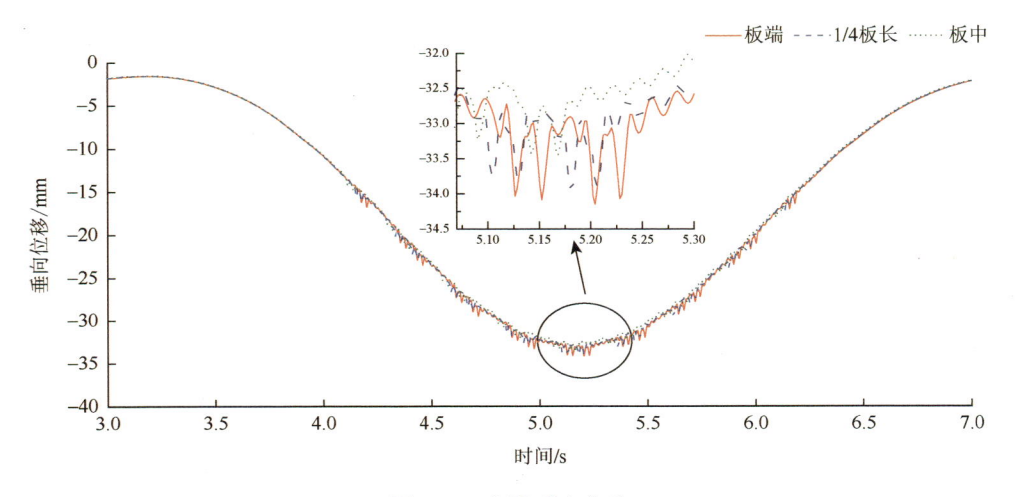

图 3-76 钢轨垂向位移

由图 3-76～图 3-81 可以得出，当列车行驶通过桥梁主跨跨中截面时，上部的无砟轨道结构在列车动载的作用下与主梁协同变形，其变形规律及特点如下。

（1）CRTS Ⅲ型板式无砟轨道在桥上为单元式的轨道结构，存在板缝，因此其附近支承刚度存在突变。钢轨、道床板及底座板的位移变形幅值在板端位置取最大，1/4 板长处次之，板中位置则相对最小。

（2）对比钢轨、道床板及底座板的垂向位移和横向位移，在列车车轮通过分析点时，钢轨的垂向位移和横向位移存在明显位移突出点，这主要是由于扣件系统提供弹性，其突出变化范围约为 1.2mm；而道床板及底座板的位移除随主梁协

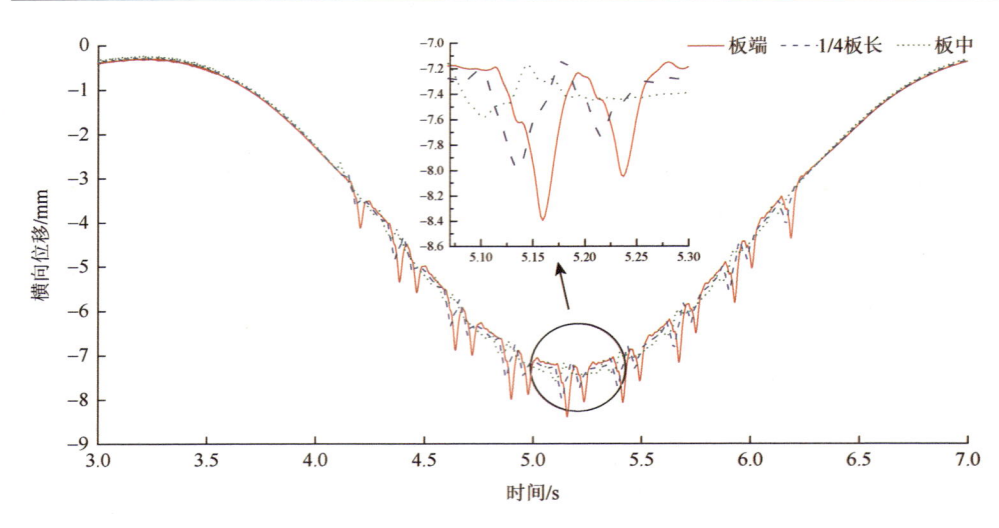

图 3-77 钢轨横向位移

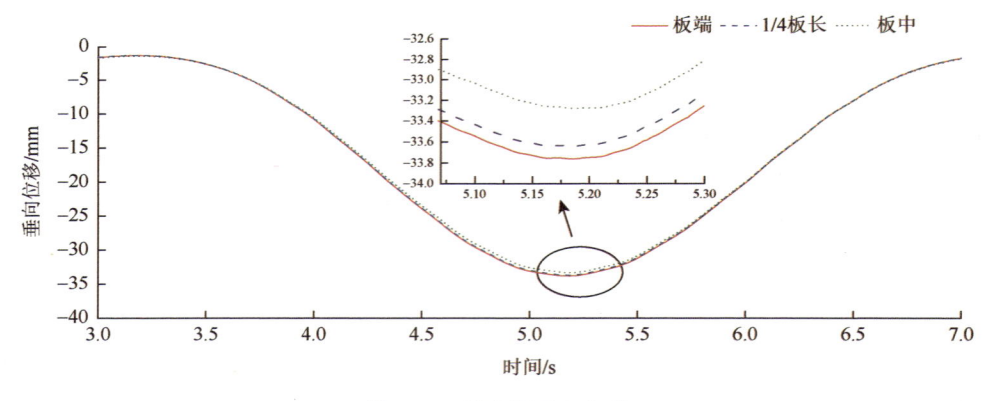

图 3-78 道床板垂向位移

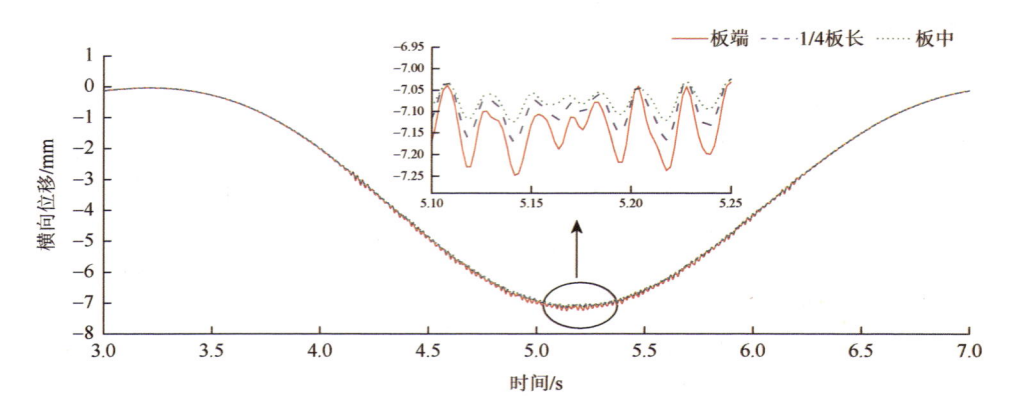

图 3-79 道床板横向位移

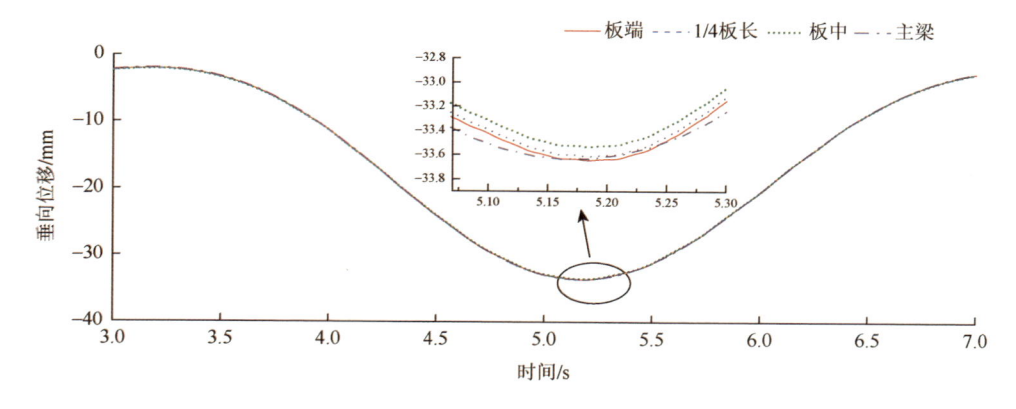

图 3-80 底座板垂向位移

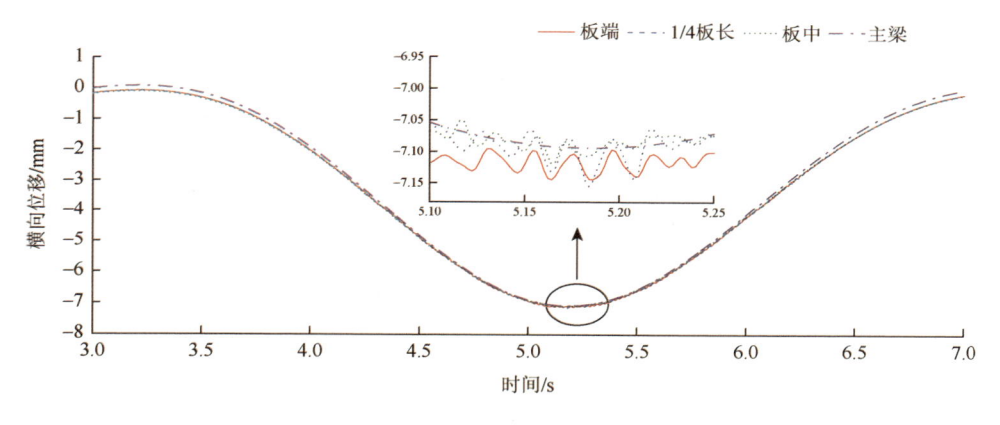

图 3-81 底座板横向位移

同变形之外，还在横向呈小幅度波动变化，且随结构层往下波动幅值逐步减小，道床板波动范围约为 0.2mm，底座板波动范围约为 0.05mm。

（3）选取板端位置为变形分析点，钢轨最大垂向位移和横向位移分别为 −34.15mm、−8.39mm；道床板最大垂向位移和横向位移分别为 −33.76mm、−7.25mm；底座板最大垂向位移和横向位移分别为 −33.65mm、−7.15mm；主梁跨中截面最大垂向位移和横向位移分别为 −33.64mm、−7.09mm。由此可知，轨道结构各方向位移均随结构层向下而不断减小。

（4）以主梁变形为基准，轨道各结构相对位移与结构层高度成正比，其中钢轨垂向和横向最大相对位移分别为 0.51mm、1.3mm；道床板垂向和横向最大相对位移分别为 0.12mm、0.16mm；底座板垂向和横向最大相对位移分别为 0.01mm、0.06mm。除钢轨外，轨下结构的层间相对位移较小，有利于凸台的纵向和横向受力，主梁跨中截面上部无砟轨道结构整体处于比较稳定的状态。

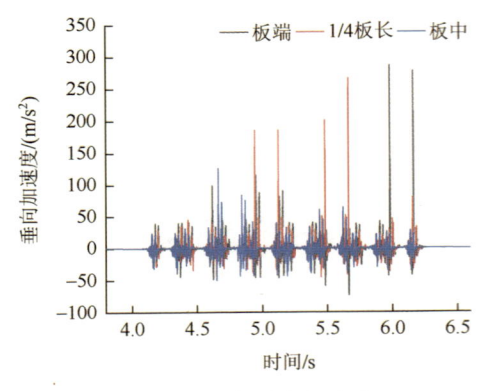

图 3-82 钢轨垂向加速度

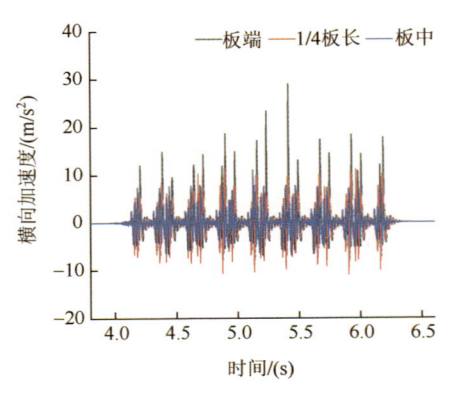

图 3-83 钢轨横向加速度

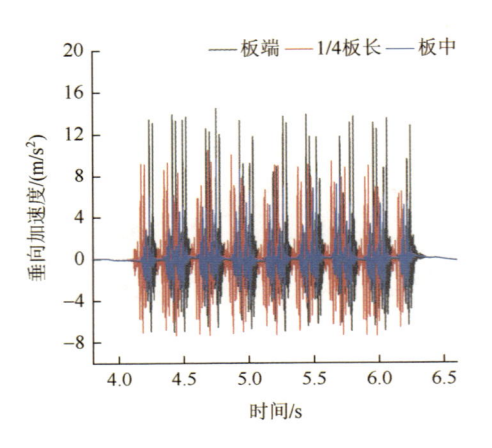

图 3-84 道床板垂向加速度

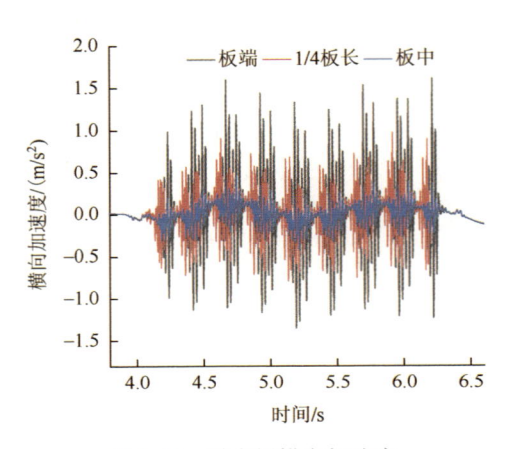

图 3-85 道床板横向加速度

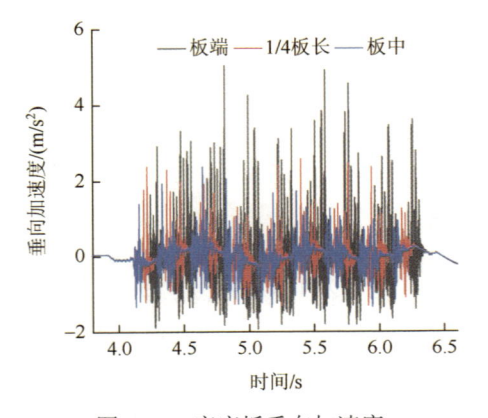

图 3-86 底座板垂向加速度

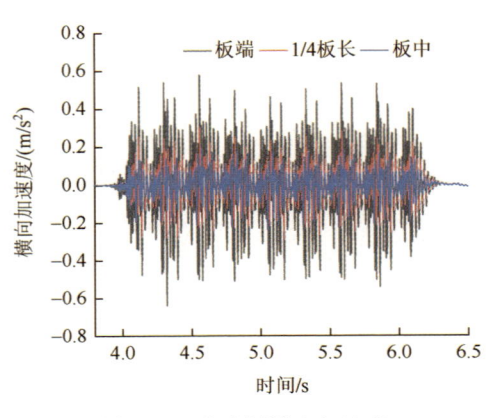

图 3-87 底座板横向加速度

由图 3-82～图 3-87 可以得出，当列车行驶通过桥梁主跨跨中截面时将引起上部的无砟轨道结构振动，其振动规律及特点如下。

（1）轨道各结构在板端、1/4 板长、板中位置的振动规律同变形规律一致。其中板端振动最为剧烈，1/4 板长处次之，板中位置则相对平缓。该规律在钢轨垂向加速度和横向加速度上十分明显。

（2）在列车车轮通过分析点时，轨道各结构的垂向加速度和横向加速度均存在突增点，其中在钢轨处最为明显，经结构层向下传递后，结构受振面积增大，振动连续性增大，但波动幅值不断减小，振动逐渐消减。

（3）选取板端位置为振动分析点，钢轨最大垂向加速度和横向加速度分别为 285.83m/s²、28.90m/s²；道床板最大垂向加速度和横向加速度分别为 14.46m/s²、1.61m/s²；底座板最大垂向加速度和横向加速度分别为 5.03m/s²、0.64m/s²，各结构加速度最大值同样随结构层往下而逐步减小。其中，钢轨的最大垂向加速度和横向加速度为轨道板的 15～20 倍，振动幅值存在量级差别，说明扣件系统的减振作用明显；轨道板的最大垂向加速度和横向加速度为底座板的 2.5～3 倍，轨道板与底座板结构层间的振动加速度衰减无量级差别，说明隔离垫层的缓冲及振动向下传递时结构自身具有分散作用。

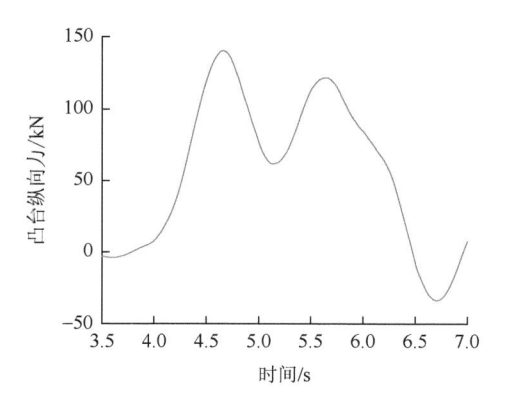

图 3-88 凸台纵向力

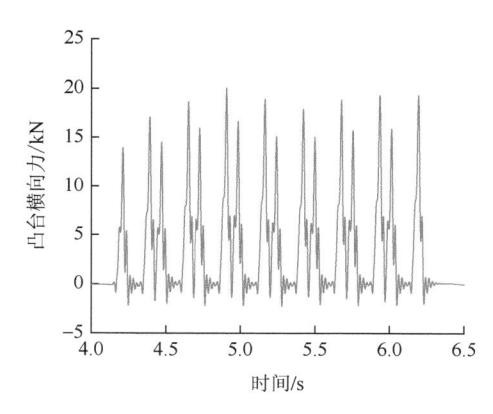

图 3-89 凸台横向力

由图 3-88 和图 3-89 可知，凸台纵向力整体呈增、减二次交替的变化趋势，在列车进入和驶离计算分析点时，凸台受到的纵向力较大，最大值为 151.71kN；对于凸台横向力，主要是由列车的横向摆动引起并通过轮轨关系传递至下部轨道结构，其变化规律与轨道结构横向振动规律相近，在各节列车经过计算分析点时，凸台横向力呈先突增、后骤减的多次循环振动形式，最大值为 20.06kN。

上述计算得到的凸台纵向力和横向力与实际运营中凸台受到的纵向力和横向

力相比是偏小的。这是因为模型在考虑温度对桥梁-轨道系统作用时，仅引入了温度作用下桥梁-轨道系统的长波不平顺曲线，而未对温度引起的凸台力进行赋值。因此，上述计算结果仅为列车活载引起的凸台受力，从该角度评价，单个凸台的纵向力和横向力处于合理范围。

3.4.4 无砟轨道结构参数对动力性能的影响

1. 缓冲隔离垫层刚度对桥梁-轨道系统动力性能的影响

缓冲隔离垫层是桥上 CRTS Ⅲ型板式无砟轨道结构层间重要的部件，它通过分隔轨道板与底座板，允许两者之间产生一定的相对位移，尤其是在大跨度桥梁上铺设无砟轨道时。当桥梁发生几何变形时，轨道结构与桥梁之间可以产生相对运动，从而减小桥梁对桥上线路线形的影响。此外，缓冲隔离垫层还有一个重要作用就是为结构层间提供一定的弹性，减缓振动的向下传递。因此，本节将考虑缓冲隔离垫层的减振性能，扣件垂向刚度取 50kN/mm，保持其他参数不变，缓冲隔离垫层支承刚度分别取 0.01N/mm³、0.02N/mm³、0.04N/mm³、0.06N/mm³、0.08N/mm³、0.10N/mm³、0.12N/mm³、0.13N/mm³ 进行计算，并提取上述各刚度下轨道、桥梁各结构的动力响应指标，如表 3-28 所示。

表 3-28 不同缓冲垫层支承刚度下轨道结构动力响应指标汇总表

指标	缓冲隔离垫层支承刚度							
	0.01N/mm³	0.02N/mm³	0.04N/mm³	0.06N/mm³	0.08N/mm³	0.10N/mm³	0.12N/mm³	0.13N/mm³
钢轨垂向位移/mm	35.17	35.15	35.10	35.08	35.00	34.82	34.80	34.79
钢轨横向位移/mm	8.46	8.44	8.44	8.44	8.44	8.43	8.42	8.42
钢轨垂向加速度/(m/s²)	242.71	284.25	287.56	290.63	300.91	236.90	239.56	241.81
钢轨横向加速度/(m/s²)	21.97	29.28	31.78	32.88	30.71	28.82	29.21	29.35
道床板垂向位移/mm	34.78	34.77	34.67	34.63	34.54	34.36	34.32	34.31
道床板横向位移/mm	7.32	7.31	7.31	7.30	7.30	7.29	7.28	7.28
道床板垂向加速度/(m/s²)	13.78	13.74	13.51	13.03	13.45	12.25	12.34	12.45
道床板横向加速度/(m/s²)	1.57	1.55	1.55	1.55	1.56	1.52	1.53	1.53
底座板垂向位移/mm	34.44	34.41	34.38	34.38	34.35	34.27	34.25	34.24
底座板横向位移/mm	7.19	7.19	7.19	7.19	7.18	7.18	7.18	7.18
底座板垂向加速度/(m/s²)	4.59	4.58	4.50	4.35	4.48	4.08	4.12	4.25

续表

指标	缓冲隔离垫层支承刚度							
	0.01N/mm³	0.02N/mm³	0.04N/mm³	0.06N/mm³	0.08N/mm³	0.10N/mm³	0.12N/mm³	0.13N/mm³
底座板横向加速度/(m/s²)	0.04	0.04	0.04	0.04	0.04	0.04	0.04	0.04
主梁垂向位移/mm	34.35	34.35	34.35	34.35	34.29	34.24	34.22	34.22
主梁横向位移/mm	7.12	7.13	7.13	7.12	7.13	7.13	7.13	7.13
主梁垂向加速度/(cm/s²)	4.70	4.40	4.40	4.40	4.30	4.70	5.00	5.10
主梁横向加速度/(cm/s²)	0.30	0.30	0.20	0.30	0.20	0.30	0.30	0.30
凸台纵向力/kN	146.11	146.11	145.44	145.38	144.87	144.82	144.80	144.79
凸台横向力/kN	19.90	19.80	19.73	19.70	19.67	19.65	19.63	19.62

由表 3-28 中的数据可以看出，各结构垂向位移均随着缓冲隔离垫层刚度的增大而减小。其中对钢轨、道床板的垂向位移影响较为明显，尤其是在缓冲隔离垫层刚度为 0.06～0.10N/mm³ 时，二者垂向位移减少约 0.27mm，分别占总位移差的 69%、58%；底座板、主梁在整个区间的垂向位移差仅为 0.2mm、0.14mm，降幅小于 1%，作为自密实混凝土与底座板之间的结构物，缓冲隔离垫层刚度变化对垫层下部结构的垂向变形影响相对较小；随着缓冲隔离垫层刚度的增加，道床板与板下结构的垂向位移差逐渐减小，变形协同性增加。

图 3-90 和图 3-91 展现了不同缓冲隔离垫层刚度下结构的垂向位移和横向位移。

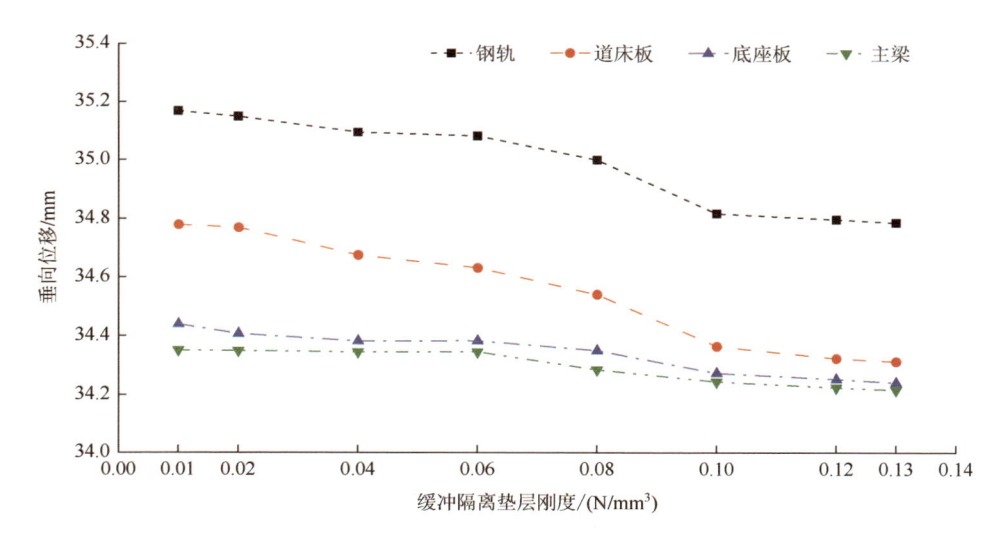

图 3-90 不同缓冲隔离垫层刚度下结构的垂向位移

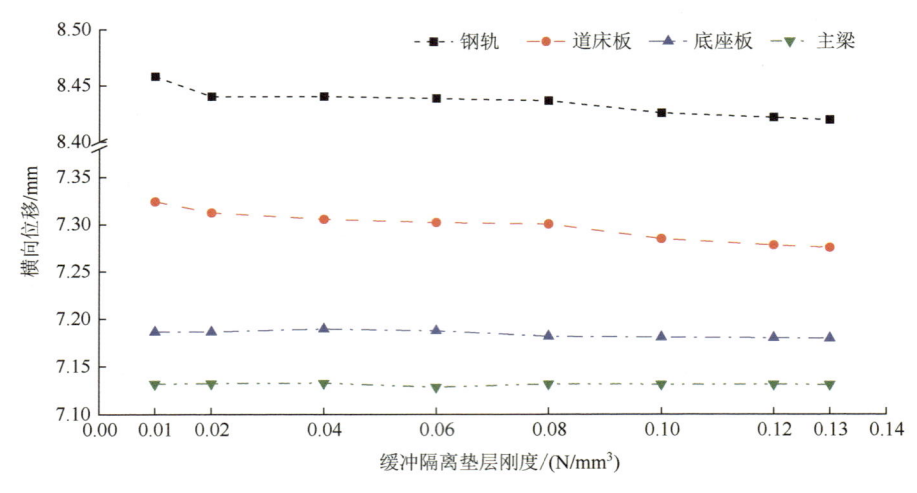

图 3-91　不同缓冲隔离垫层刚度下结构的横向位移

由图 3-90 和图 3-91 可以看出，各结构横向位移与缓冲隔离垫层刚度大致呈反比例关系。在整个区间内，钢轨及道床板的横向位移降幅分别约为 5%、7%，而底座板、主梁的横向位移降幅仅为 1% 左右。上述结果表明，缓冲隔离垫层刚度大小仅对垫层上部结构横向位移变形存在一定影响，而对垫层下部结构的横向变形几乎无影响；从量级来看，缓冲隔离垫层刚度对各结构横向位移变形的影响程度较小。这主要是因为缓冲隔离垫层对自密实混凝土与底座板的横向位移无约束作用。

图 3-92 和图 3-93 所示为不同缓冲隔离垫层刚度下结构的垂向加速度和横向加速度。

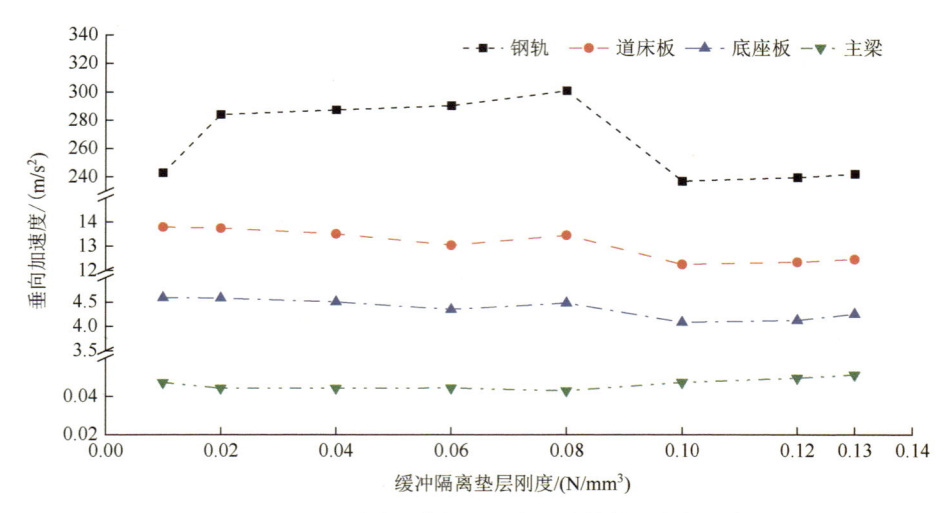

图 3-92　不同缓冲隔离垫层刚度下结构的垂向加速度

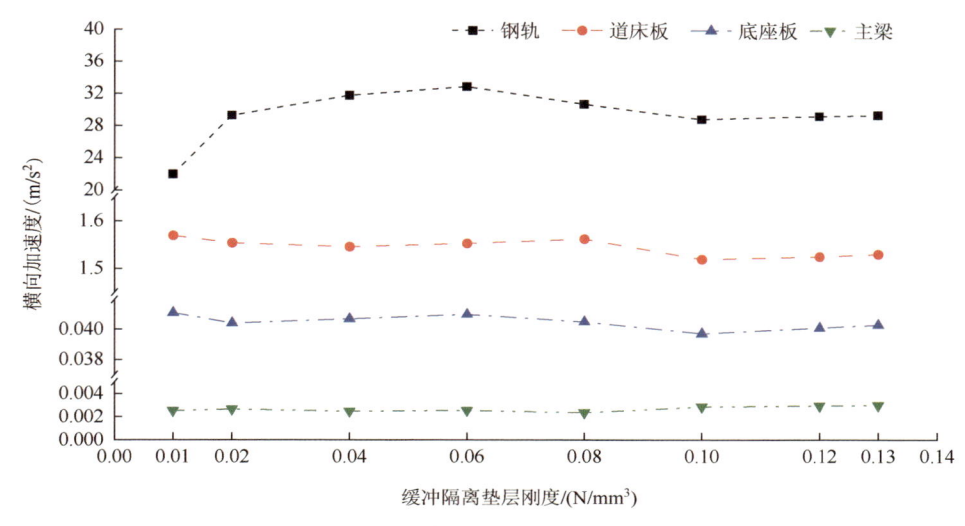

图 3-93　不同缓冲隔离垫层刚度下结构的横向加速度

由图 3-92 可以看出，缓冲隔离垫层刚度变化对钢轨的垂向加速度影响最为明显，钢轨垂向加速度随缓冲隔离垫层刚度的增大呈先增后减再平稳的变化趋势。在缓冲隔离垫层刚度取 0.02～0.08N/mm³ 时，钢轨垂向振动较为剧烈，尤其从 0.08N/mm³ 增大至 0.1N/mm³ 的区间内，钢轨垂向加速度从 300.91m/s² 降至 236.90m/s²，其差值为 64.01m/s²，降幅约为 21%。而在缓冲隔离垫层刚度超过 0.1N/mm³ 后，钢轨垂向加速度变化趋于平稳，可见，缓冲隔离垫层刚度超过一定大小后，对钢轨的垂向振动影响逐步减小；道床板、底座板垂向加速度随缓冲隔离垫层的刚度变化存在一定波动变化，在缓冲隔离垫层刚度在 0.06～0.1N/mm³ 区间内时变化相对较大，但二者最大增幅和降幅均小于 4%。由此可见，缓冲隔离垫层刚度对道床板、底座板的垂向振动影响有限，而缓冲隔离垫层的刚度变化对主梁的垂向振动几乎无影响。

由图 3-93 可以看出，缓冲隔离垫层刚度的增大将使钢轨横向振动呈先增后减再平稳的变化过程。在缓冲隔离垫层刚度取 0.02～0.08N/mm³ 时，钢轨横向振动较为剧烈，钢轨横向加速度在缓冲隔离垫层刚度取 0.06N/mm³ 时达到最大，为 32.88m/s²，同样在缓冲隔离垫层刚度超过 0.1N/mm³ 后，钢轨横向加速度变化趋于平稳；在整个区间内，钢轨横向加速度差值为 10.91m/s²，占比约为 1/3，说明缓冲隔离垫层刚度改变对钢轨的横向振动存在较大影响；对于道床板的横向加速度，仅在缓冲隔离垫层刚度在 0.06～0.1N/mm³ 区间内时呈现较为明显的变化，其最大增幅和降幅均小于 3%，而缓冲隔离垫层刚度变化对底座板、主梁的横向振动几乎无影响。

如图 3-94 所示为不同缓冲隔离垫层刚度下的凸台纵向力和横向力。

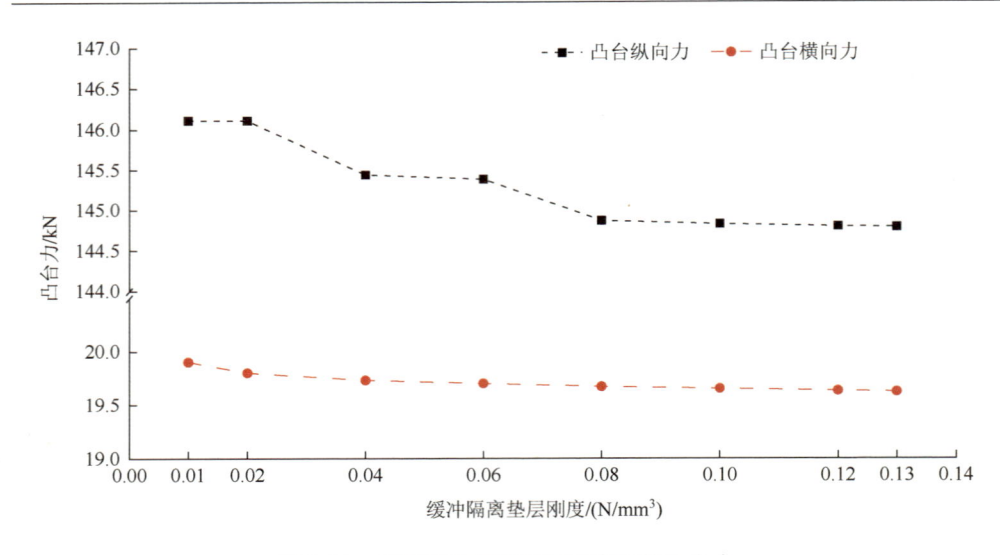

图 3-94　不同缓冲隔离垫层刚度下的凸台力

由图 3-94 可以看出，凸台纵向力和横向力均随着缓冲隔离垫层刚度的增大而不断减小，这主要是因为缓冲隔离垫层刚度减小会引起钢轨及轨下结构位移增大，凸台作为桥上 CRTS Ⅲ型板式无砟轨道在纵向和横向的主要限位结构，其纵向力和横向力与结构层间相对位移直接相关；在整个区间内，凸台纵向力降低 1.33kN，其中凸台纵向力在缓冲隔离垫层刚度在 0.02~0.08N/mm³ 区间内时下降明显，其差值为 1.24kN，占总纵向力降低幅值的 94%；而对于凸台横向力，在整个区间内，其下降趋势较为平缓，凸台横向力最大差值为 0.28kN，降幅小于 2%。从凸台纵向力和横向力整体降幅来看，缓冲隔离垫层刚度的改变对凸台的纵向受力影响更大。

2. 扣件刚度对桥梁-轨道系统动力性能的影响

扣件作为钢轨与轨枕的联结部件，除锁定钢轨外，还起到传递和分散列车荷载的作用。对于桥上 CRTS Ⅲ型板式无砟轨道，扣件中的弹条和轨下垫板是为轨道结构提供弹性的主要部件。其中，合理的扣件刚度能够有效降低列车高速行驶时给轨道结构及下部桥梁带来的振动，提高行车安全性和舒适性，延长桥梁、轨道结构的使用寿命。因此，本节保持扣件纵向刚度、横向刚度及其他参数不变，分别取扣件垂向刚度为 20kN/mm、30kN/mm、40kN/mm、50kN/mm、60kN/mm、70kN/mm、80kN/mm 进行计算，并提取上述扣件刚度下轨道、桥梁各结构的动力响应，如图 3-95～图 3-99 所示，汇总如表 3-29 所示。

第3章 大跨桥上铺设无砟轨道力学特性分析

表 3-29 不同扣件垂向刚度下轨道结构动力响应指标汇总表

指标	扣件垂向刚度						
	20kN/mm	30kN/mm	40kN/mm	50kN/mm	60kN/mm	70kN/mm	80kN/mm
钢轨垂向位移/mm	36.67	35.84	35.46	34.82	34.72	34.35	34.15
钢轨横向位移/mm	8.60	8.49	8.44	8.43	8.43	8.40	8.39
钢轨垂向加速度/(m/s^2)	272.80	264.94	239.45	236.94	266.67	251.72	285.83
钢轨横向加速度/(m/s^2)	28.03	29.35	29.62	28.82	30.62	29.23	28.90
道床板垂向位移/mm	35.93	35.27	34.92	34.36	34.24	33.91	33.76
道床板横向位移/mm	7.15	7.12	7.11	7.09	7.08	7.05	7.05
道床板垂向加速度/(m/s^2)	10.21	10.83	11.47	12.25	12.91	13.74	14.46
道床板横向加速度/(m/s^2)	1.40	1.46	1.5	1.52	1.53	1.54	1.61
底座板垂向位移/mm	35.89	35.20	34.84	34.27	34.17	33.86	33.65
底座板横向位移/mm	7.26	7.25	7.21	7.19	7.17	7.16	7.15
底座板垂向加速度/(m/s^2)	3.62	3.86	4.12	4.36	4.52	4.77	5.03
底座板横向加速度/(m/s^2)	0.60	0.59	0.60	0.61	0.61	0.61	0.64
主梁垂向位移/mm	35.84	35.16	34.80	34.24	34.14	33.83	33.64
主梁横向位移/mm	7.19	7.17	7.16	7.13	7.13	7.10	7.09
主梁垂向加速度/(cm/s^2)	2.40	3.00	4.00	4.70	5.50	6.00	6.40
主梁横向加速度/(cm/s^2)	0.20	0.20	0.30	0.30	0.30	0.30	0.30
凸台纵向力/kN	158.40	151.72	147.65	144.84	142.92	141.37	140.33
凸台横向力/kN	18.98	19.35	19.46	19.65	19.86	19.98	20.06

如图 3-95 和图 3-96 所示分别为不同扣件垂向刚度下的钢轨垂向位移和横向位移。

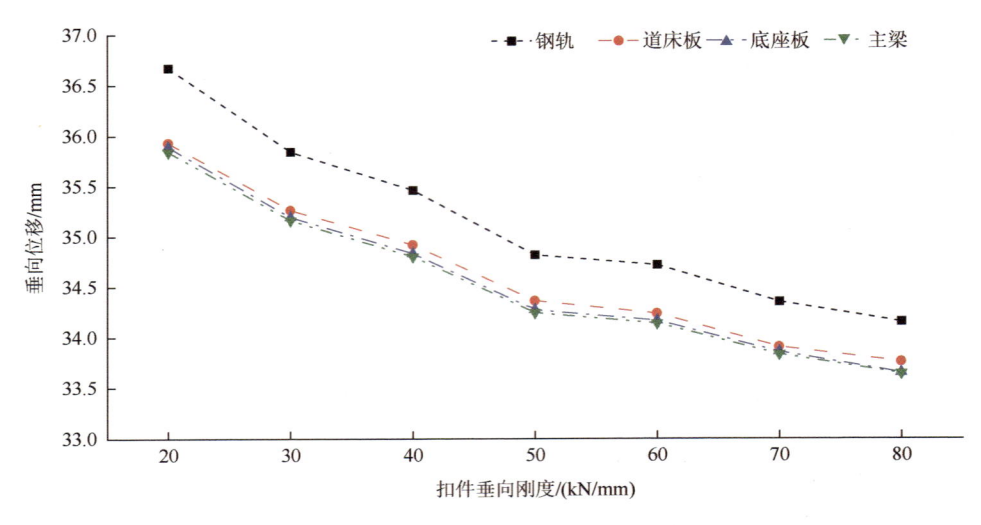

图 3-95　不同扣件垂向刚度下结构的垂向位移

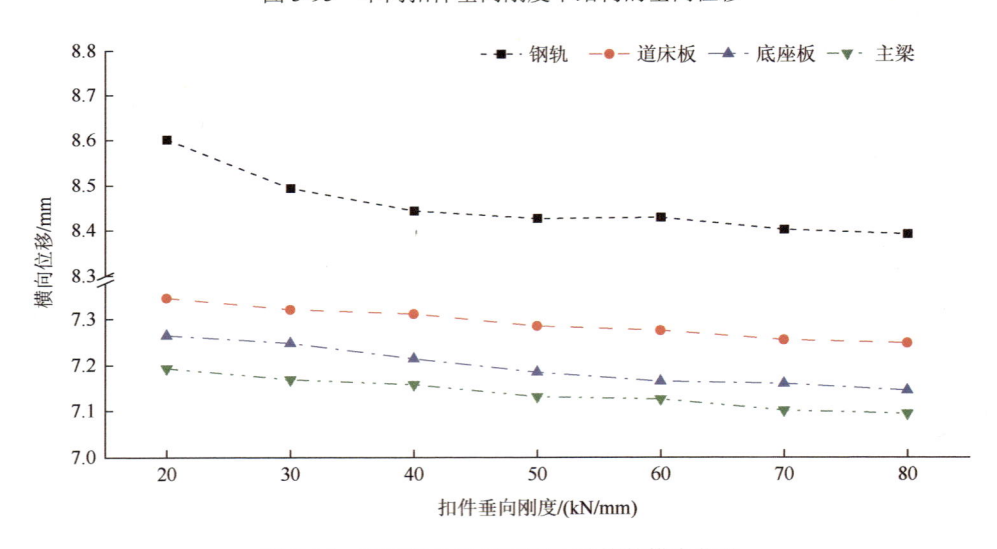

图 3-96　不同扣件垂向刚度下结构的横向位移

由图 3-95 可以看出，钢轨垂向位移相对较大，而道床板、底座板、主梁垂向位移比较接近，波动变化符合各结构间的相对位移差值；当扣件垂向刚度增加时，各结构垂向最大位移均呈下降趋势，其中在扣件垂向刚度为 20～80kN/mm 时，道床板、底座板、主梁垂向位移差约为 2.17mm、2.24mm、2.2mm，均在 2.2mm 附近波动，小于钢轨最大垂向位移差 2.52mm，说明扣件垂向刚度改变对钢轨的影响程度大于轨下结构；在扣件垂向刚度为 20～50kN/mm 时，各结构垂向位移幅值下降明显，其降幅为最大降低位移幅值的 72%～73%，说明扣件刚度过小会对线路平顺性带来不利影响。此外，钢轨、道床板、底座板及主梁垂向位移差占比为各结构自身垂向位移的 6%～7%。由此可知，当扣件垂向刚度改变时，桥梁、轨道结构在垂向的位移变形表现出较强的敏感性。

由图 3-96 可以看出，各结构横向位移随扣件垂向刚度的增加而减小，其中钢轨的横向变形明显大于轨下结构横向变形；在整个区间内，考虑各结构横向位移变化差值，钢轨约为 0.21mm，道床板、底座板及主梁约为 0.1mm，即扣件垂向刚度变化对钢轨的横向位移影响最大；在扣件垂向刚度为 20～30kN/mm 时，钢轨横向位移减少约 0.11mm，降幅超总位移差的 50%，说明过小的扣件刚度不利于维持轨距的稳定，严重时可能会对行车安全性造成影响。从整体来看，对比各结构在横向的位移差与自身位移的比例关系，除钢轨外，扣件垂向刚度改变对轨下结构的横向位移变形影响较小。

图 3-97、图 3-98 所示分别为不同扣件垂向刚度下结构的垂向加速度和横向加速度。

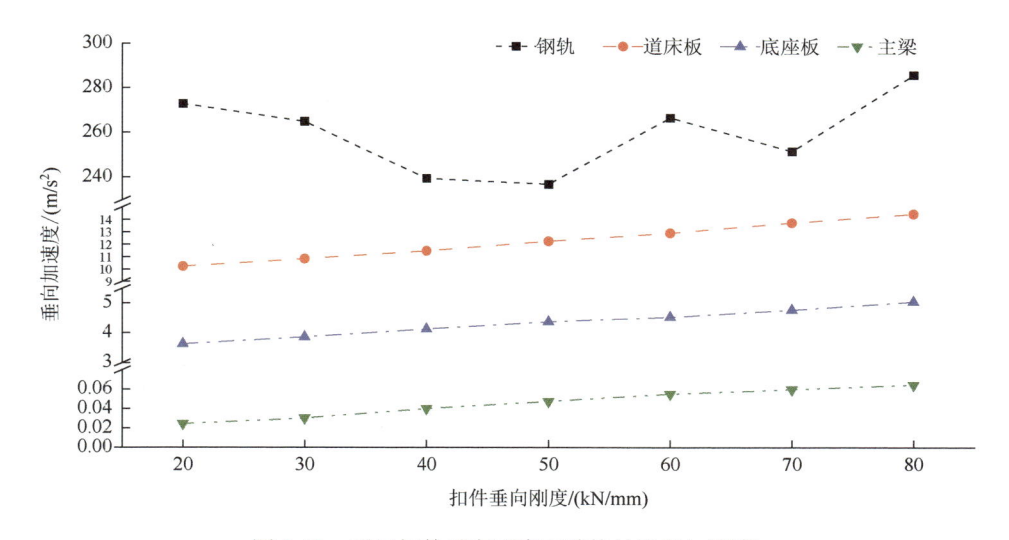

图 3-97　不同扣件垂向刚度下结构的垂向加速度

由图 3-97 可以看出，随着扣件垂向刚度的增大，钢轨垂向加速度呈现下降上升交替变化的趋势。在扣件垂向刚度为 40～50kN/mm 时，钢轨垂向振动较小，其加速度为 236.94～239.45m/s^2，表明扣件刚度过大或过小都会给钢轨垂向振动带来不利影响；轨下结构的垂向加速度随扣件垂向刚度的增大而增大，其中道床板垂向加速度增大约 4.25m/s^2，增幅约占总加速度差的 41%，底座板垂向加速度增大约 1.41m/s^2，增幅约占总加速度差的 39%，由此可知，适宜的扣件垂向刚度对轨道结构的垂向减振方面起着重要作用；对于主梁，在整个区间内，虽然其垂向加

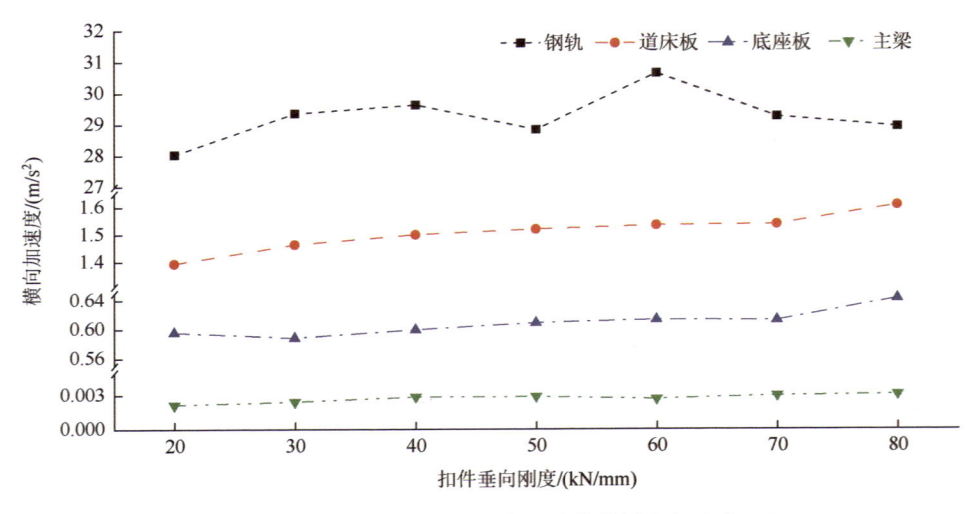

图 3-98　不同扣件垂向刚度下结构的横向加速度

速度增幅较大,但从加速度数值的量级上来看,其实际振动幅度较小,结构处于比较稳定的状态。

由图 3-98 可以看出,扣件垂向刚度的增大将使轨下结构的横向振动加剧,其增幅为 4%～7%;钢轨的横向加速度随扣件垂向刚度的增大呈现一个先增后减的波动趋势,在扣件垂向刚度为 40～50kN/mm 时,钢轨在横向的振动相对较小,最小值为 28.82m/s²;钢轨最大横向加速度差值为 2.59m/s²,占比约为自身横向加速度的 8%,所以从整个变化区间来看,扣件垂向刚度改变对轨道的横向振动存在一定的影响。

如图 3-99 所示为不同扣件垂向刚度下的凸台力。由图 3-99 可以看出,扣件垂向刚度的增大将显著减小凸台受到的纵向力,但纵向力降幅随扣件垂向刚度的增大而逐步减小。在整个区间内,凸台纵向力降低 18.06kN,降幅约为 11%。在扣件垂向刚度为 20～40kN/mm 时,凸台纵向力下降显著,其差值为 10.75kN,约占总纵向力差值的 59%;凸台横向力则随扣件垂向刚度的增大而减小,在整个区间内,凸台横向力增大 1.08kN,增幅约为 6%,在扣件垂向刚度为 20～30kN/mm 时增量最大,为 0.38kN,约占总横向力差值的 35%。从凸台纵向力和横向力的整体增、降幅度来看,相较于凸台横向受力,扣件垂向刚度的改变对凸台纵向受力的影响程度更大。

综上所述,本节采用桥上无砟轨道实际结构的车-轨-桥耦合系统动力分析模型,对无砟轨道结构的振动、变形特点及层间传递规律进行了分析,并考虑了扣件刚度、缓冲隔离垫层支承刚度对桥梁-轨道系统动力性能的影响,得出的主要结论如下:

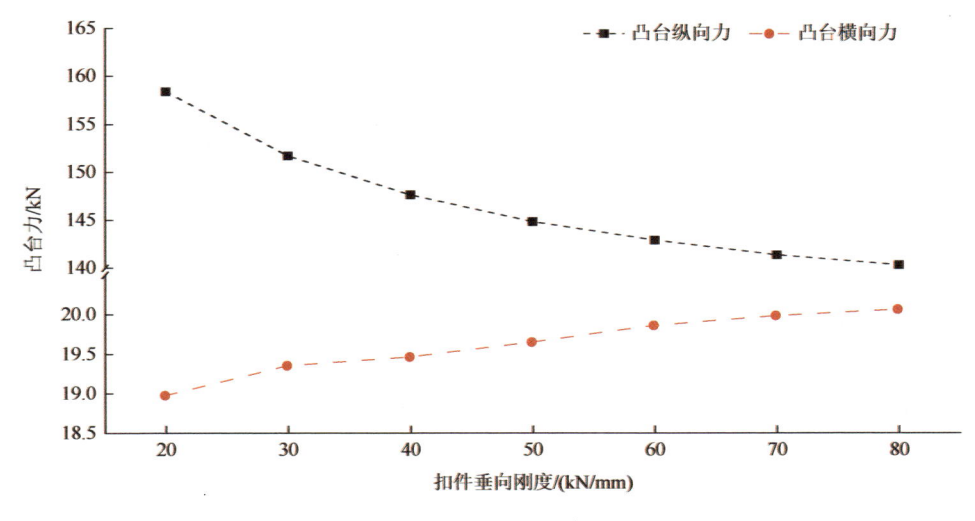

图 3-99　不同扣件垂向刚度下的凸台力

（1）列车经过主梁跨中位置时车辆动力响应取较大值，且动车的响应幅值普遍大于拖车。对于桥梁，在主梁主跨跨中、边跨主塔塔顶及中墩墩顶的变形较大，其振动较为剧烈。在 250~400km/h 行车速度下，车辆的安全性和舒适性、桥梁各位置的变形及振动加速度均满足对应指标要求，考虑温度作用下桥梁几何变形时，车-桥耦合系统整体动力性能良好，满足 350km/h 设计速度行车要求。

（2）对于桥上单元式无砟轨道，其动力响应与板缝距离成反比，尤其是在板缝处轨道变形最大，振动最为剧烈。梁、轨之间存在相对位移，导致凸台在纵向和横向受力，轨道各结构与主梁位移差值及波幅均随结构层向下而不断减小，其中钢轨垂向和横向最大位移差分别为 0.51mm、1.35mm，最大波动幅值约为 1.2mm。结构层间的振动传递规律与变形一致，其中钢轨加速度为轨道板的 15~20 倍，存在量级上的差别，轨道板加速度为底座板的 2.5~3 倍，振动接近，无量级差别。

（3）扣件垂向刚度变化对轨道结构层的影响程度随结构层向下而不断降低，桥梁-轨道系统在垂向的动力响应对扣件垂向刚度改变更为敏感。扣件刚度不宜过小，否则将对维持线路线形的稳定性和凸台受力带来不利影响，同时，当扣件垂向刚度过大时，则不利于振动向下传递。扣件垂向刚度为 40~50kN/mm 时，桥梁-轨道系统整体振动状态较为良好。

（4）缓冲隔离垫层刚度改变对垫层上部结构的动力响应具有较为明显的影响，对垫层下部的动力响应影响则相对较小。缓冲隔离垫层刚度过小会造成轨道结构层间相对变形增大，加剧轨道结构的振动，降低垫层缓冲、减振效具，同时对凸台在纵、横方向上的受力带来不利影响，而缓冲隔离垫层刚度超过 0.1N/mm^3 后，桥梁-轨道系统对刚度改变的敏感性较低，其动力响应变化缓慢。缓冲隔离垫层刚度取 0.1~0.12N/mm³ 时，桥梁、轨道结构整体处于相对良好的振动状态。

3.5 梁端伸缩一体化装置动力特性研究

当列车高速通过梁端伸缩一体化装置时，温度变形和梁端转角等都会使轮轨相互作用力增大，进而影响梁端伸缩一体化装置的安全性和行车舒适性。有必要研究梁端伸缩一体化装置对行车动力响应的影响，因此，本节采用精细化的梁端一体化装置开展相应的研究。

3.5.1 大跨度斜拉桥梁端精细化有限元模型

本节在已建立的轨道-桥梁一体化模型的基础上，将梁端一体化装置进行更精细化的建模。梁端伸缩一体化装置区域的长桁架枕和活动钢枕均采用基于 Timoshenko 梁理论的 3D 线性有限应变梁单元模拟，梁端伸缩一体化装置中长桁架枕下无砟道床采用板壳单元模拟。无砟道床与长桁架枕连接，无砟道床与桥面连接，活动钢枕与纵梁连接，梁端一体化装置的扣件采用弹簧单元进行模拟。大跨度斜拉桥梁端与引桥之间布置四组梁端伸缩一体化装置，其中一组装置的有限元模型如图 3-100 所示。

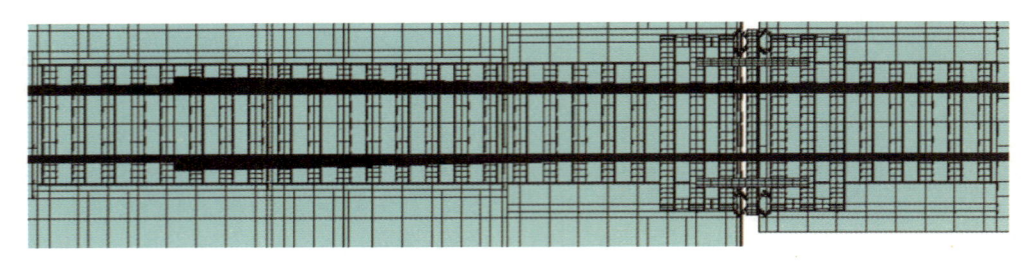

图 3-100 梁端伸缩一体化装置有限元模型图

在 UM 软件中建立钢轨伸缩调节器模型时，需对其关键横断面进行离散化处理。本书采用 B-样条插值法重构钢轨横断面型面，并将生成的.rpf 文件导入 UM 软件自带的钢轨横断面库，为后续变截面轨道建模做好准备。钢轨伸缩调节器的尖轨总长度为 11200mm，在距离尖轨前端 4900mm、6700mm、7900mm 和 8500mm 处分别设置 $E—E$、$F—F$、$G_1—G_1$ 和 $G_2—G_2$ 四个关键断面。考虑到左右钢轨廓形对称的特点，建模时只需导入左侧钢轨型面数据，通过镜像处理即可获得右侧钢轨型面。本书以 LMA 磨耗型踏面作为左侧钢轨的基准廓形，各关键断面的轮轨接触状态如图 3-101 所示。

(a) E—E截面

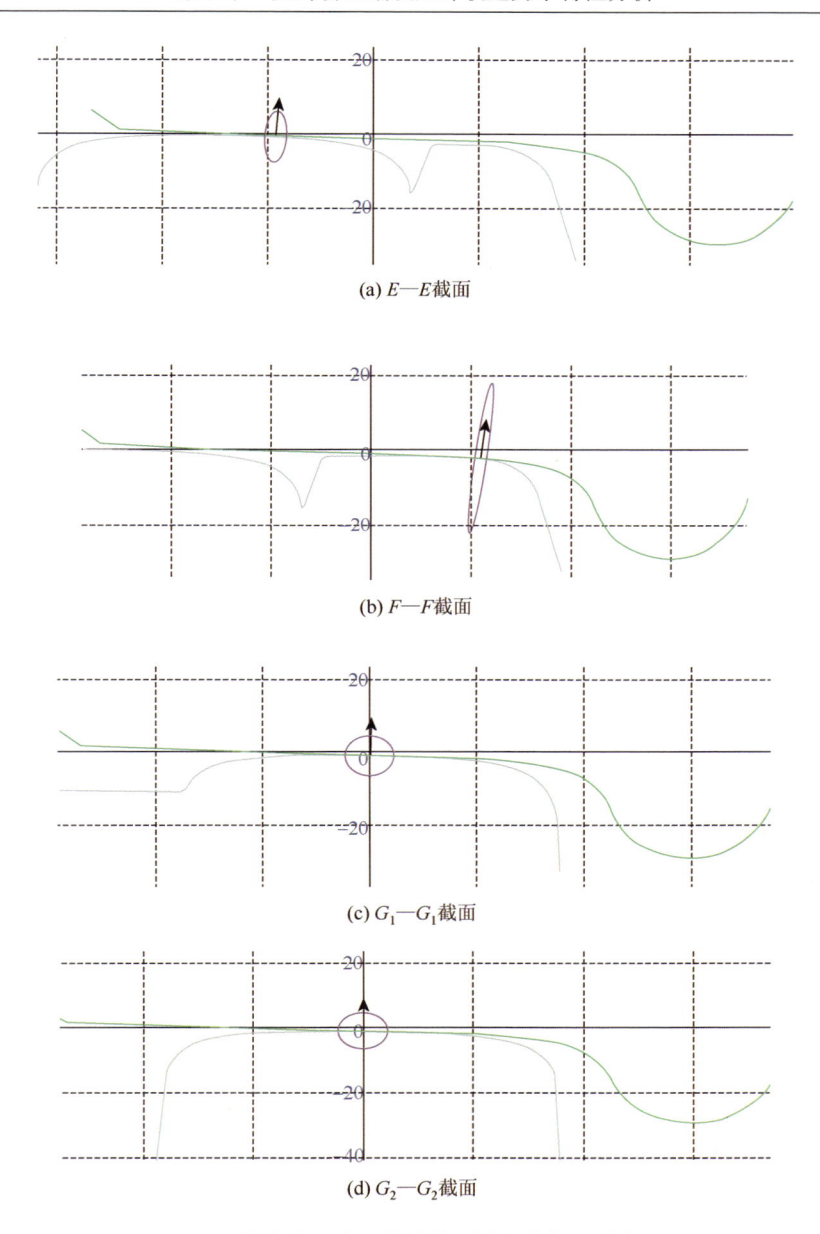

(b) F—F截面

(c) G_1—G_1截面

(d) G_2—G_2截面

图 3-101　钢轨伸缩调节器关键截面轮轨接触（单位：mm）

3.5.2　温度和梁端转角对桥上线路平顺性的影响

温度和梁端转角对轨道的平顺性都有较大影响。因此，本节通过改变温度和梁端转角，深入研究它们对桥上线路平顺性的影响，主要分析工况如下。

1. 温度荷载

升温工况：升温组合，斜拉索（+30℃），主梁（横向+10～+20℃，垂向 0～20℃），墩塔（横向+20～+25℃），轨道混凝土结构（+25℃），钢轨（+45.5℃）。

降温工况：考虑 50% 温度负效应降温组合，斜拉索（−35℃），主梁（横向−20～−15℃），墩塔（横向−22.5～−20℃），轨道混凝土结构（−27.5℃），钢轨（−46.1℃）。

2. 梁端转角

主桥梁端转角取为 1‰rad，分为下挠和反弯两种工况进行分析。

经过计算、整理后得出计算结果如下。

1）升温工况

在升温工况下，主桥梁端与引桥的垂向变形如图 3-102 所示。

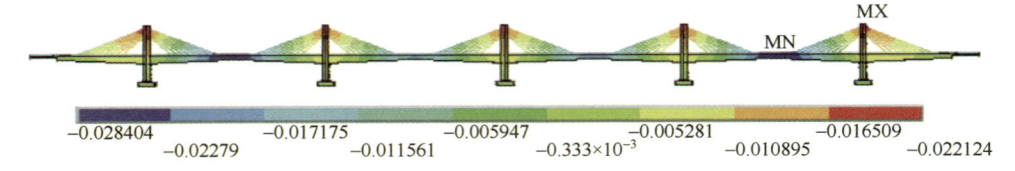

图 3-102 升温工况下主桥与引桥垂向变形图（单位：m）

MX 表示最大值出现的位置；MN 表示最小值出现的位置

由图 3-102 可以看出，在升温作用下，主桥梁端为反弯状态，引桥梁端为下挠状态。升温工况下桥梁垂向变形基本呈对称关系。为进一步说明梁端伸缩装置的影响，绘制左线的第一组梁端伸缩装置的纵向变形及垂向变形图，如图 3-103 所示。

(a) 纵向变形图

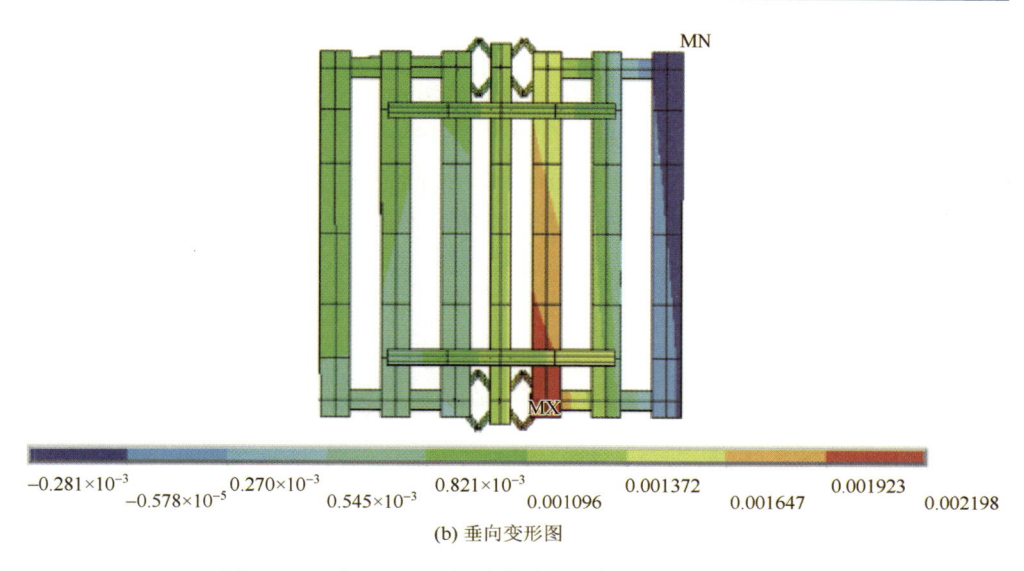

−0.281×10⁻³   −0.578×10⁻⁵   0.270×10⁻³   0.545×10⁻³   0.821×10⁻³   0.001096   0.001372   0.001647   0.001923   0.002198

(b) 垂向变形图

图 3-103 升温工况下梁端伸缩装置变形图（单位：m）

由图 3-103 可以看出，大跨度斜拉桥与引桥之间的梁缝压缩了 38mm，梁端伸缩一体化装置中梁缝左右轨枕高差最大为 1.7mm。同时，可以发现，距离桥梁中心线越大，其垂向变形也越大。

为更好地探究梁端位置处钢轨的主要变形，绘制出升温工况下主桥一跨和引桥区域的左线钢轨垂向和横向变形图，如图 3-104 所示。

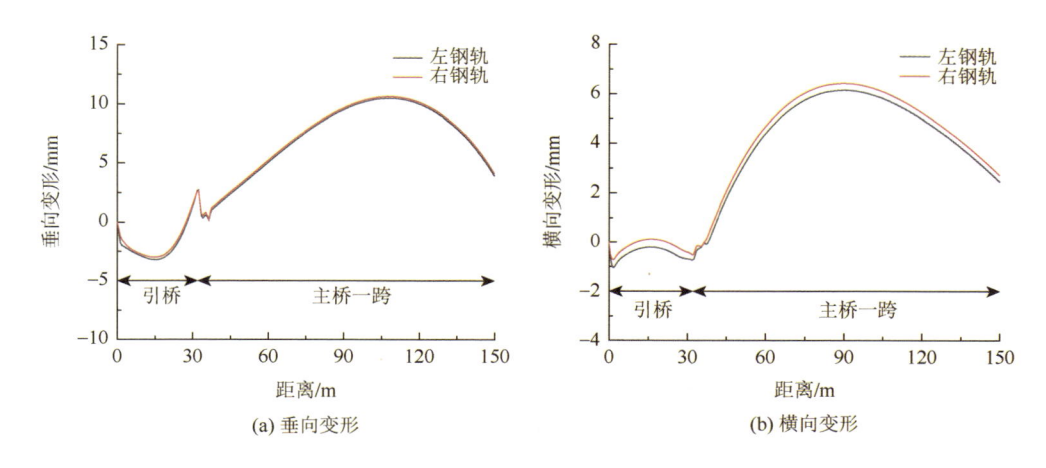

(a) 垂向变形   (b) 横向变形

图 3-104 升温工况下左线钢轨变形

由图 3-104 可以看出，在升温工况下，左、右钢轨的垂向变形和横向变形的变化趋势基本一致,但在梁端伸缩一体化装置处,钢轨的垂向变形和横向变形有明显的变化。其中,梁端伸缩一体化装置区域内钢轨的最大垂向变形和横向变形分别为 3.00mm、2.50mm,最大轨距扩张值为 0.35mm。在全桥范围内,钢轨的最大垂向变形和横向变形分别为 10.65mm、6.44mm。这些数据表明,在升温工况下,梁缝位置处及尖轨与基本轨交接处的钢轨结构比较薄弱。

2）降温工况

在降温工况下,主桥梁端与引桥的垂向变形如图 3-105 所示。

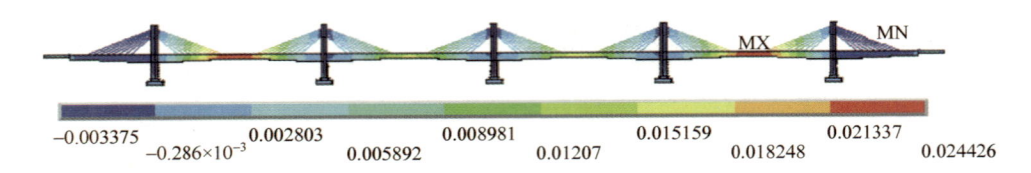

图 3-105 降温工况下主桥梁端与引桥垂向变形图（单位：m）

由图 3-105 可以看出,在降温作用下,主桥梁端为下挠状态,引桥梁端为反弯状态。降温工况下桥梁垂向变形基本呈对称关系。与升温工况类似,绘制左线第一组梁端伸缩装置的纵向变形及垂向变形,如图 3-106 所示。

由图 3-106 可以看出,大跨度斜拉桥与引桥之间的梁缝拉伸了 19mm,梁端伸缩一体化装置中梁缝左右轨枕高差最大为 1.2mm。

降温工况下主桥一跨区域和引桥区域的左线钢轨垂向和横向变形如图 3-107 所示。

(a) 纵向变形图

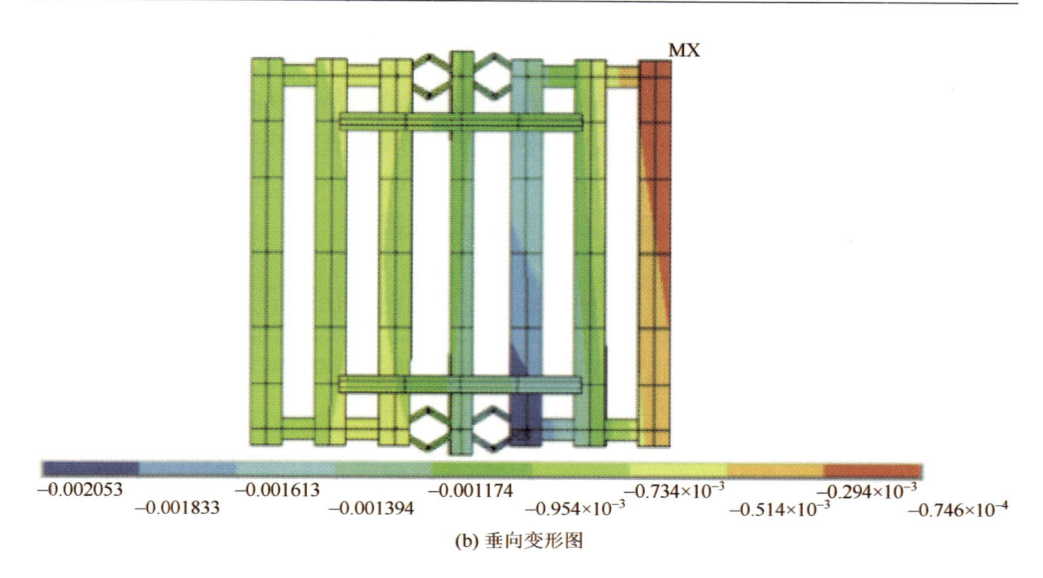

第 3 章　大跨桥上铺设无砟轨道力学特性分析　　·127·

(b) 垂向变形图

图 3-106　降温工况下梁端伸缩装置变形图（单位：m）

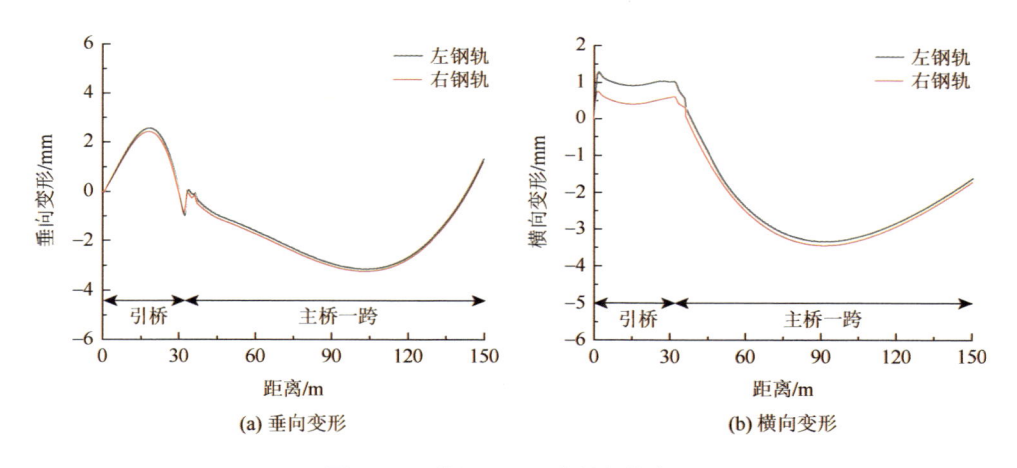

(a) 垂向变形

(b) 横向变形

图 3-107　降温工况下左线钢轨变形

综合图 3-104 与图 3-107 可以看出，降温工况下左线钢轨的垂向和横向变形的整体变化趋势与升温工况相反，但钢轨的垂向和横向变形在梁端伸缩一体化装置处有明显变化。其中，梁端伸缩一体化装置区域内钢轨的最大垂向变形为 1.22mm，最大横向变形为 1.47mm，最大轨距扩张值为 0.30mm。在全桥范围内，钢轨的最大垂向变形为 3.23mm，最大横向变形为 3.45mm。上述分析表明，梁缝位置处及钢轨和尖轨与基本轨交接处钢轨结构在升温和降温工况下均比较薄弱。此外，相比于升温工况，降温工况的钢轨垂向和横向变形均较小。

3）最大梁端下挠转角工况

对大跨度斜拉桥两端同时施加最大梁端下挠转角，可得出主桥梁端与引桥的垂向变形图，如图 3-108 所示。

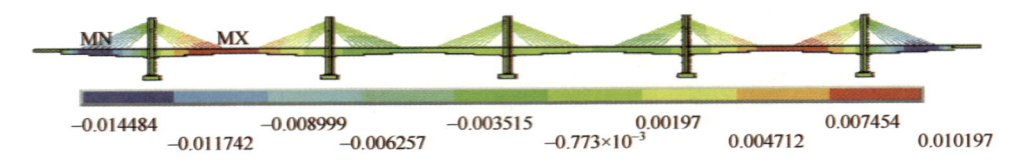

图 3-108　梁端下挠工况下主桥与引桥垂向变形图（单位：m）

在梁端下挠转角的作用下，主桥梁端为下挠状态，引桥梁端为反弯状态。梁端下挠工况下桥梁垂向变形基本呈对称关系。绘制左线第一组梁端伸缩装置的纵向变形及垂向变形，如图 3-109 所示。

由图 3-109 可以看出，大跨度斜拉桥与引桥之间的梁缝拉伸了 6mm，梁端伸缩一体化装置中梁缝左右轨枕高差最大为 1.1mm。

最大梁端下挠工况下主桥一跨区域和引桥区域的左线钢轨垂向和横向变形如图 3-110 所示。

由图 3-110 可以看出，左线钢轨的垂向和横向变形的变化趋势基本一致，但在梁端伸缩一体化装置处有明显的变化。其中，梁端伸缩一体化装置区域内钢轨的最大垂向变形为 10.43mm，最大横向变形为 0.44mm，最大轨距扩张值为 0.2mm。在全桥范围内，钢轨的最大垂向变形为 14.45mm，最大横向变形为 0.45mm。这表明梁端伸缩装置区域的钢轨垂向变形受梁端转角影响较大。

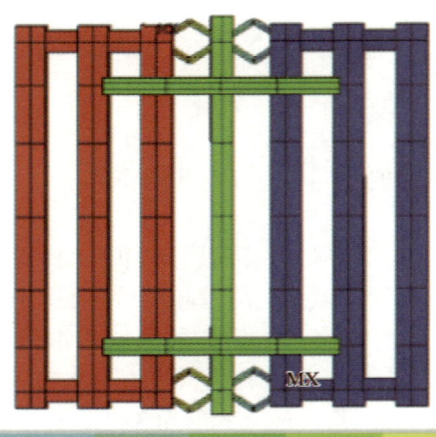

(a) 纵向变形图

(b) 垂向变形图

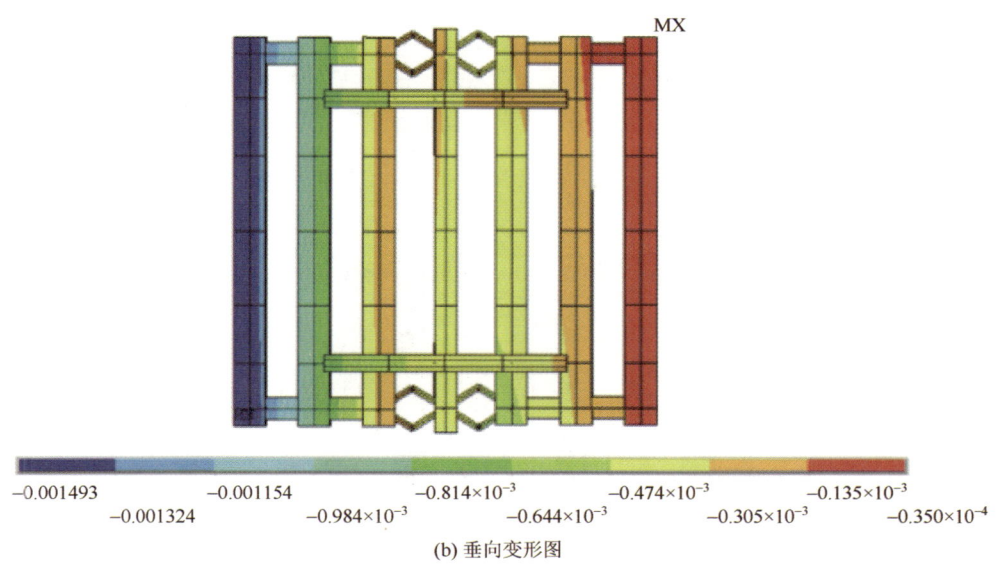

图 3-109 梁端下挠工况下梁端伸缩装置变形图（单位：m）

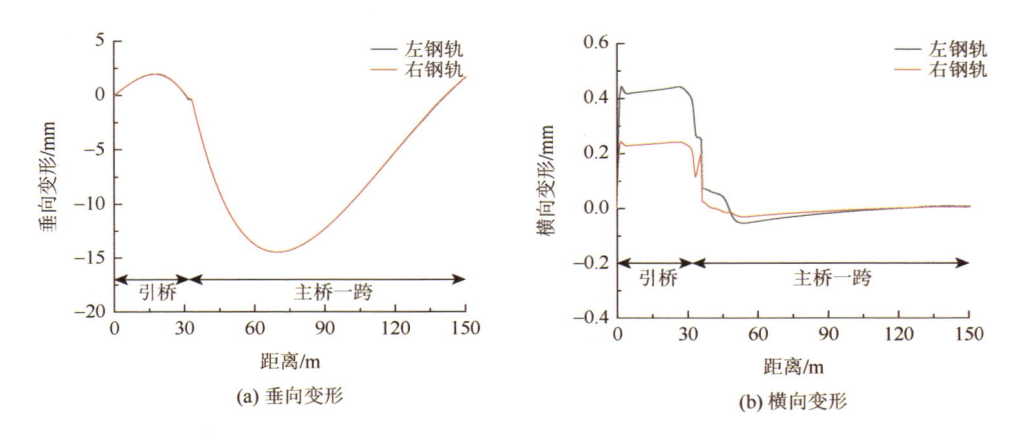

(a) 垂向变形

(b) 横向变形

图 3-110 梁端下挠工况下左线钢轨变形

4）最大梁端反弯转角工况

对大跨度斜拉桥及引桥同时施加最大梁端反弯转角，可得出主桥与引桥的垂向变形图，如图 3-111 所示。

在梁端反弯转角的作用下，主桥梁端为反弯状态，引桥梁端为下挠状态。梁端反弯工况下桥梁垂向变形基本呈对称关系。绘制左线第一组梁端伸缩装置的纵向变形及垂向变形图，如图 3-112 所示。

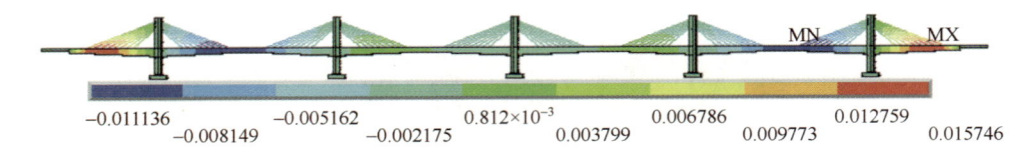

图 3-111　梁端反弯工况下主桥与引桥垂向变形图（单位：m）

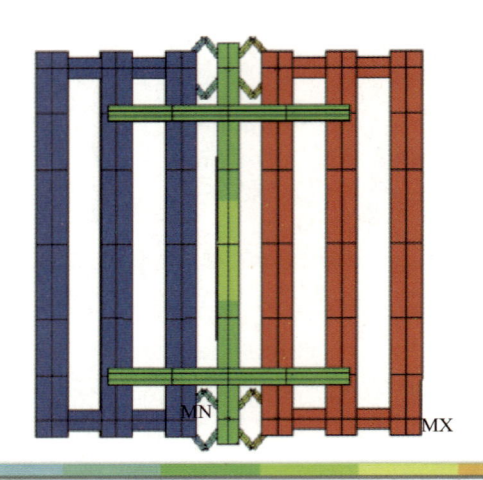

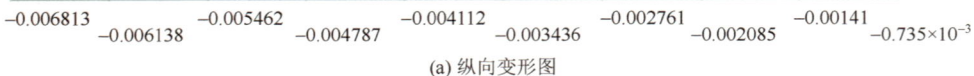

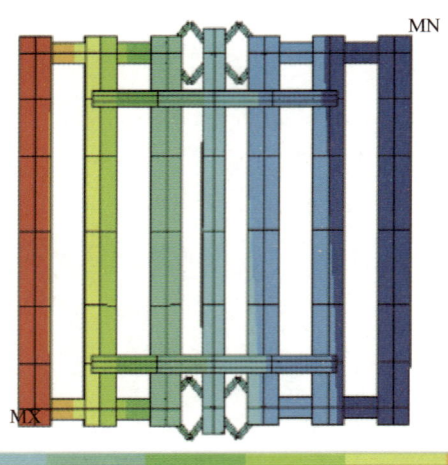

(a) 纵向变形图

(b) 垂向变形图

图 3-112　梁端反弯工况下梁端伸缩装置变形图（单位：m）

由图 3-112 可以看出，大跨度斜拉桥与引桥之间的梁缝压缩了 6mm，梁端伸缩一体化装置中梁缝左右轨枕高差最大为 0.9mm。

梁端最大反弯工况下主桥一跨区域和引桥区域的左线钢轨垂向和横向变形如图 3-113 所示。

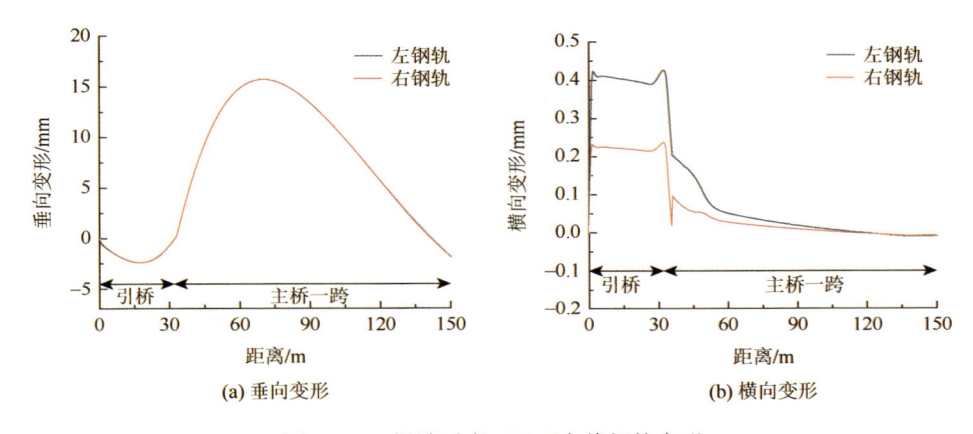

(a) 垂向变形

(b) 横向变形

图 3-113 梁端反弯工况下左线钢轨变形

由图 3-113 可以看出，梁端反弯工况下钢轨垂向变形的变化趋势与下挠工况相反。左线钢轨的垂向和横向变形的变化趋势基本一致，但在梁端伸缩一体化装置处，钢轨的垂向和横向变形有明显的变化，钢轨的最大垂向变形为 10.98mm，最大横向变形为 0.43mm，最大轨距扩张值为 0.2mm。在全桥范围内，钢轨的最大垂向变形为 15.71mm，最大横向变形为 0.44mm。此外，梁端反弯工况较下挠工况的钢轨垂向变形大，但钢轨横向变形和轨距扩张的最大值基本一致。

3.5.3 行车速度对车-桥梁端耦合的影响

1. 车-桥梁端耦合系统动力响应

列车行驶速度对桥梁和车辆的振动性都有较大影响，可能会引起车-桥系统共振，严重时甚至导致列车脱轨和桥梁垮塌，因此有必要研究行车速度对车-桥耦合系统振动的作用和影响。本节采用高速列车 CRH2C 动车组开展相应分析，最高设计速度为 350km/h，轨道平顺值采用德国低干扰轨道不平顺谱，轨底坡为 0.025，轨距为 1435mm。

在分析时，保持其余参数不变，使列车分别以 250km/h、300km/h、350km/h 的行驶速度通过梁端，通过仿真模拟来探究列车的行驶速度对车-桥耦合系统动力性能的影响，其计算结果如表 3-30 所示。

表 3-30　不同行驶速度下车-桥梁端耦合系统动力响应

参数			车速		
			250km/h	300km/h	350km/h
动车	轮重减载率		0.25	0.30	0.33
	脱轨系数		0.21	0.24	0.30
	轮轨力/kN	横向	6.63	8.95	12.62
		垂向	74.63	88.98	112.60
	车体加速度/(m/s²)	横向	0.15	0.27	0.34
		垂向	0.76	0.52	0.88
	Sperling 指数	横向	0.74	0.99	1.13
		垂向	1.51	1.27	1.66
拖车	轮重减载率		0.23	0.26	0.29
	脱轨系数		0.18	0.22	0.25
	轮轨力/kN	横向	6.47	8.46	11.96
		垂向	69.54	85.61	106.91
	车体加速度/(m/s²)	横向	0.14	0.16	0.21
		垂向	0.60	0.48	0.8
	Sperling 指数	横向	0.80	0.94	1.12
		垂向	1.47	1.29	1.62
梁端伸缩一体化装置	活动钢枕位移/mm	横向	0.14	0.16	0.22
		垂向	1.08	0.96	1.49
	活动钢枕加速度/(m/s²)	横向	0.32	0.40	0.46
		垂向	25.69	23.74	38.92
	活动钢枕处钢轨变形/mm	横向	0.17	0.21	0.30
		垂向	1.34	1.09	1.56
	活动钢枕处钢轨加速度/(m/s²)	横向	1.99	2.31	2.97
		垂向	55.36	50.81	67.92
	钢轨伸缩调节器最大变形/mm	横向	0.10	0.16	0.24
		垂向	0.91	1.02	1.45
	连接梁与活动钢枕传导力/kN	横向	0.36	0.54	0.71
		垂向	21.67	17.34	23.73

在分析表 3-30 中数据的基础上，可初步得出以下结论。

（1）车辆脱轨系数、轮重减载率、轮轨横向力、轮轨垂向力、Sperling 横向指数总体上随行车速度的增大而增大。但是当行驶速度 $V=300\text{km/h}$ 时，车体振动垂向加速度、Sperling 垂向指数出现了极值。

（2）动车的车辆动力响应数值普遍比拖车的车辆动力响应数值大，但两者的差值较小。

（3）动车和拖车的车辆动力响应指标均符合安全指标要求，说明高速列车组在允许时速内通过大跨度斜拉桥梁端伸缩一体化装置具有安全性和稳定性。

（4）梁端伸缩一体化装置各项动力响应参数基本上随行车速度的增大呈增大的趋势，而活动钢枕垂向位移、活动钢枕垂向加速度、活动钢枕处钢轨垂向变形、活动钢枕处钢轨垂向加速度、连接梁与活动钢枕的垂向传导力在行驶速度 $V=300\text{km/h}$ 时出现极值。

（5）梁端伸缩一体化装置各项动力参数符合高速铁路正常运营标准，说明在高速列车行驶下梁端伸缩一体化装置具有可靠性。

2. 列车和梁端伸缩一体化装置动力响应

在实际运营中，正线的设计速度为 350km/h，因此分别提取速度为 350km/h 工况的列车及梁端伸缩一体化装置的动力响应进行进一步分析。

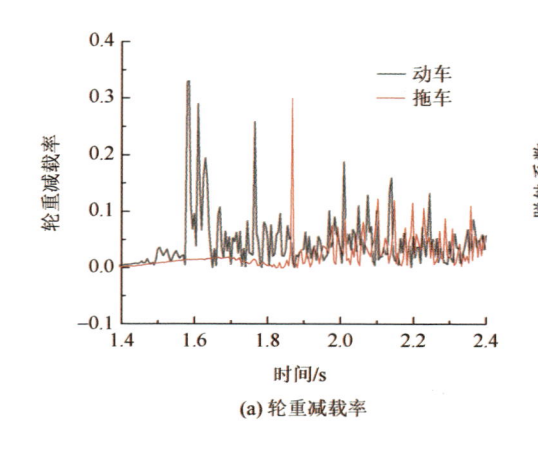

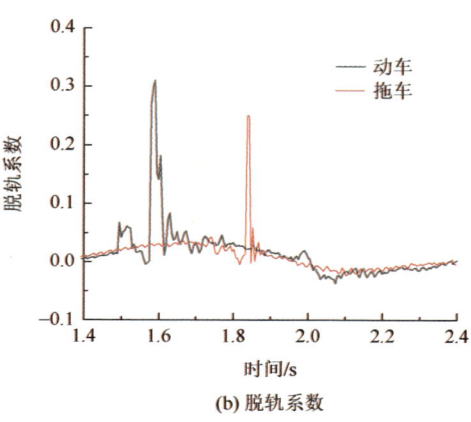

1）列车动力响应

速度为 350km/h 时列车的动力响应时程曲线如图 3-114 所示。

由图 3-114 可知，车体刚行驶到梁端伸缩一体化装置中的梁缝位置及钢轨伸缩调节器位置处时，各车辆的动力响应指标均会突然增大，变化剧烈。这表明活动钢枕和钢轨伸缩调节器处的钢轨变形对行车安全性和稳定性影响较大。总体来看，二者脱轨系数、车体垂向加速度、车体横向加速度及轮轨垂向力、轮轨横向力的变化趋势相似。

(a) 轮重减载率

(b) 脱轨系数

(c) 车体垂向加速度

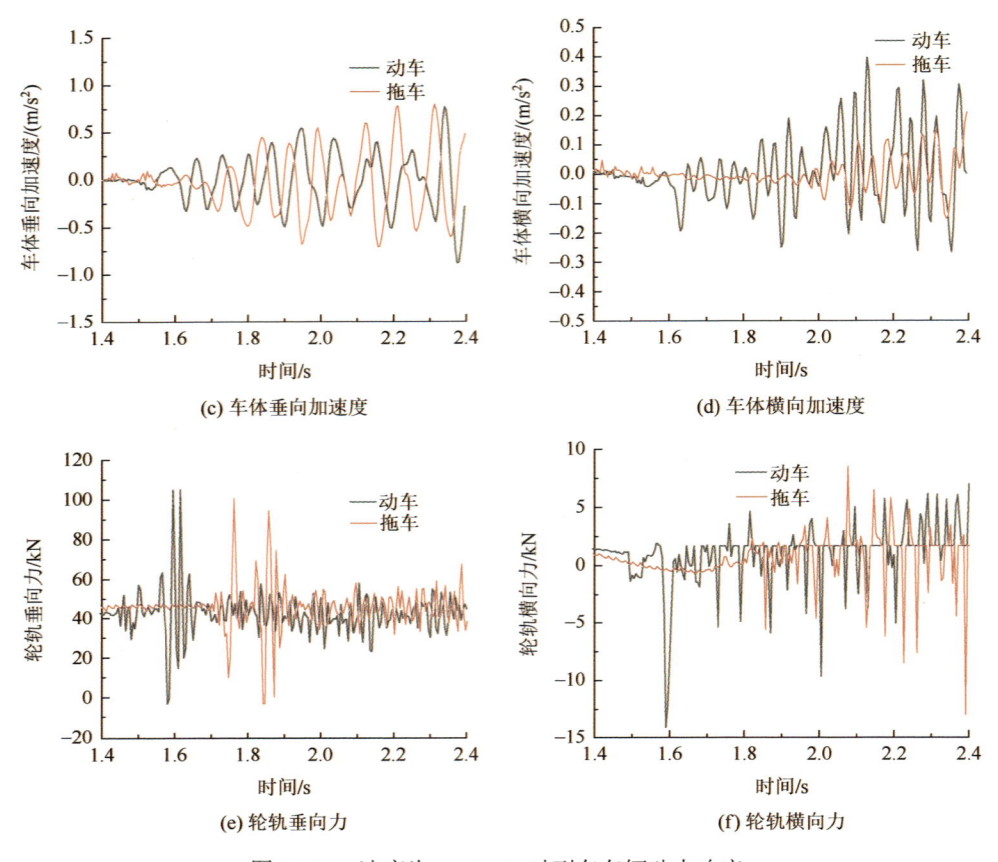

(d) 车体横向加速度

(e) 轮轨垂向力

(f) 轮轨横向力

图 3-114　速度为 350km/h 时列车车辆动力响应

2）梁端伸缩一体化装置动力响应

速度为 350km/h 时梁端伸缩一体化装置的动力响应时程曲线如图 3-115 所示。

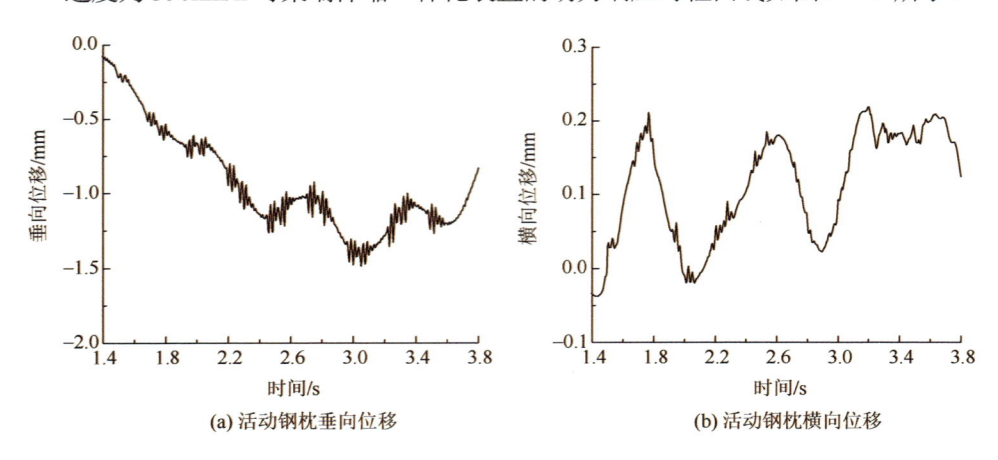

(a) 活动钢枕垂向位移

(b) 活动钢枕横向位移

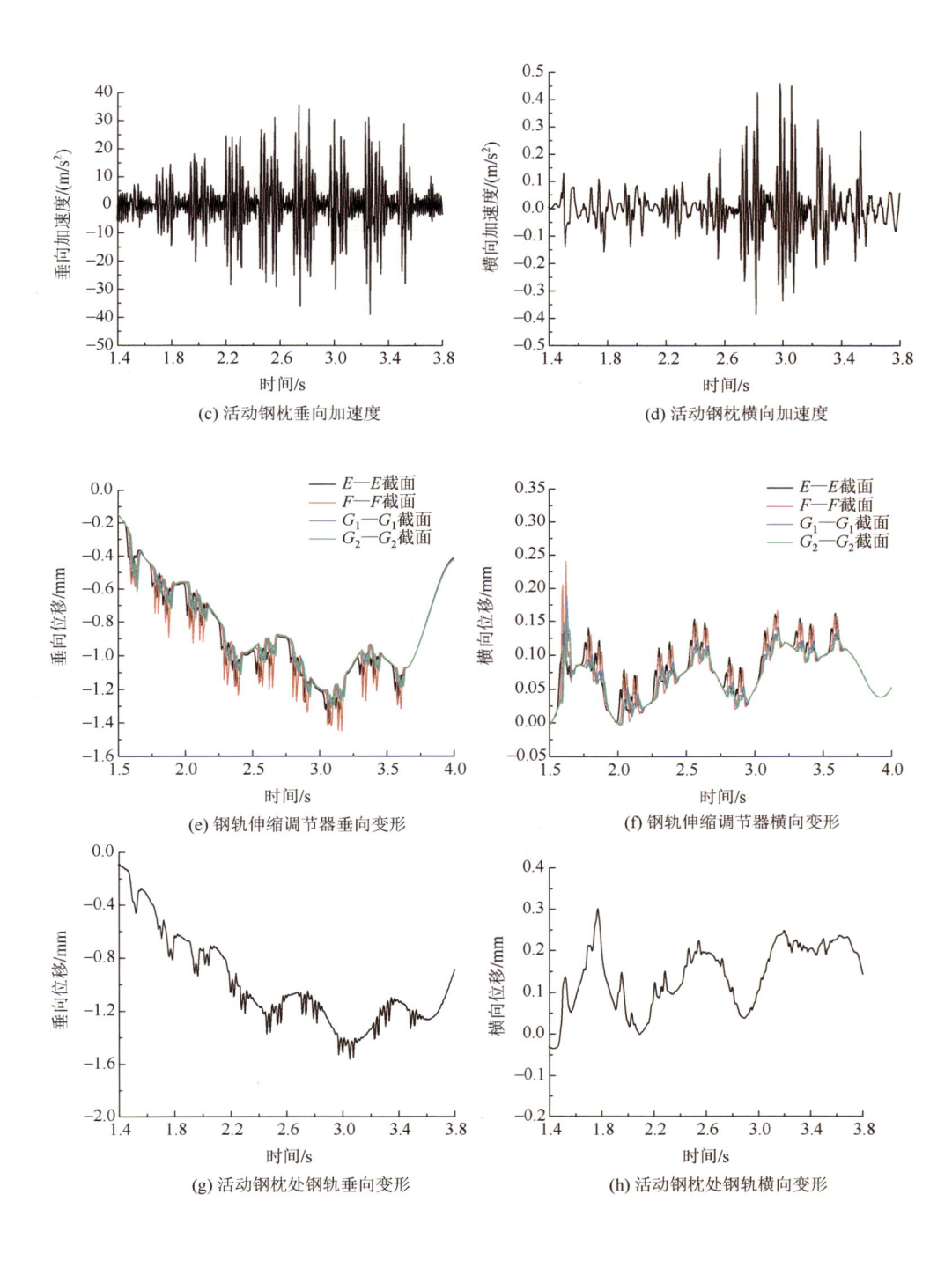

第 3 章　大跨桥上铺设无砟轨道力学特性分析

(c) 活动钢枕垂向加速度

(d) 活动钢枕横向加速度

(e) 钢轨伸缩调节器垂向变形

(f) 钢轨伸缩调节器横向变形

(g) 活动钢枕处钢轨垂向变形

(h) 活动钢枕处钢轨横向变形

(i) 活动钢枕处钢轨垂向加速度

(j) 活动钢枕处钢轨横向加速度

(k) 连接梁与活动钢枕的垂向传导力

(l) 连接梁与活动钢枕的横向传导力

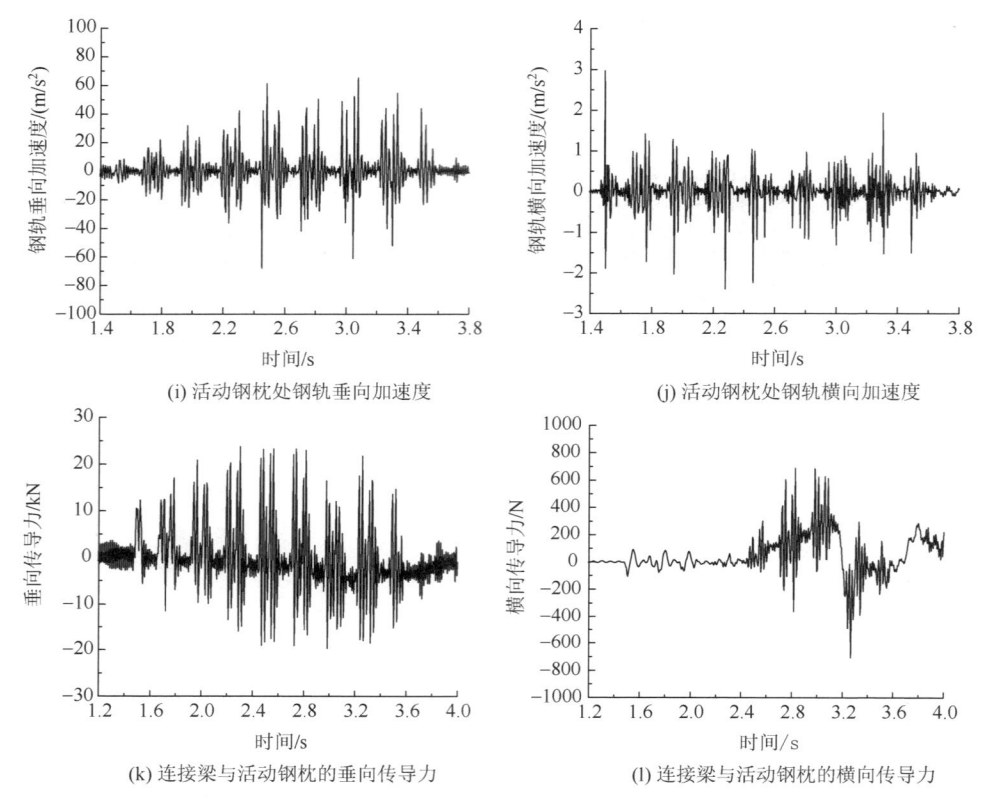

图 3-115 速度为 350km/h 时梁端伸缩一体化装置动力响应

根据图 3-115 梁端伸缩一体化装置的动力响应,分析结果如下。

(1) 梁端伸缩一体化装置中活动钢枕和钢轨的垂向变形都是在第六节车第二个转向架和第七节车第一个转向架之间达到最大变形,随后变形逐步变小,说明高速列车组行驶过程中第六节车和第七节车对钢轨及轨枕的垂向变形影响最大。

(2) 梁端伸缩一体化装置中,活动钢枕和钢轨的横向变形均在列车刚驶入时达到峰值,但迅速恢复。随后,各轮对通过时产生剧烈变形。

(3) 活动钢枕的横向加速度和垂向加速度及活动钢枕处钢轨的垂向加速度在第五节车驶入和第七节车驶出这段时间内幅值最大,说明列车对活动钢枕的影响是随着列车经过次数的增加而逐步增大的。

(4) 钢轨伸缩调节器区域钢轨垂向变形中 $F—F$ 截面>$E—E$ 截面>$G_1—G_1$ 截面>$G_2—G_2$ 截面;而横向变形中 $F—F$ 截面>$G_1—G_1$ 截面>$G_2—G_2$ 截面>$E—E$ 截面,说明钢轨伸缩调节器区域钢轨变形中 $F—F$ 截面最容易受到行车影响,比较薄弱。但四个截面的总体变形相差不大。

(5) 活动钢枕处钢轨的垂向加速度趋势与活动钢枕的垂向加速度相似,而各转向架经过时活动钢枕处钢轨的横向加速度幅值都相差不大,说明活动钢枕处钢轨的横向加速度受列车经过次数的影响不大。

(6) 活动钢枕的位移和加速度的趋势与活动钢枕处钢轨相似,而活动钢枕的位移和加速度峰值比活动钢枕处钢轨小。

3.5.4 温度变形对车-桥梁端耦合的影响

温度变形对混凝土桥梁桥面影响较大,并且可能影响高速铁路的行驶安全。因此,保持其余参数不变,取列车速度为 350km/h 设计速度,轨道不平顺谱采用温度变形叠加下的德国低干扰轨道不平顺谱,以探究温度变形对车-桥耦合系统动力性能的影响。

1. 列车动力响应

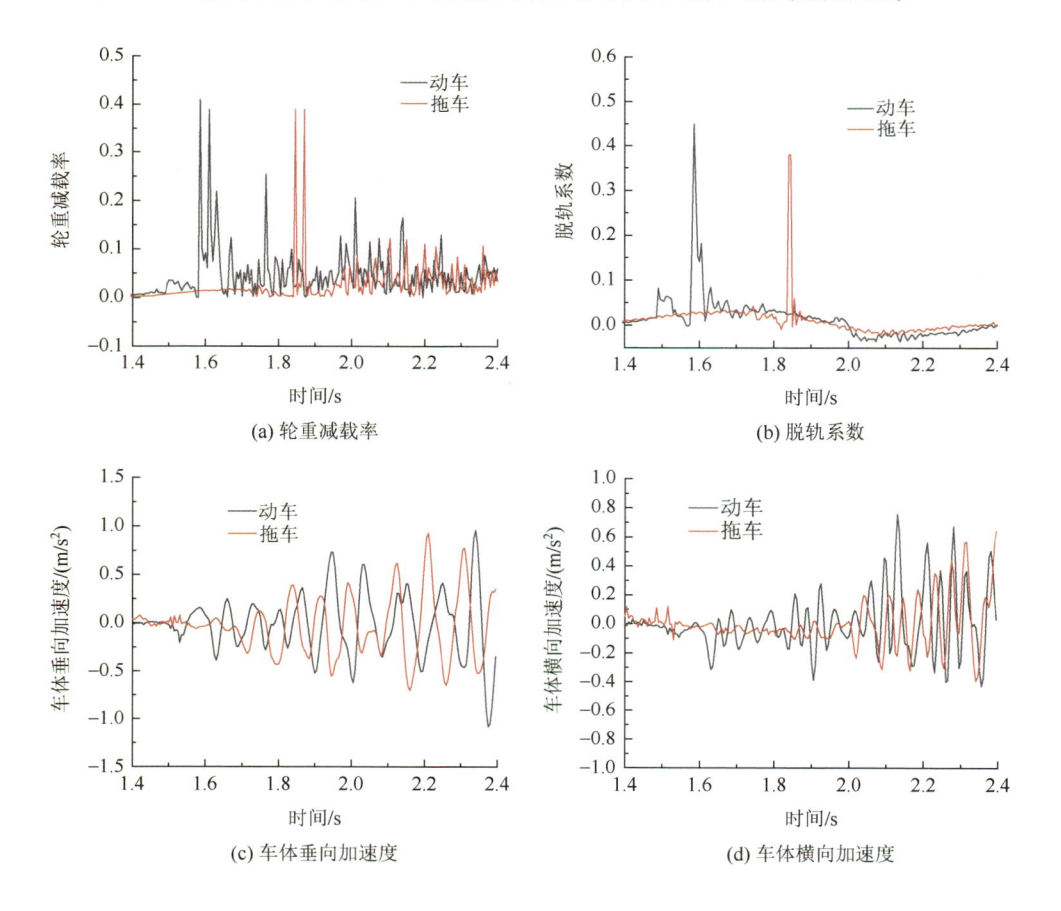

图 3-116 所示为高速列车组经过主桥梁端时列车动力响应变化曲线。

(a) 轮重减载率

(b) 脱轨系数

(c) 车体垂向加速度

(d) 车体横向加速度

(e) 轮轨垂向力

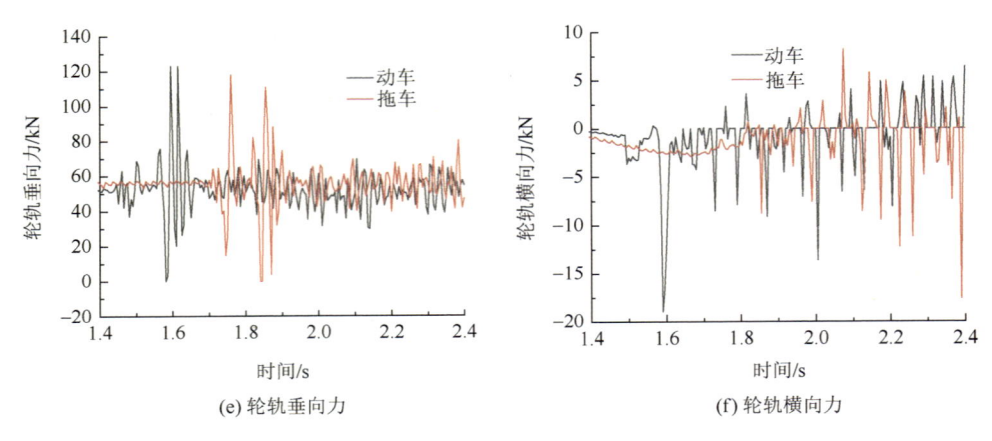

(f) 轮轨横向力

图 3-116　温度变形下列车动力响应

由图 3-116 可以看出，对于动车，轮重减载率峰值为 0.41，脱轨系数峰值为 0.45，车体垂向加速度最大值为 1.08m/s²，车体横向加速度最大值为 0.76m/s²，轮轨垂向力最大值为 123.04kN，轮轨横向力最大值为 18.93kN。对于拖车，轮重减载率峰值为 0.39，脱轨系数峰值为 0.38，车体垂向加速度最大值为 0.93m/s²，车体横向加速度最大值为 0.64m/s²，轮轨垂向力最大值为 117.97kN，轮轨横向力最大值为 17.60kN。在温度变形的影响下，列车组的动力响应虽相比于未考虑温度变形时大，但各项动力响应指标均符合要求。这表明列车在梁端伸缩一体化装置区域内行驶能满足安全性和稳定性的要求，但仍要注意温度变形带来的影响。

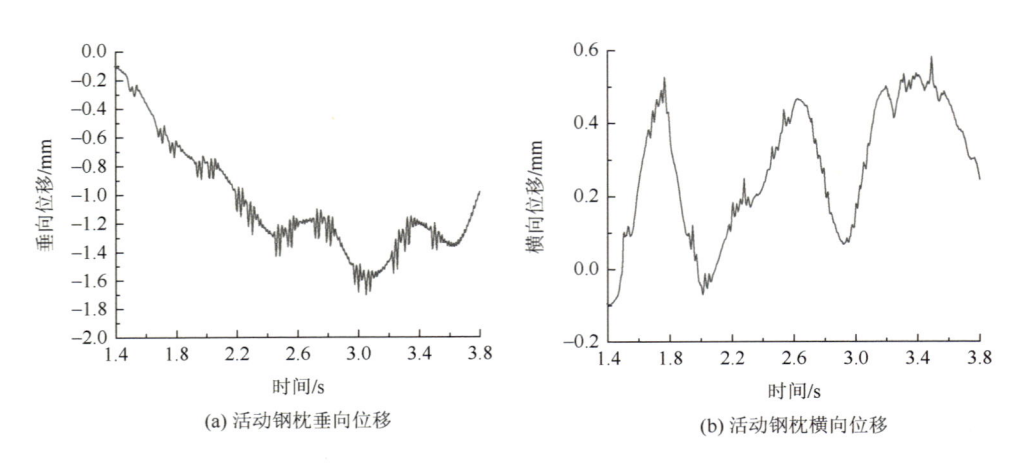

2. 梁端伸缩一体化装置动力响应

图 3-117 所示为高速列车组经过主桥梁端时梁端伸缩一体化装置的动力响应变化曲线。

(a) 活动钢枕垂向位移

(b) 活动钢枕横向位移

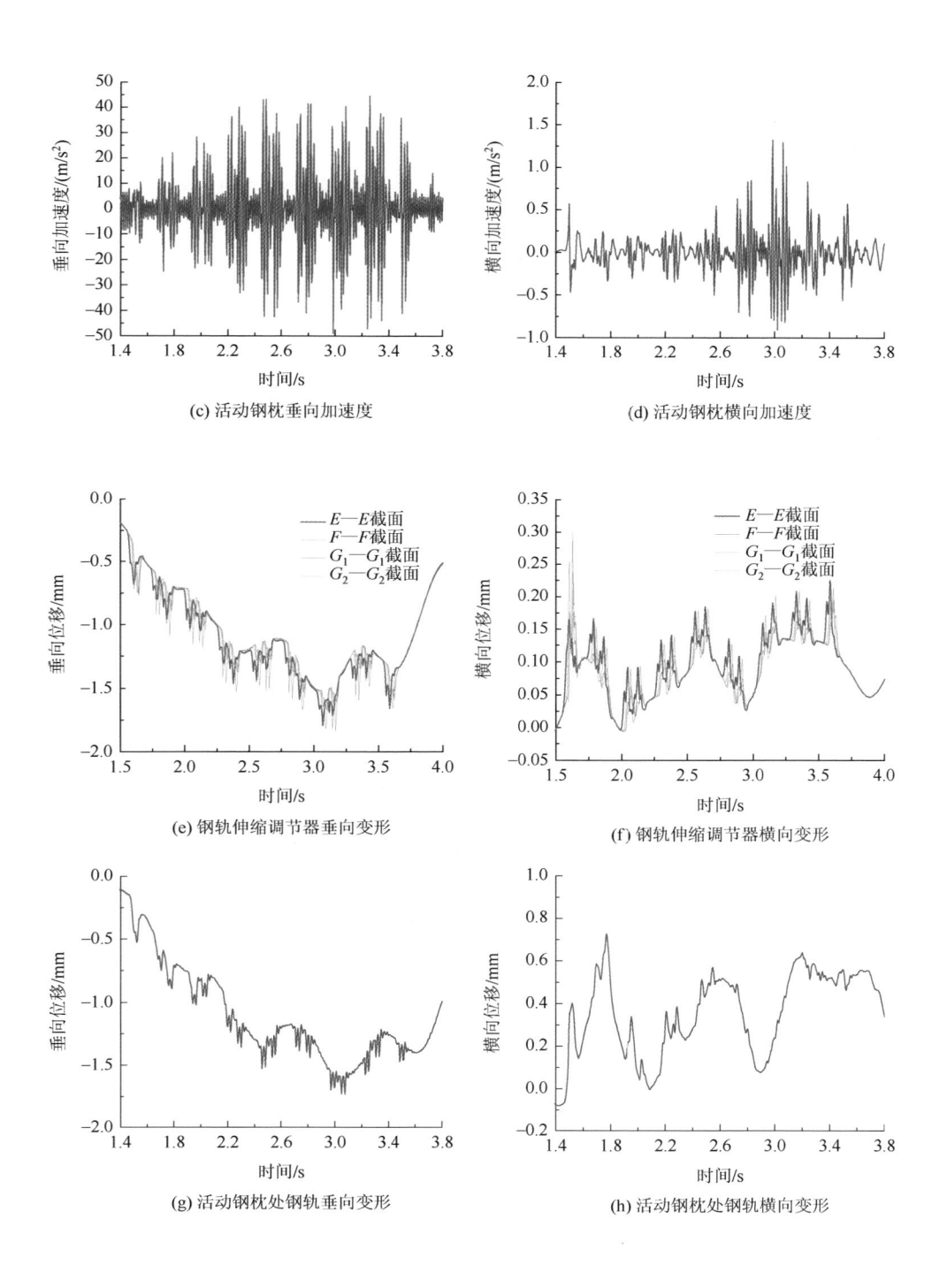

(c) 活动钢枕垂向加速度

(d) 活动钢枕横向加速度

(e) 钢轨伸缩调节器垂向变形

(f) 钢轨伸缩调节器横向变形

(g) 活动钢枕处钢轨垂向变形

(h) 活动钢枕处钢轨横向变形

(i) 活动钢枕处钢轨垂向加速度

(j) 活动钢枕处钢轨横向加速度

(k) 连接梁与活动钢枕的垂向传导力

(l) 连接梁与活动钢枕的横向传导力

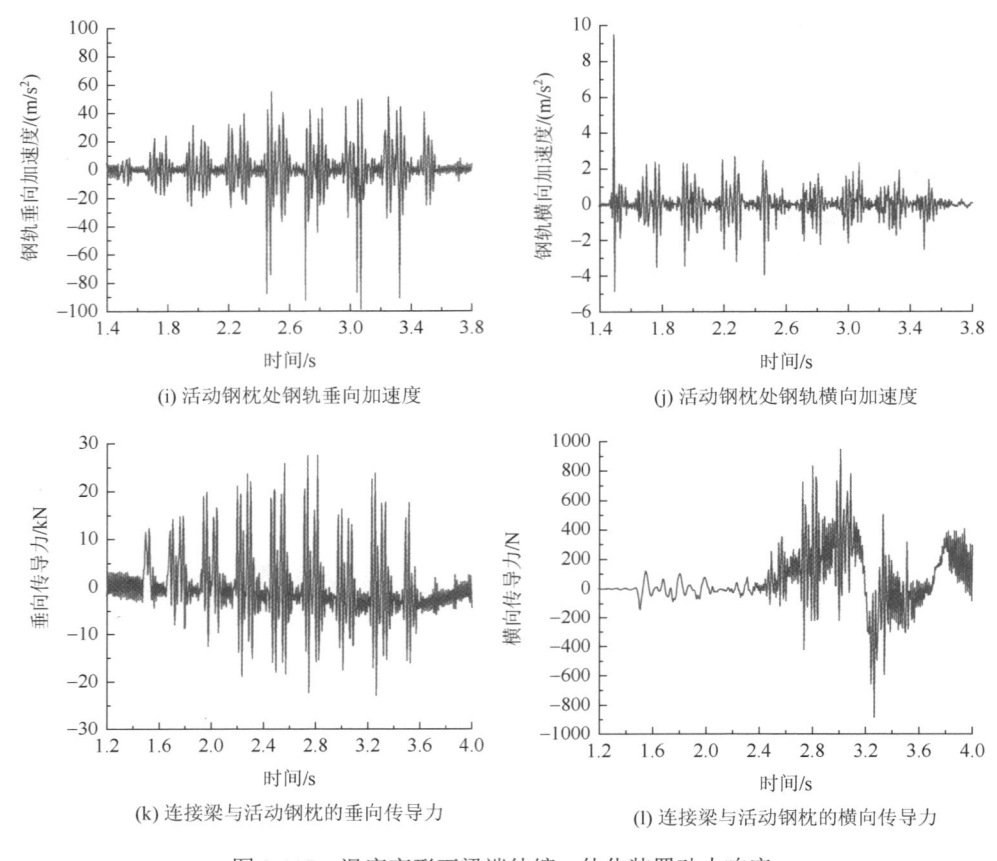

图 3-117 温度变形下梁端伸缩一体化装置动力响应

由图 3-117 可以看出，活动钢枕垂向位移、横向位移的最大值分别为 1.7mm、0.58mm，垂向加速度、横向加速度最大值分别为 48.93m/s²、1.33m/s²。钢轨伸缩调节器的各截面钢轨趋势大致相同，钢轨伸缩调节器区域内钢轨垂向变形、横向变形最大值分别为 1.68mm、0.3mm。活动钢枕处钢轨垂向变形、横向变形最大值分别为 1.73mm、0.72mm，垂向加速度、横向加速度最大值分别为 98.45m/s²、9.48m/s²。连接梁与活动钢枕的垂向传导力、横向传导力的最大值分别为 27.56kN、0.95kN，连接梁与活动钢枕的横向传导力在第七节车驶入时达到峰值。与列车动力响应类似，梁端伸缩一体化装置动力响应相比于未考虑温度变形时大，但仍能满足安全性指标。

3.5.5 梁端转角对车-桥梁端耦合的影响

过大的梁端转角会显著影响轨道结构，不利于其正常工作。因此，本节取列车速度为 350km/h 设计速度，轨道不平顺谱采用最大梁端转角叠加下的德国低干扰轨道不平顺谱，以探究梁端转角对车-桥耦合系统动力性能的影响。

1. 列车动力响应

图 3-118 所示为高速列车组经过主桥梁端时列车动力响应变化曲线。

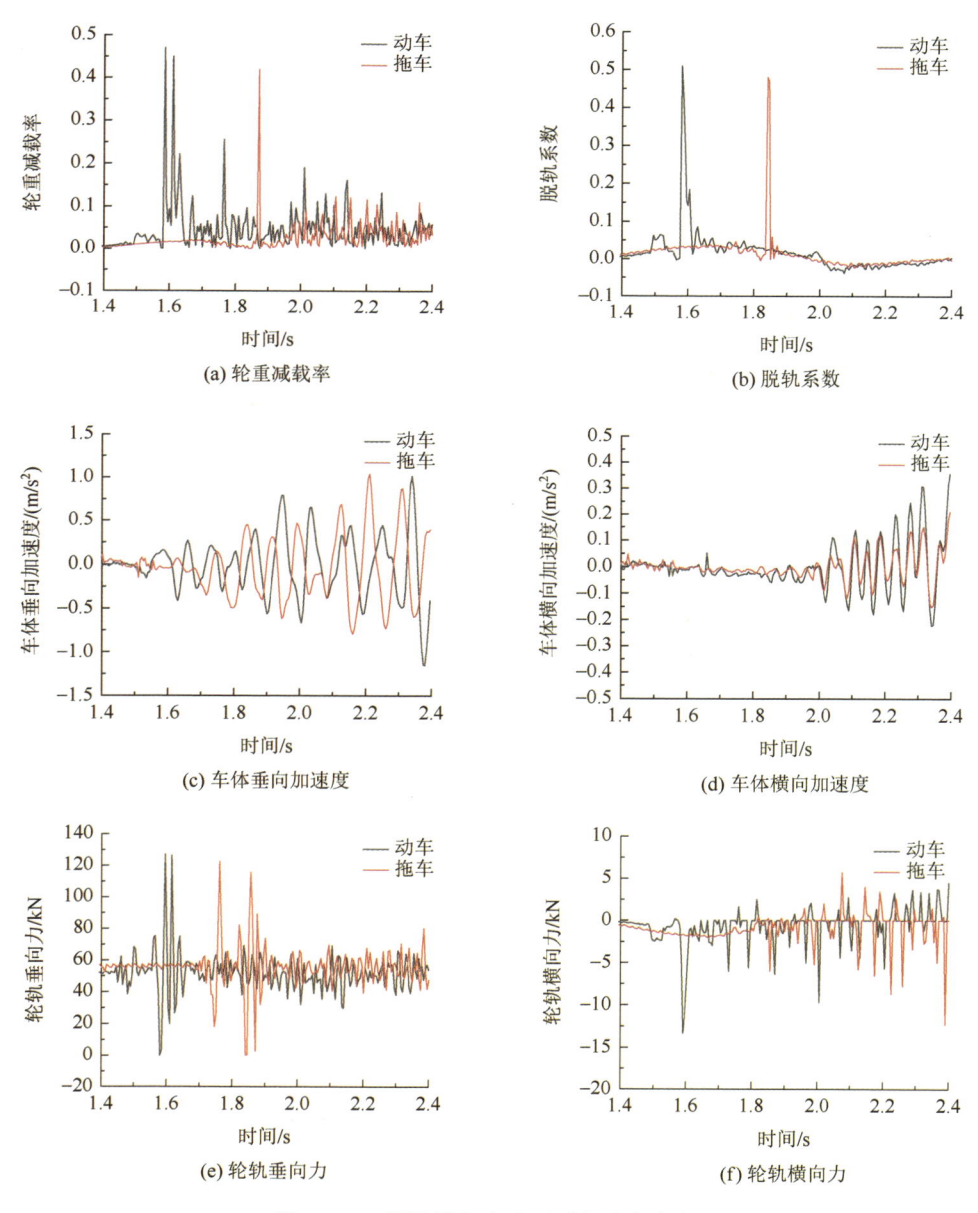

(a) 轮重减载率

(b) 脱轨系数

(c) 车体垂向加速度

(d) 车体横向加速度

(e) 轮轨垂向力

(f) 轮轨横向力

图 3-118　梁端转角变形下列车动力响应

由图 3-118 可以看出，对于动车，轮重减载率峰值为 0.47，脱轨系数峰值为 0.51，车体垂向加速度最大值为 1.15m/s²，车体横向加速度最大值为 0.42m/s²，轮轨垂向力最大值为 127.01kN，轮轨横向力最大值为 13.34kN。对于拖车，轮重减载率峰值为 0.42，脱轨系数峰值为 0.48，车体垂向加速度最大值为 1.04m/s²，车体横向加速度最大值为 0.36m/s²，轮轨垂向力最大值为 122.33kN，轮轨横向力最大值为 12.31kN。列车各项动力响应指标均符合要求。这说明在最大梁端转角的影响下，列车在梁端伸缩一体化装置区域内行驶时能满足安全性和稳定性，但车体垂向加速度接近限值。因此，需要关注梁端转角的变化，以保证列车行驶舒适性。

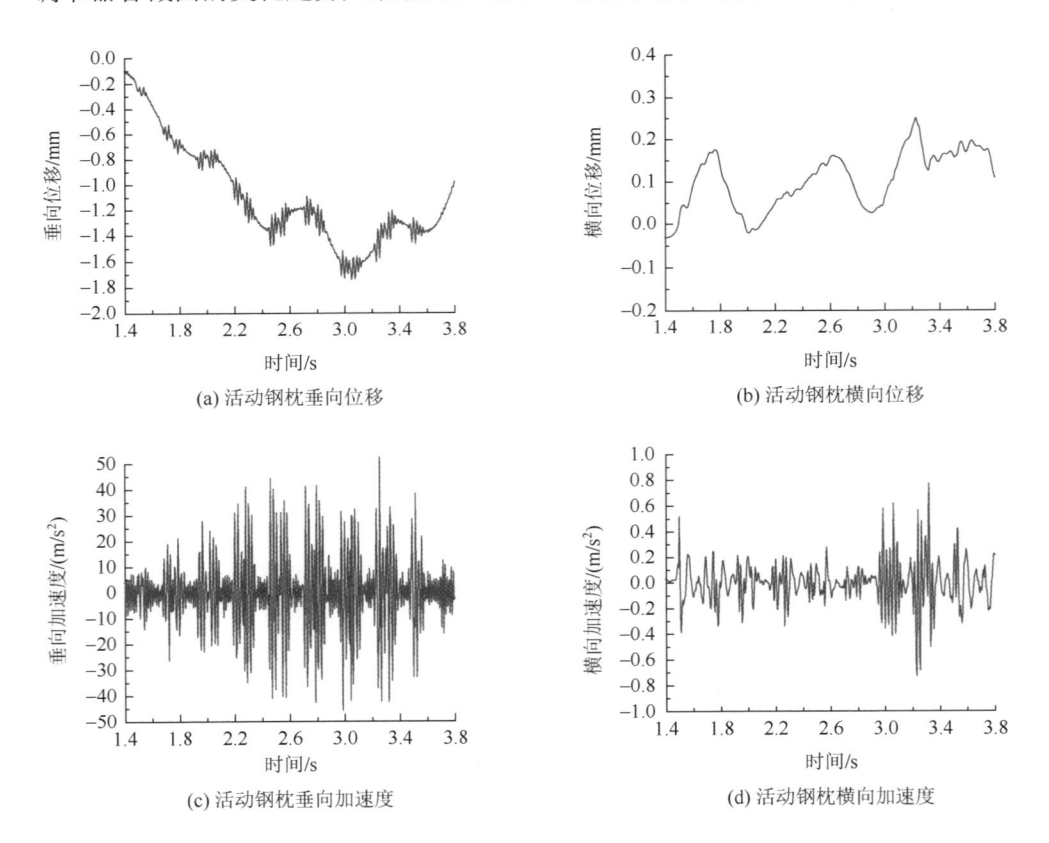

2. 梁端伸缩一体化装置动力响应

图 3-119 所示为高速列车组经过主桥梁端时梁端伸缩一体化装置的动力响应变化曲线。

由图 3-119 可以看出，活动钢枕垂向位移、横向位移的最大值分别为 1.74mm、0.25mm，垂向加速度、横向加速度最大值分别为 52.41m/s²、0.77m/s²。钢轨伸缩调节器各截面的变化趋势大致相同，钢轨伸缩调节器区域内钢轨垂向变形、横向

(a) 活动钢枕垂向位移

(b) 活动钢枕横向位移

(c) 活动钢枕垂向加速度

(d) 活动钢枕横向加速度

(e) 钢轨伸缩调节器垂向变形

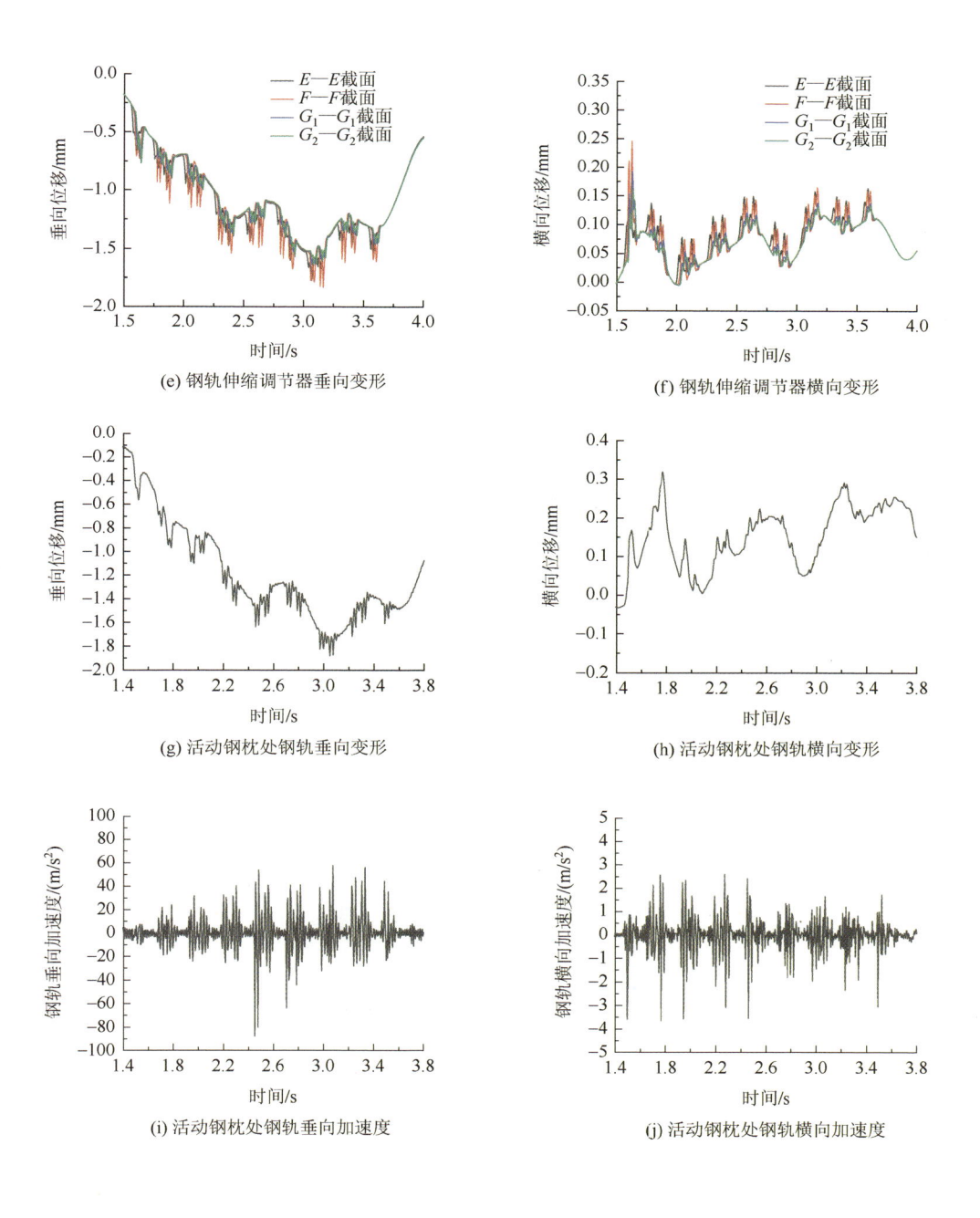

(f) 钢轨伸缩调节器横向变形

(g) 活动钢枕处钢轨垂向变形

(h) 活动钢枕处钢轨横向变形

(i) 活动钢枕处钢轨垂向加速度

(j) 活动钢枕处钢轨横向加速度

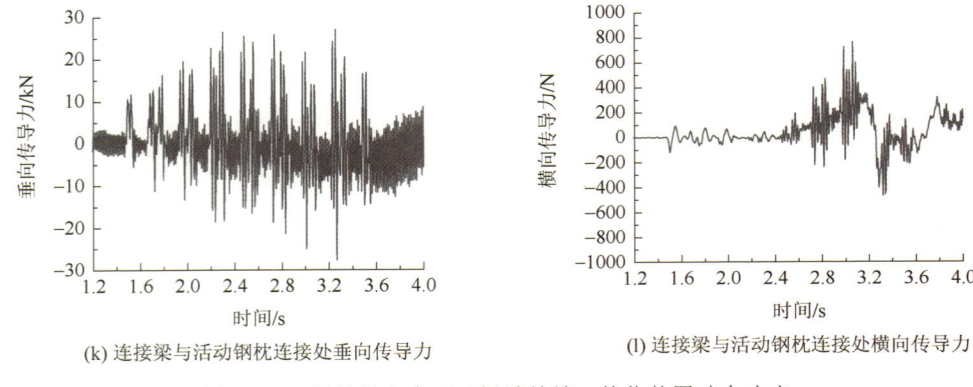

(k) 连接梁与活动钢枕连接处垂向传导力　　(l) 连接梁与活动钢枕连接处横向传导力

图 3-119　梁端转角变形下梁端伸缩一体化装置动力响应

变形最大值分别为 1.83mm、0.25mm。活动钢枕处钢轨垂向变形、横向变形最大值分别为 1.88mm、0.32mm，垂向加速度、横向加速度最大值分别为 87.81m/s^2、3.66m/s^2，活动钢枕处钢轨垂向加速度在第六节车驶入时达到峰值。连接梁与活动钢枕的垂向传导力、横向传导力的最大值分别为 27.74kN、0.76kN。相比于列车通过前，连接梁与活动钢枕的垂向传导力幅值在行驶后更大。总体来看，梁端伸缩一体化装置各项安全性指标均满足标准。

3.5.6　不同拉伸状态梁端伸缩装置动力分析

梁端伸缩一体化装置在升温或降温的影响下会发生压缩或拉伸，活动钢枕与固定轨枕的间距也会发生相应变化。这将严重影响梁端伸缩装置的支承作用，进而影响列车的安全性和舒适性。因此，有必要研究不同拉伸状态梁端伸缩装置的动力性能。其中，极限拉伸或压缩状态的梁端伸缩装置如图 3-120 和图 3-121 所示。

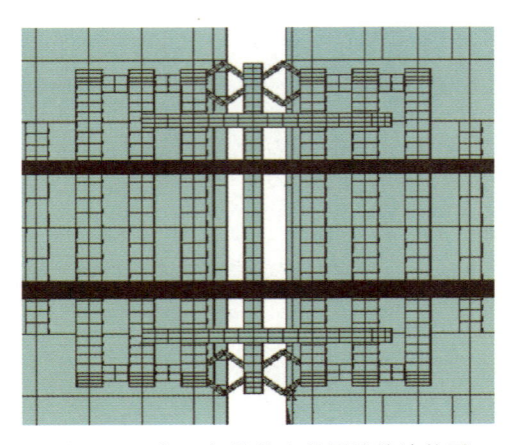

图 3-120　极限拉伸状态的梁端伸缩装置

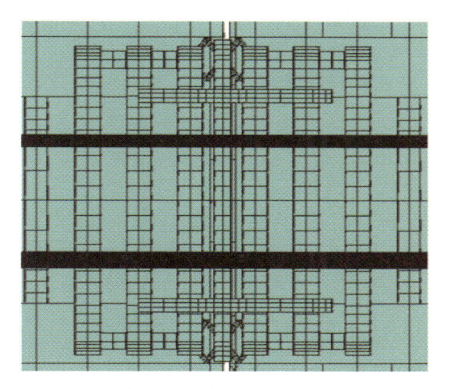

第 3 章 大跨桥上铺设无砟轨道力学特性分析

图 3-121 极限压缩状态的梁端伸缩装置

梁端伸缩装置的拉伸变形主要受温度变形的影响，故保持其余参数不变，轨道不平顺谱采用叠加温度变形下的德国低干扰轨道不平顺谱，使高速列车组以 350km/h 的速度通过梁端伸缩装置，以探究不同拉伸状态对梁端伸缩装置的影响。相应计算结果如图 3-122 所示。

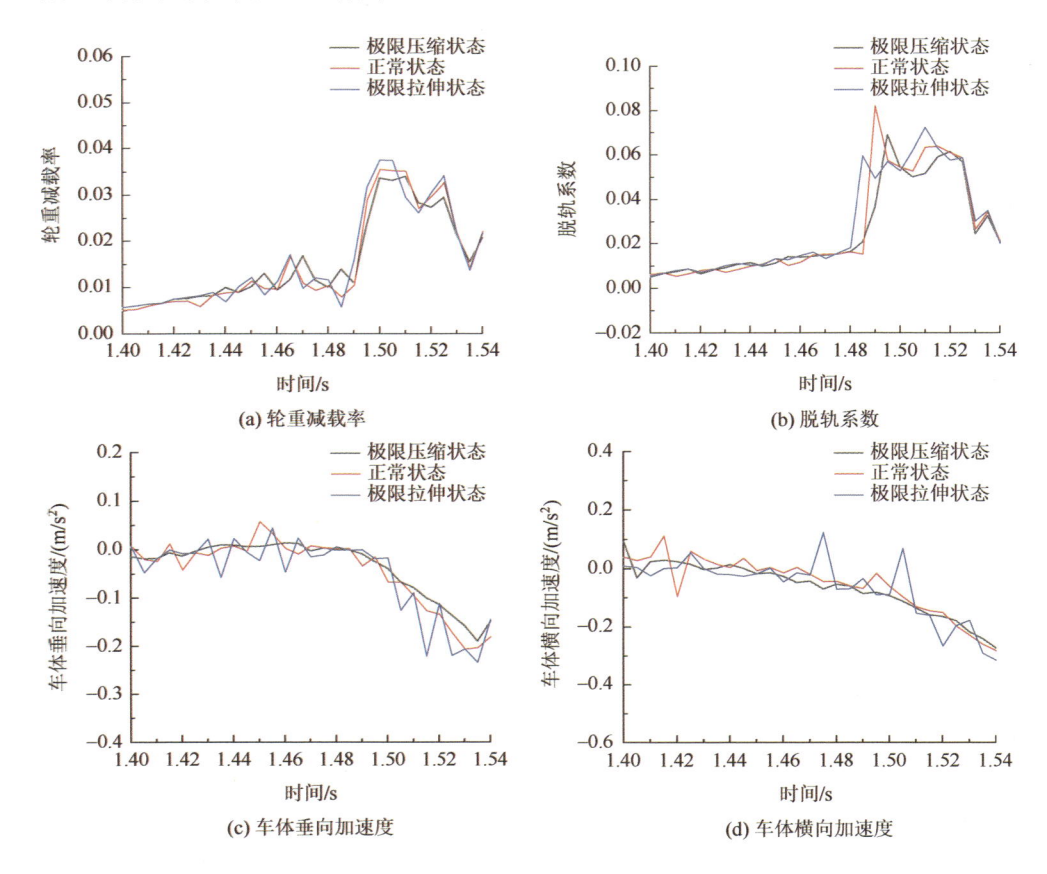

(a) 轮重减载率

(b) 脱轨系数

(c) 车体垂向加速度

(d) 车体横向加速度

(e) 轮轨垂向力　　　　　　　　　　(f) 轮轨横向力

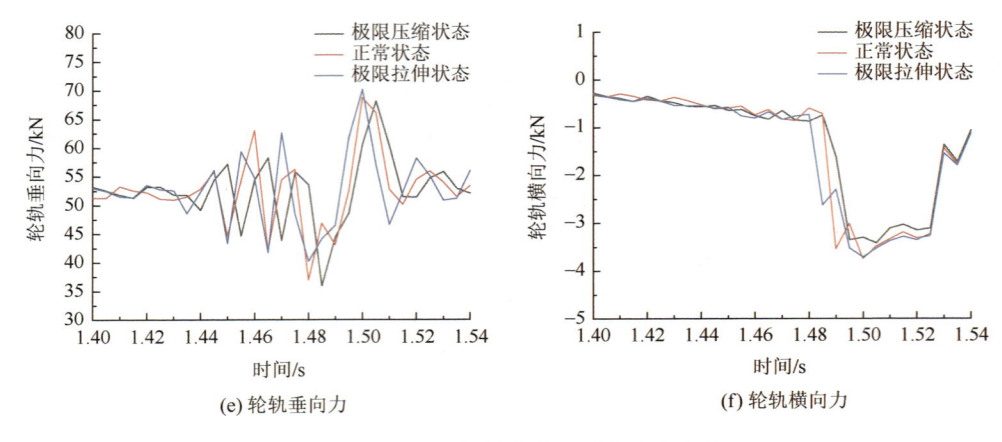

图 3-122　不同拉伸状态下列车动力响应

由图 3-122 可以得出以下结论。

（1）从轮重减载率、车体垂向加速度、车体横向加速度及轮轨垂向力的总体趋势来看，极限拉伸状态的动力响应最大，正常状态次之，极限压缩状态最小。

（2）正常状态的脱轨系数为 0.082，较极限压缩状态高 0.014，较极限拉伸状态高 0.01；正常状态的轮轨横向力为 3.74kN，较极限压缩状态高 0.32kN，较极限拉伸状态高 0.03kN。这表明梁端伸缩装置的伸缩状态对列车的脱轨系数和轮轨横向力影响不大。

（3）三个状态的列车动力响应曲线基本一致，都是在梁端伸缩装置的边界前后突变。

梁端伸缩装置发生了变化，进而活动钢枕与固定轨枕的间距也发生相应变化。因此，列车对活动钢枕的影响也可能产生变化，有必要对活动钢枕及活动钢枕处钢轨的动态响应进行分析，相关结果如表 3-31 所示。

表 3-31　梁端伸缩装置动力响应

参数		伸缩状态		
		极限压缩状态	正常状态	极限拉伸状态
活动钢枕位移/mm	横向	0.53	0.58	0.65
	垂向	1.62	1.70	1.79
活动钢枕加速度/(m/s^2)	横向	0.66	1.33	1.64
	垂向	40.64	48.93	62.39
活动钢枕处钢轨变形/mm	横向	0.68	0.72	0.80
	垂向	1.64	1.73	1.83
活动钢枕处钢轨加速度/(m/s^2)	横向	3.60	9.48	5.91
	垂向	87.04	98.45	115.86

由表 3-31 可知，对于梁端伸缩装置的动态变形，极限拉伸状态较大，极限压缩状态较小，说明极限压缩状态下活动钢枕与固定轨枕的间距变小，相应的支承刚度变大，起到了较好的支撑作用。因此，在极限压缩状态下，梁端伸缩装置动态变形最小，而极限拉伸状态反之。此外，三种伸缩状态的列车动力响应与梁端伸缩装置动力响应均满足安全指标要求，但极限拉伸状态相对于列车行驶和梁端伸缩装置安全性能来说较为不利。

综上所述，本节根据规范确定了车-桥梁端耦合系统评价指标，研究了不同车速、温度变形、梁端转角变形、极限梁端伸缩状态对梁端伸缩一体化装置安全性能及行车平稳性的影响。研究结果表明，与桥梁一般地段相比，梁端伸缩装置及伸缩调节器部位的动力学指标变化较大，但其均符合安全指标要求，说明高速列车组以设计时速在大跨度斜拉桥梁端伸缩一体化装置上行驶时具有安全性和稳定性。

3.6 本 章 小 结

本章根据长清黄河特大桥结构特点和所处气候条件，通过有限元分析系统研究了长清黄河特大桥上无砟轨道的平顺性、梁轨相互作用、车-轨-桥耦合动力性能及梁端伸缩一体化装置的动力特性，探讨了最不利温度变形和梁端转角对大跨度桥梁的梁端线路及梁端伸缩一体化装置的影响，为大跨度桥梁无砟轨道设计提供了理论依据和实践参考，具体结论如下。

（1）针对轨面平顺性分析与评价，提出了静态、准静态和动态评价体系，并采用 60m 中点弦测法和旅客舒适度评价法分析了列车荷载、主梁升温、桥塔升温、斜拉索升温及温度梯度等多种因素对轨道高低不平顺的影响。研究结果表明，在不同温度梯度和列车荷载作用下，钢轨垂向位移和轨道高低不平顺幅值分别达到 79.75mm 和 14.96mm，均满足列车正常运行的要求。桥梁与主塔的温度变化可以在一定程度上减缓列车荷载引起的梁体下挠，改善轨道平顺性，但斜拉索升温和日照温差会增加轨道高低不平顺幅值。旅客舒适度评价法和 60m 中点弦测法的结果一致，均确保了列车运行的安全性和舒适性。

（2）针对梁轨相互作用，基于轨-梁-索-塔-墩一体化的有限元模型，研究了温度荷载、列车荷载和制动力作用下斜拉桥体系及桥上无缝线路的力学特征。研究结果表明，无缝线路伸缩力主要受主梁温度变化的影响，最大钢轨纵向附加力幅值为 641.14kN，梁轨相对位移幅值为 4.08mm。制动荷载作用下，主梁上会产生约 0.55mm 的梁轨快速相对位移，影响范围受制动荷载位置的影响。凸台力与温度变化呈线性关系，三凸台设计能显著改善轨道板受力。

（3）针对车-轨-桥耦合动力性能分析，研究了无砟轨道在大跨度混凝土斜拉桥上的振动特性，分析了轨道结构参数对桥梁-轨道系统动力性能的影响。通过有限元与多体动力学联合仿真分析,发现车辆通过主梁跨中位置时,动力响应最大,动车的响应幅值大于拖车。在 250～400km/h 行车速度下,车-桥耦合系统的动力性能良好,能满足 350km/h 设计速度要求。桥上无砟轨道的动力响应与板缝距离成反比,板缝处轨道变形最大。梁轨之间存在相对位移,钢轨最大垂向位移和横向位移差分别为 0.51mm 和 1.35mm。扣件垂向刚度对轨道结构层的影响程度随结构层向下而降低,最佳扣件垂向刚度为 40～50kN/mm。缓冲隔离垫层刚度对轨道结构上部影响明显,最佳缓冲隔离垫层刚度为 0.1～0.12N/mm^3。

(4)针对梁端伸缩一体化装置的动力特性,探讨了梁端伸缩装置在不同温度和梁端转角下的动力特性。在最不利工况下,梁端伸缩装置表现出良好的伸缩性能,升温工况下梁端压缩量为 38mm,降温工况下拉伸量为 19mm。温度和梁端转角对梁端伸缩装置位置处钢轨的变形影响显著,但不同车速下装置的安全性能和列车动力响应均符合要求。钢轨伸缩调节器区域内的变形最大,轨道不平顺谱变差则动力响应增大,需保持桥上线路的高平顺性。

第4章　千米长联斜拉桥上无砟轨道施工技术

为确保长清黄河特大桥成桥及无砟轨道铺设后的轨面线形满足要求，施工线形控制的主要技术思路为：主梁合龙后，无砟轨道施工前，通过桥面水袋压重实验，确定荷载与主梁变形的精确对应关系，修正主梁的计算刚度，再通过温度变形监测实验得到温度作用下主梁的变形规律；通过有限元软件对斜拉桥进行建模分析，计算出主梁在无砟轨道施工前的理论线形，调整斜拉索索力，使主梁线形达到合理状态；充分利用底座板的可调性，消除主梁节段局部线形误差；再利用自密实混凝土层精调轨道线形，精度可控制在毫米级；最后利用扣件对轨道线形进行精调，可确保无砟轨道的铺设及成桥后的轨面线形满足要求。此外，为避免后续施工对无砟轨道线形的影响，在铺设无砟轨道结构前，需确保所有桥面附属结构施工完成，并先铺设边跨无砟轨道，最后铺设中跨无砟轨道。整个施工过程具体如下。

（1）理论计算。在无砟轨道施工前，通过 MIDAS 及 ANSYS 等有限元软件对桥梁结构进行建模分析，通过计算得到斜拉桥在无砟轨道施工过程中的线形变化规律。

（2）主梁合龙后进行桥面水袋压重实验，获得荷载与主梁线形的精确对应关系；通过主梁变形及温度监测实验，获得温度作用下主梁线形的变化规律。由于材料性能（如弹性模量、泊松比等）、结构各部位尺寸偏差等因素影响，结构实际刚度与理论计算刚度存在差异，通过施加桥面荷载可以明确荷载与主梁线形的精确对应关系，反映出结构的真实刚度。同时，还应掌握温度作用下主梁线形的实际变化规律，当施工时的环境温度与设计基准温度不同时，需考虑温度补偿。

（3）调整斜拉索索力，获得更合理的主梁线形。根据结构真实刚度和温度作用下的线形变化规律，按照桥面附属结构与轨道结构重量反推出桥梁合龙后主梁应达到的理论线形，并考虑温度引起的实时变形，通过调整索力使主梁线形达到目标状态，误差控制在±20mm。

（4）充分利用底座板可调厚度范围，修正主梁节段局部线形误差。调整斜拉索索力后可使初始主梁线形达到比较合理的状态，但其对调整节段间的局部线形差作用不大，当某一节段实际线形与理论线形局部存在偏差时，可充分利用底座板可调厚度范围，修正主梁节段局部线形误差。Ⅲ型轨道板底座厚 220mm，可调厚度范围为±20mm，通过调整底座板厚度，使底座板顶面线形尽可能接近理论线形。

（5）利用自密实混凝土层可调厚度范围，精调轨道线形。将轨道板吊装上桥并进行粗铺，根据计算的理论线形调整承轨台标高，得到轨道板与底座板间自密实混凝土层的实际厚度。利用自密实混凝土层可调厚度范围−5～15mm 对线形进行修正，精调承轨台标高并进行锁定，灌注自密实混凝土。无砟轨道铺设完成后，实测值与理论值偏差范围为−10～4mm，满足轨道精调要求。轨道精调完成后，轨道实测线形与理论偏差为−2～1.3mm。

（6）基于扣件可调整量精确控制线形。待上述步骤全部完成后，最后仍可利用扣件调整量对钢轨线形进行精调，保证轨面线形满足要求。

根据上述施工内容，可得到桥上无砟轨道施工详细步骤，如图 4-1 所示。

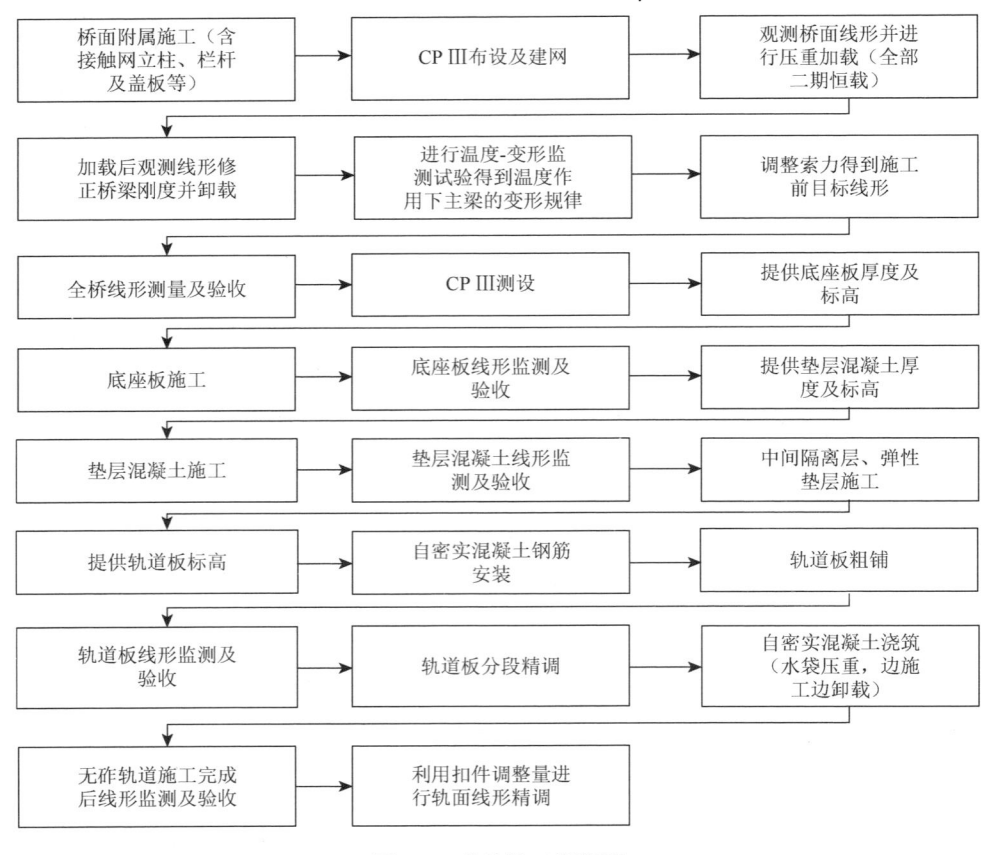

图 4-1　总体施工流程图

4.1 连续斜拉桥施工阶段变形监控

目前大跨斜拉桥上的无砟轨道施工主要分为施工前预加载和不预加载两种方式。在不进行预加载的施工方案中，主要采用相对高差法进行线形控制，并进行温度-变形监测试验获取温度作用下主梁的实际变形规律。在进行预加载的施工方案中，首先在无砟轨道施工前预压后续所有二期恒载的重量，获得无砟轨道施工完成后的实际线形，并以此为标准控制施工过程中的线形变化。

在桥梁建设领域，确保施工过程的安全性及成桥状态满足设计要求至关重要。这不仅关系到工程质量，更关乎人员安全和公共利益。传统的事后检查方法已不足以应对高速铁路桥梁等高标准工程的需求。因此，对施工全过程进行实时监控和控制显得尤为关键。在高速铁路桥梁施工中，由于其平纵断面设计标准极高，对线路的平顺性有着严格的要求，这就使得施工过程中的监控措施变得尤为重要。通过实时监控，可以及时发现并纠正施工中的偏差，确保桥梁的线形和受力状态符合设计预期。然而，国内外桥梁在施工或使用过程中发生破坏的案例并不鲜见，这些事故的发生往往与施工过程中的监控不足或控制不当有关。因此，为了有效预防桥梁施工事故，发展和应用桥梁施工监测与控制技术已成为确保桥梁结构安全的重要手段。

长清黄河特大桥采用大节段悬臂浇筑施工工艺，由于主梁节段长度大，自重大，变形大，且在实际施工中除其本身材料的非均质和材料特性的不稳定外，它还要受温度、湿度、时间等因素的影响，必然造成各节段的内力和位移随着块件拼装过程变化而偏离设计值的现象。因此，需要通过有效的监控及时发现、及时调整，保证桥梁的施工和运营安全。

4.1.1 无砟轨道施工期间桥梁结构监测

无砟轨道施工期间，需要布置桥梁结构自动监测系统，以监测梁体垂向变形、支座三向位移、梁塔索温度，从而为无砟轨道施工测量及定位提供参考。

梁体垂向变形测点共布置 43 个静力水准仪传感器，如图 4-2 所示。全桥 7 个塔墩，每个塔墩上均布置 2～3 个纵向、2 个横向、2 个垂向支座位移测点，共布置 48 个支座位移传感器，以监测梁体的三维变形。梁塔索测点共布置 39 个温度传感器，如图 4-3 所示。监测中所使用传感器如图 4-4～图 4-7 所示。

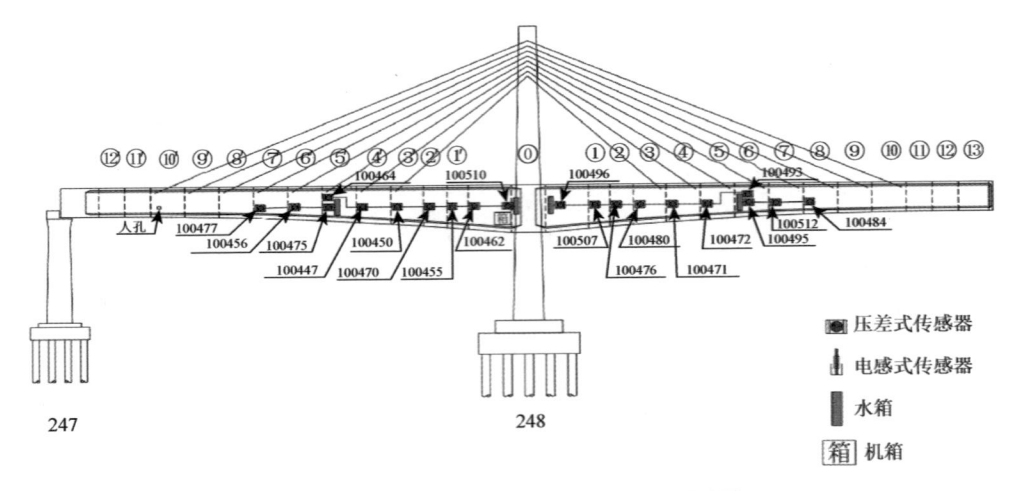

(a) 247号墩、248号墩垂向变形测点布置

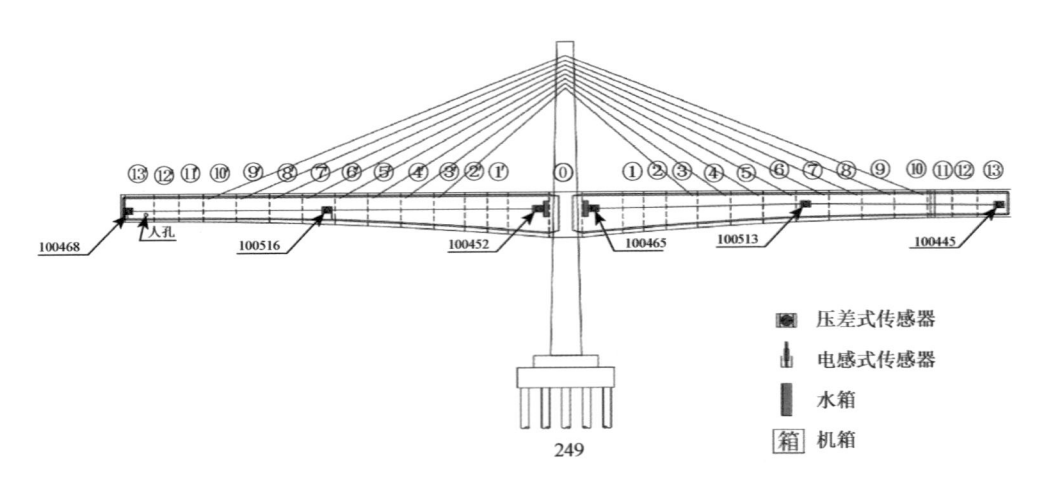

(b) 249号墩垂向变形测点布置

附注：
1. 本图单位均以cm计。
2. 本图为静力水准仪布置示意图，为方便察看，压差式传感器尺寸放大10倍，即按10∶1的比例绘制；电感式传感器放大5倍，即按5∶1的比例绘制。
3. 本图为箱梁右室剖面，除250号墩处机箱位于右腹板外，其余线路、传感器、机箱均位于右室的中腹板。
4. 本图的连线仅示意水管连线，由机箱划分的信号线共三条，分别为248机箱牵引的第1条线路，连接100456~100445的25个压差式传感器；250机箱牵引的第2条线路，连接100489~100461的3个压差式传感器；由252机箱牵引的第3条线路，连接100438~100439的14个电感式传感器，六位数字为传感器编号。

(c) 250号墩垂向变形测点布置

(d) 251号墩垂向变形测点布置

(e) 252号墩、253号墩垂向变形测点布置

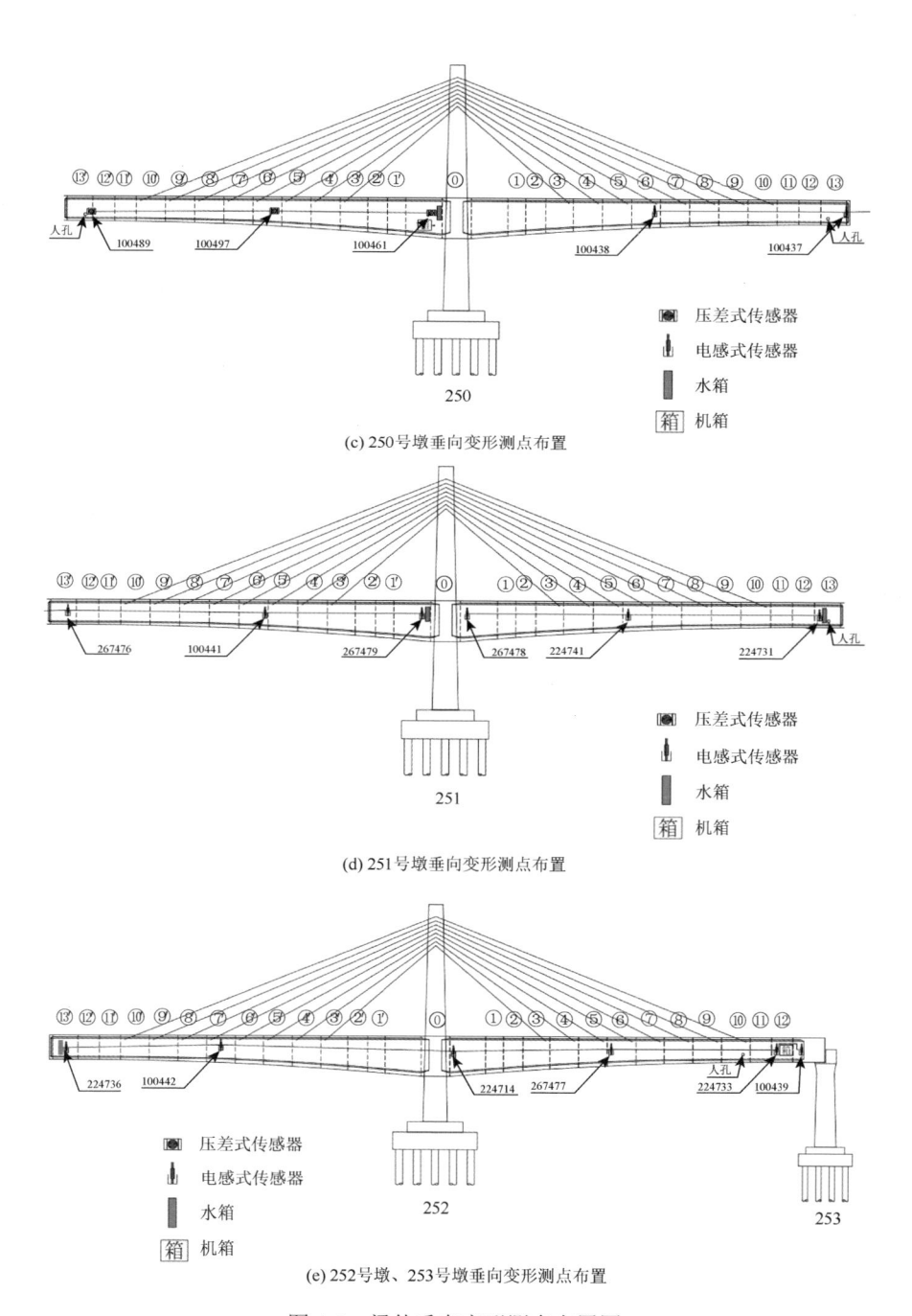

图4-2 梁体垂向变形测点布置图

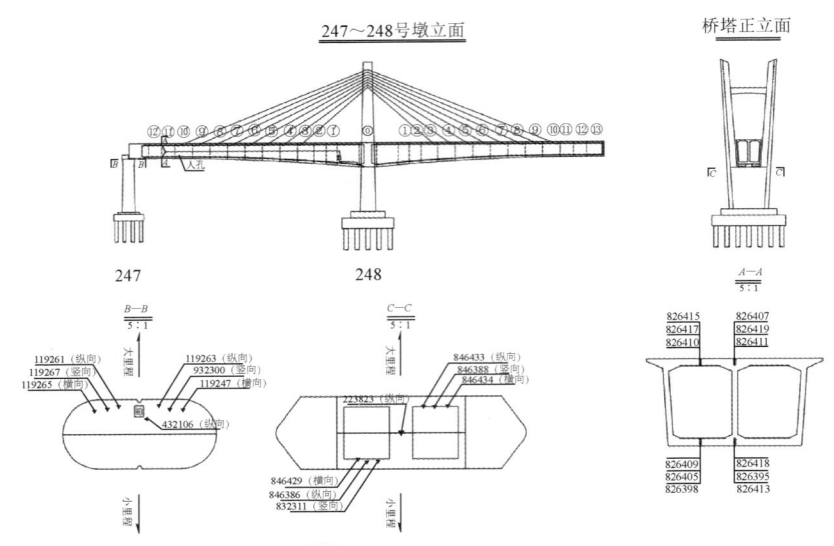

· 154 ·　　高铁千米长联桥铺设无砟轨道关键技术

附注：
1. 本图单位均以cm计。
2. 247号墩上机箱牵引247号墩上的7个位移计。
3. 248号墩上机箱牵引248号墩上的7个位移计以及小里程11号~12号断面的12个埋入式应变计，249号墩中间的1个拉绳式位移计，总共20个传感器，六位数字为传感器编号。
4. 所有传感器均能测温度。

(a) 247号墩、248号墩应变、位移传感器布置示意图

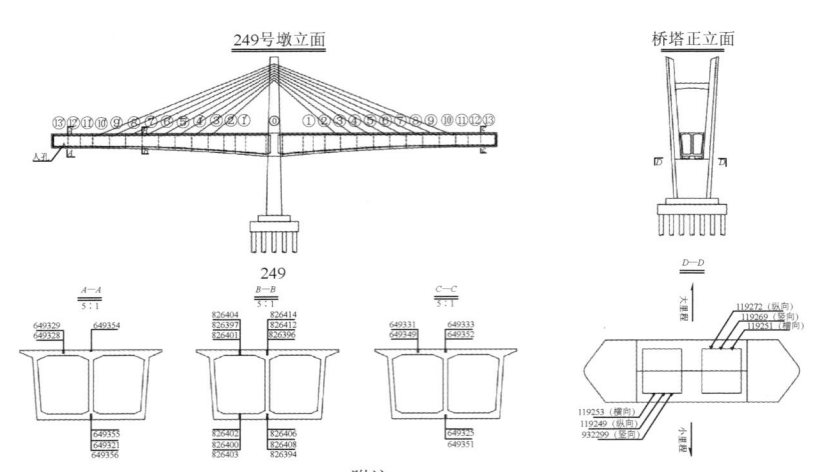

附注：
1. 本图单位均以cm计。
2. 249号墩上机箱牵引249号墩上的6个位移计；249号墩上的7个位移计、大小里程12~13号断面的各6个埋入式应变计，小里程7~8号断面的12个埋入式应变计，总共30个传感器，六位数字为传感器编号。
3. 所有传感器均能测温度。

(b) 249号墩应变、位移传感器布置示意图

第4章 千米长联斜拉桥上无砟轨道施工技术

(c) 250号墩位移传感器布置示意图

附注：
1. 本图单位均以cm计。
2. 250号墩上机箱牵引250号墩上的6个位移计，六位数字为传感器编号。
3. 温度湿度传感器共2个，1个位于250号墩0号块右室内，1个位于250号墩上；风速计、风向计也位于墩上。
4. 所有传感器均能测温度。

(d) 251号墩应变、位移传感器布置示意图

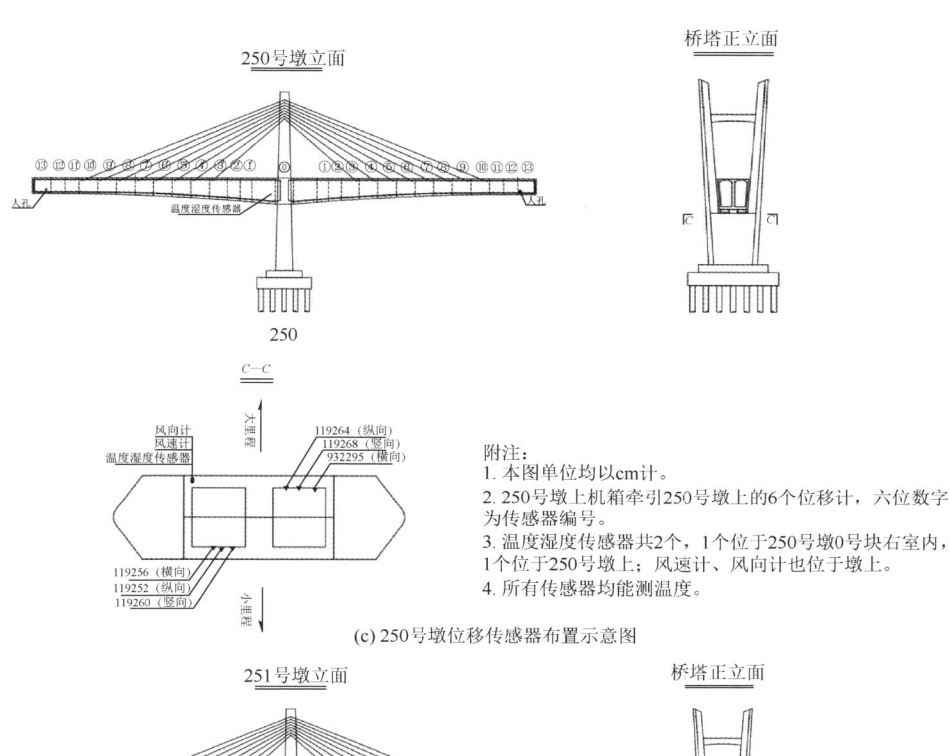

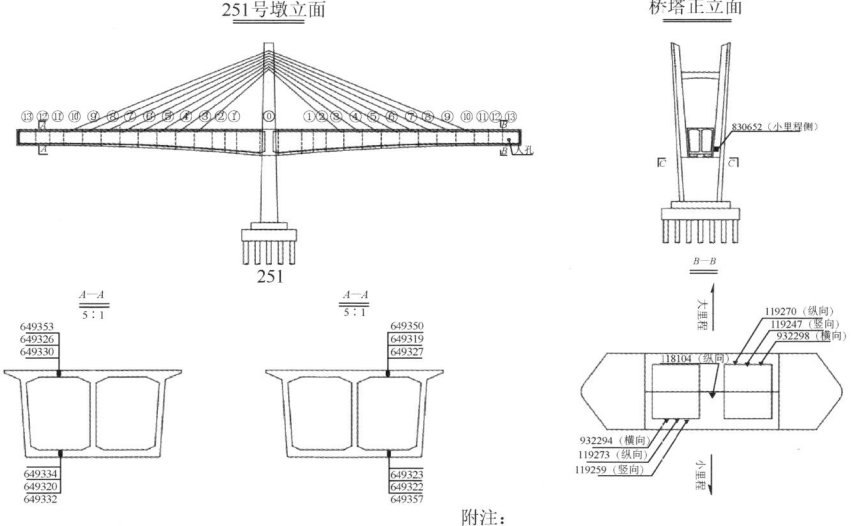

附注：
1. 本图单位均以cm计。
2. 251号墩上机箱牵引251号墩上的7个位移计、桥塔上的1个表面应变计（纵桥向布置）以及大小里程12～13号断面各6个埋入式应变计，共计20个传感器，六位数字为传感器编号。
3. 所有传感器均能测温度。

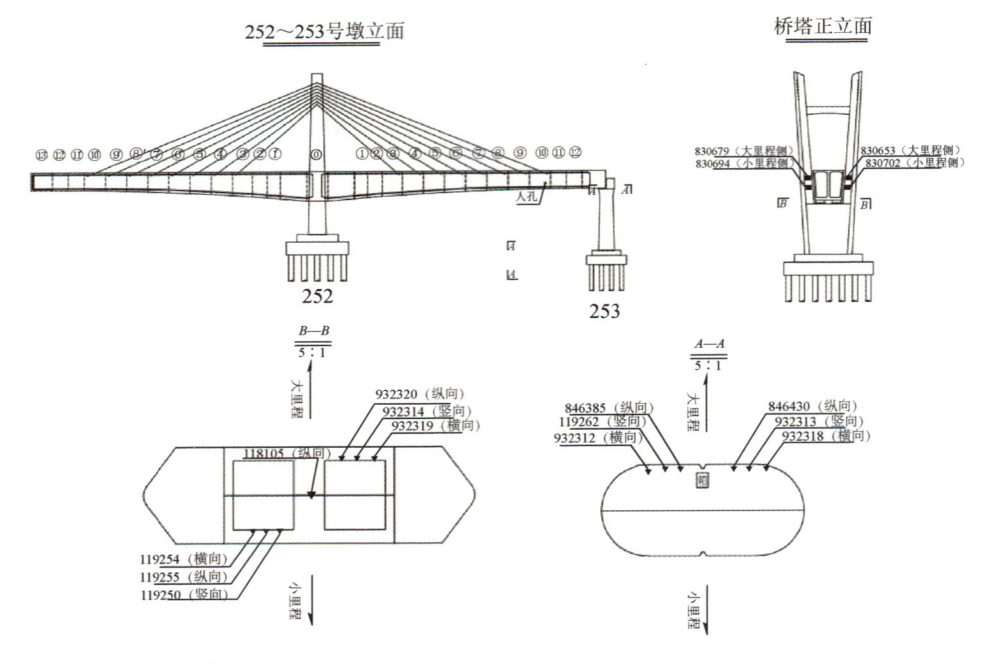

附注：
1. 本图单位均以cm计。
2. 252号墩上机箱牵引252号墩上的7个位移计以及桥塔上的4个表面应变计（纵桥向布置），共计11个传感器。
3. 253号墩上机箱牵引253号墩上的6个位移计，六位数字为传感器编号。
4. 所有传感器均能测温度。

(e) 252号墩、253号墩应变、位移传感器布置示意图

图 4-3 桥梁支座位移和结构温度测点布置图

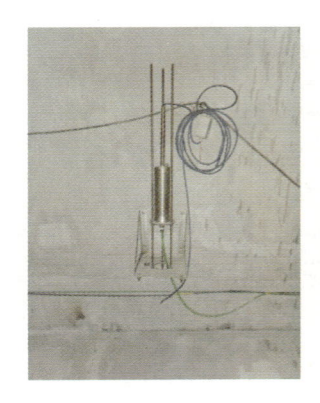

图 4-4 电感式静力水准仪 　　图 4-5 压差式静力水准仪 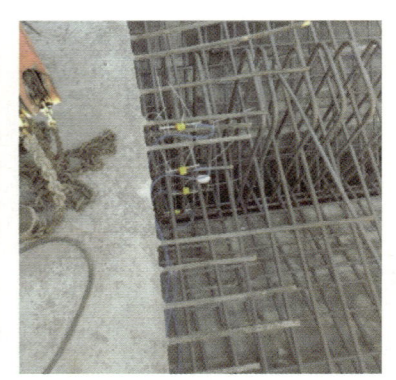　　图 4-6 埋入式温度应变传感器

图 4-7　251 号墩上支座纵向位移传感器

4.1.2　温度变形监测试验方案设计

在大跨斜拉桥成桥状态稳定后，温度是造成其主梁横向变形、纵向变形及垂向变形的主要原因。高铁大跨斜拉桥主梁横向宽度不大，一般仅 10m 左右，因此可以忽略温度对其横向变形的影响。本节主要研究温度对主梁纵向变形和垂向变形的影响。

主梁及温度自动化监测系统主要包括主梁垂向变形监测、纵向变形监测、桥上不同构件温度监测 3 项内容，下面详细介绍该系统的设计方案及工作原理。

1. 主梁垂向变形监测

主梁垂向位移采用静力水准仪（图 4-8）自动监测，通过电磁通调频位移计测量连通液位的变化，得到主梁的垂向位移。

静力水准仪由连通液管和连通气管组成，将静力水准仪安装在主梁防撞墙内侧底端，需要在以下点位进行垂向位移的监测。

（1）在每一跨的跨中需要监测跨中变形。

（2）主梁索塔及边墩位置处监测其在垂向上是否稳定。

（3）为获得桥梁更准确的线形，可适当在每一跨的 1/3、1/4、1/5 等位置处进行监测。每隔一段时间检查仪器及数据记录情况。

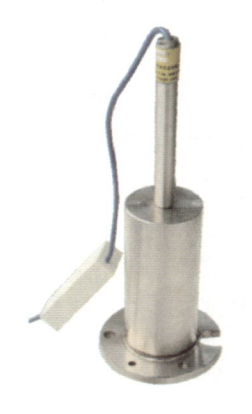

图 4-8　静力水准仪

静力水准仪的主要技术指标如表 4-1 所示。

表 4-1　静力水准仪的主要技术指标

指标	范围
灵敏度	0.01mm
精度	0.2%F.S.
量程	50mm/100mm/200mm

注：F.S.表示满量程。

2. 主梁纵向变形监测

斜拉桥的主梁一般为一个整体，仅在梁端处设有伸缩缝，主梁的纵向变形可以直接通过测量伸缩缝变化量的大小得到。但由于伸缩缝较小，通过位移传感器直接测量其变化量的大小不易操作，在此选择通过测量主梁两侧梁端与纵向活动支座之间的相对距离变化量来反映主梁的纵向位移量。

考虑到大跨斜拉桥的结构特点，选用磁致伸缩位移传感器测量主梁的纵向位移，如图 4-9 所示。纵向位移传感器布设在主梁梁端伸缩缝位置处，根据桥梁的结构特点选择具体布设方式。

磁致伸缩位移传感器的主要技术参数如表 4-2 所示。

图 4-9　磁致伸缩位移传感器

第 4 章　千米长联斜拉桥上无砟轨道施工技术 ·159·

表 4-2　磁致伸缩位移传感器的主要技术参数

指标	范围
量程	80～3000mm
线性误差	≤0.05%F.S.
重复误差	≤0.002%F.S.
温度系数	≤0.007%F.S./℃

3. 桥上不同构件温度监测

大跨斜拉桥结构对温度非常敏感，光照分布和材料种类的不同，造成主梁不同的位置处于不同的温度状态，从而产生温度应力，使主梁产生变形。因此，大跨斜拉桥主梁温度自动化监测应该包含大气温度监测、主梁不同位置温度监测、斜拉索钢丝温度监测、桥塔温度监测四部分。大气温度监测可采用如图 4-10 所示的空气温度传感器，其布置在每一跨的跨中位置处，将其固定在防护栏内侧底部，若桥梁跨度较小，则可根据桥梁结构特点进行布置，但间距不宜大于 200m。

索塔和混凝土梁的温度测量均可采用如图 4-11 所示的混凝土温度传感器，测量索塔的温度变化时可将传感器固定在索塔内侧与主梁等高的位置。当测量混凝土梁的温度时，若为混凝土箱梁，则可将其布置在箱梁内部跨中位置处；若为大体积混凝土梁，则可将其固定在主梁跨中处的侧面，并根据桥梁实际情况进行布置。

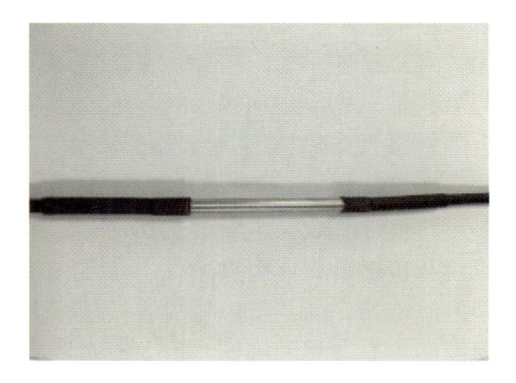

图 4-10　空气温度传感器　　　　图 4-11　混凝土温度传感器

斜拉索钢丝的温度测量均可采用如图 4-12 所示的钢材温度传感器，测量斜拉索温度时可将传感器固定在斜拉索与主梁连接的位置处，每跨布设一个即可。

图 4-12 钢材温度传感器

温度传感器的主要技术指标如表 4-3 所示。通过对桥梁不同构件温度变化的监测，可以得到不同构件在不同温度下的变形，进而得到主梁的变形规律。这有利于在后续施工过程中当实际温度与设计温度不符时提供温度补偿，从而更准确地指导施工进程。此外，还能通过试验数据建立对应温度的大跨桥上的 CPⅢ 坐标实时修正模型，但该模型只能用于桥上荷载不变的情况。当精调轨道板和钢轨时，可以使用在其荷载对应条件下的修正模型，而当桥上荷载变化时需重新进行试验，建立新的修正模型。

表 4-3　温度传感器的主要技术指标

技术指标	范围
量程	−30～100℃
精度	±0.2℃
采样频率	1 次/3min

4. 传感器布设与自动化监测系统工作原理

结合长清黄河特大桥的自身结构特点，在该桥两侧边墩顶部的纵向活动支座处分别布设 1 个纵向位移传感器（共 2 个），用于监测主梁两侧梁端的纵向位移；在每一跨跨中的护栏处分别布设 1 个空气温度传感器（共 6 个）；在每一跨跨中混凝土箱梁的内部分别布设 1 个混凝土温度传感器（共 6 个）。在主梁主跨四分点截面、边跨跨中截面、塔墩截面分别布置 1 个主梁垂向位移传感器（共 21 个）。每跨选取上游近塔侧的 1 根索测量斜拉索钢丝温度（共 5 个），每个桥塔在塔梁交界截面测量上游侧塔柱混凝土内部温度（共 5 个）。全桥共布设 45 个传感器。为了更直观地展示传感器的布局，图 4-13 展示了边跨及主梁主跨范围内的传感器布置图。

从传感器总体布置来看，该桥使用的温度传感器采样频率均为 1 次/3min，能够为后续建立 CPⅢ 控制网的实时修正模型提供大量准确的监测数据，确保修正模型的可靠度和准确性。桥上所布置的传感器之间通过并联的方式相互连接，首先将监测到的数据通过信号的方式传递给布置在桥上的数据采集设备，再使用解调仪将收集到的信号转化为数据形式，并存储到计算机的数据库中。在监测过程中，可通过 GPRS 无线网络通信技术连接计算机，远程查看和管理收集到的所有监测数据，若发现数据有异常情况，则可及时解决。

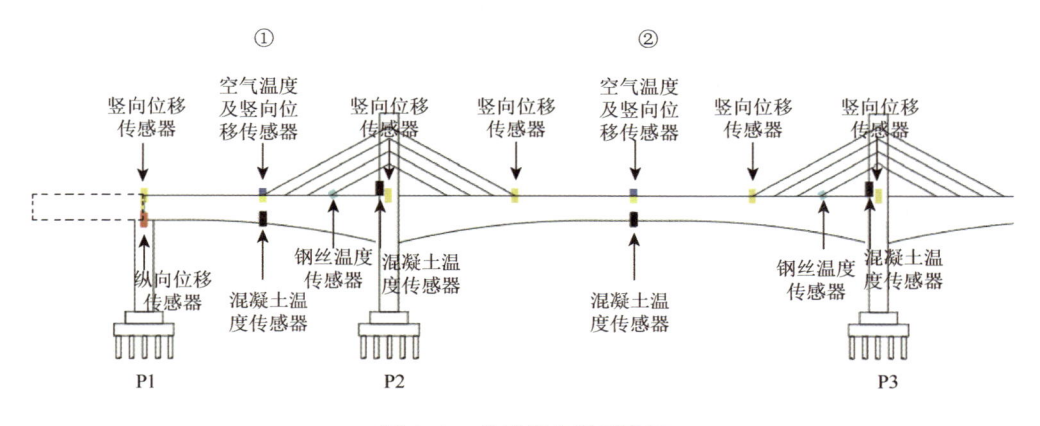

第 4 章　千米长联斜拉桥上无砟轨道施工技术

图 4-13　传感器布置示意图

本监测方案可实现数据的远程查看和管理，节省了大量的人力和时间，并且各传感器的安装也比较简单。因此，采用传感器进行温度-变形监测能大大降低人力、财力成本。

4.1.3　大跨度连续梁斜拉桥线形变化规律

1. 48h 温度挠度观测试验

长清黄河特大桥主桥钢斜拉索、混凝土塔梁共同受力，结构整体、局部温度场复杂，结构的实际温度变形曲线难以全部依靠理论计算，加之无砟轨道施工线形受温度影响大，线形容许误差小，因此为掌握主桥实际温度变形规律，需开展无砟轨道底座施工前的 48h 桥梁温度变形观测。通过测量观测点在不同温度下的高程并求差，可获得桥梁温度变形曲线，为无砟轨道施工提供依据。

在主桥线路左侧防护墙顶安装完成高程工作基点（温度变形观测点），基点间距为 18m 左右，高程工作基点所用测钉如图 4-14 所示。

图 4-14　高程工作基点所用测钉示意图

全桥所有高程工作基点布设如图 4-15 所示。

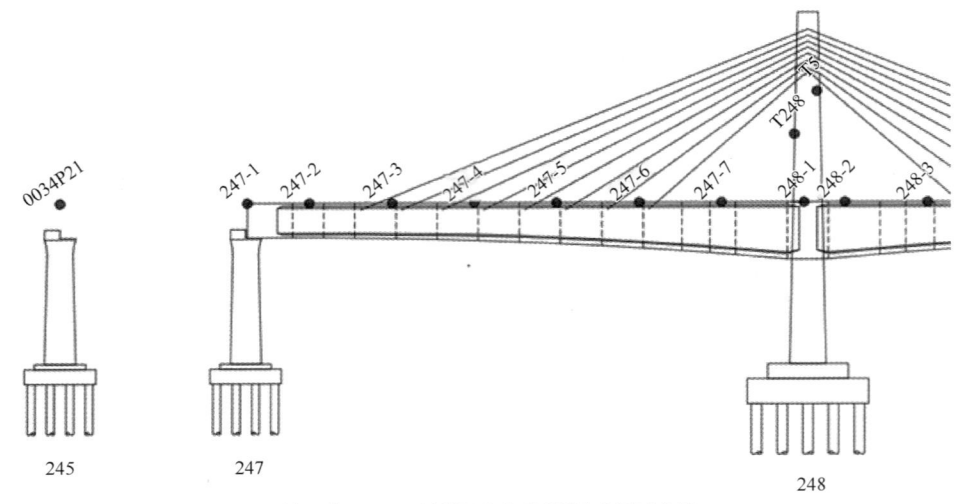

(a) 第一跨247～248号墩温度变形观测点布置示意图

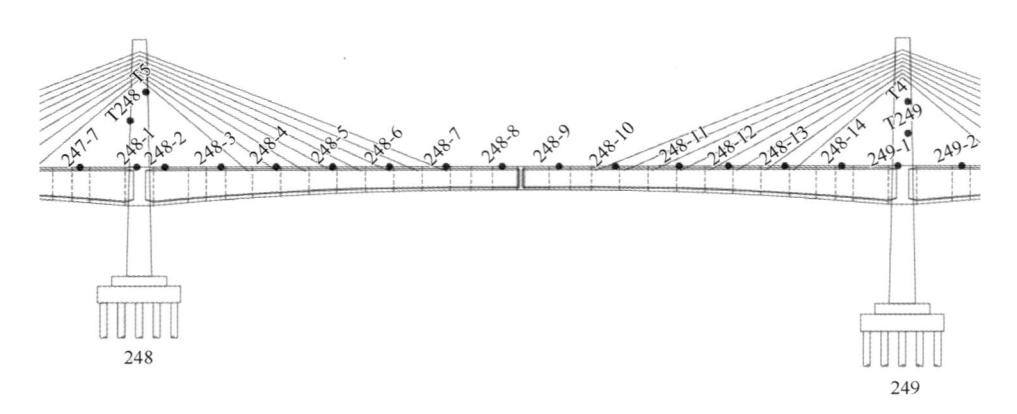

(b) 第二跨248～249号墩温度变形观测点布置示意图

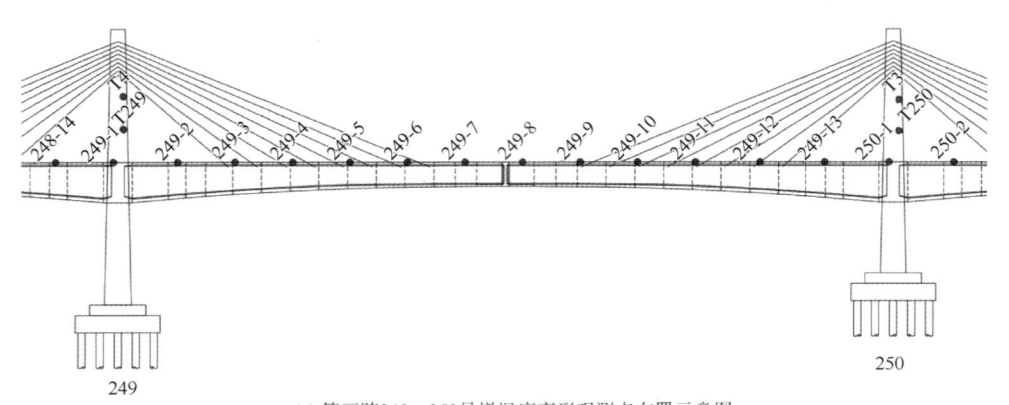

(c) 第三跨249～250号墩温度变形观测点布置示意图

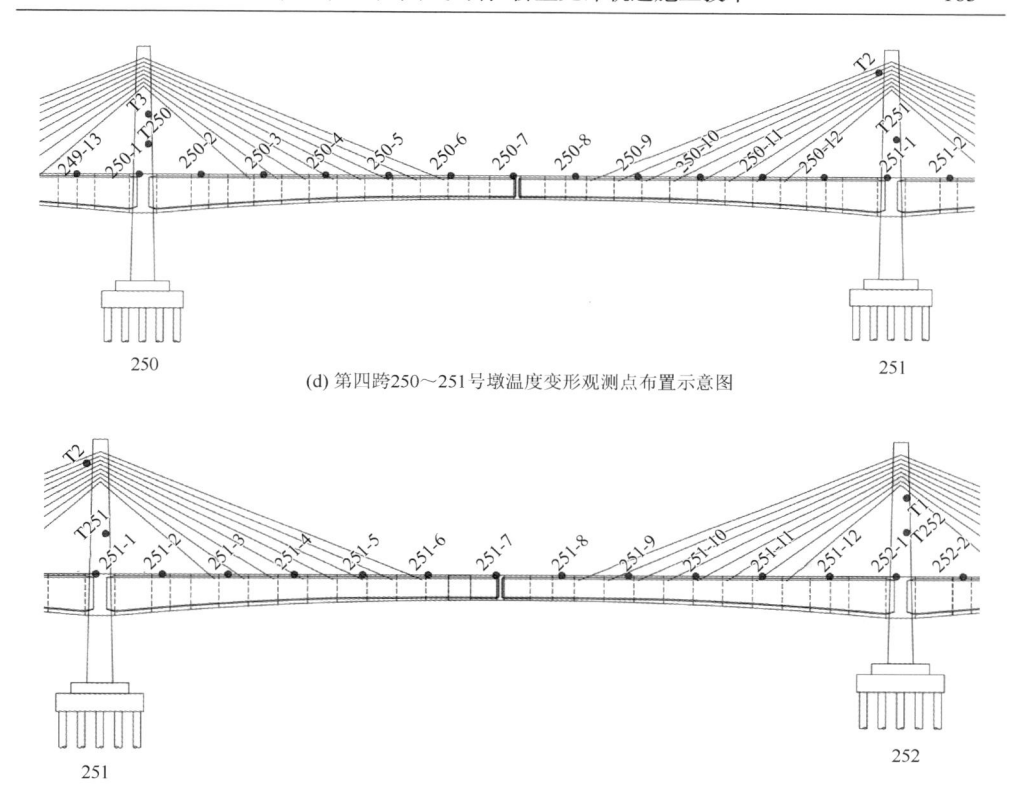

第 4 章　千米长联斜拉桥上无砟轨道施工技术

(d) 第四跨250～251号墩温度变形观测点布置示意图

(e) 第五跨251～252号墩温度变形观测点布置示意图

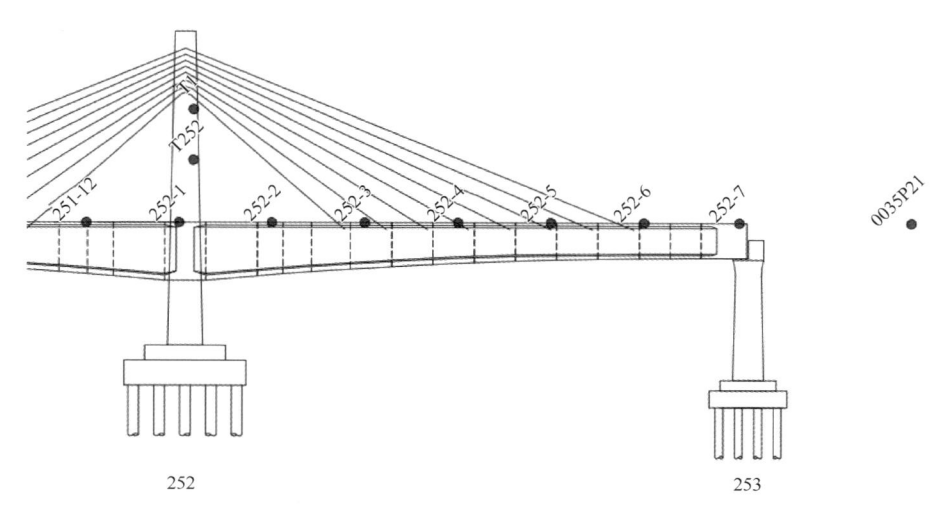

(f) 第六跨252～253号墩温度变形观测点布置示意图

图 4-15　温度变形观测点布置

桥梁温度变形观测严格按照国家二等水准测量的要求施测，并附合到两侧线上加密水准点 0034H01（245 号）和 0034H02（253-1 号）上。由于主桥温度跨度大，按照主桥上稳定基准点的布设位置，将温度变形观测点的高程分为 6 个测段进行测量，每跨作为一个测段，相邻基准点对间进行独立的往返测量。具体分段情况如图 4-16 所示。

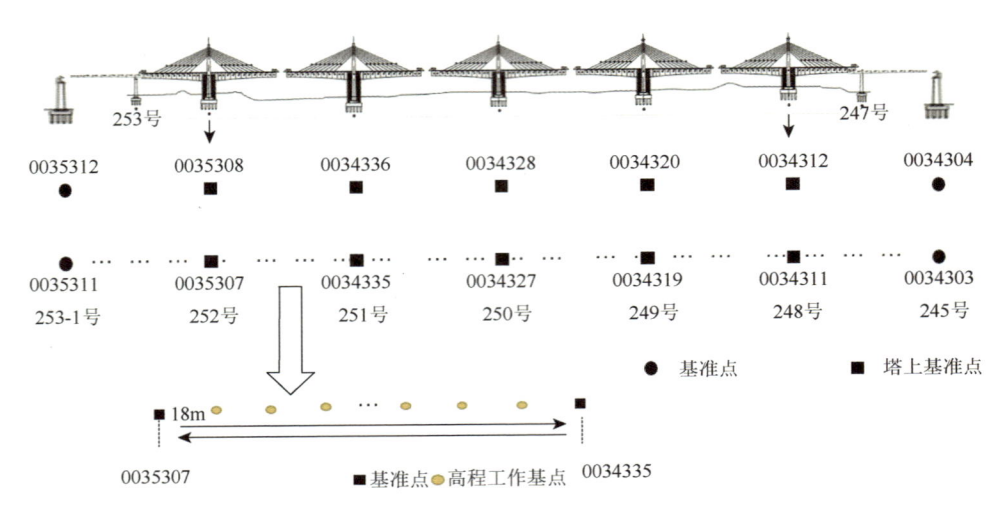

图 4-16　高程工作基点布设及分段示意图

进行二等水准测量时，应尽量缩短测量时间，以避免施测时的温度变化引起主梁挠度变形，造成高程测量无法达到二等水准测量的精度要求。水准测量的网形如图 4-17 所示。

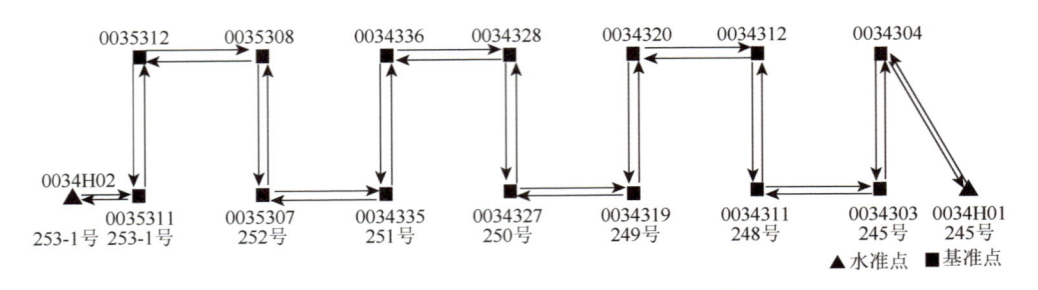

图 4-17　二等水准测量高程基准网附合路线图

水准测量外业观测精度指标需要满足表 4-4～表 4-6 的要求。在外业测量符合规定后，还需要检查水准测量的整网精度是否达到高速铁路工程测量规范的要求。

表 4-4 水准观测的主要技术要求

等级	水准仪最低型号	水准尺类型	视距	前后视距差	测段的前后视距累积差	视线高度	数字水准仪重复测量次数
二等	DS1	因瓦	≥3m 且 ≤50m	≤1.5m	≤6.0m	≤2.8m 且 ≥0.55m	≥2 次

表 4-5 水准观测的观测方法

等级	观测方式 与已知点联测	观测方式 附合或环线	观测顺序
二等	往返	往返	奇数站：后—前—前—后 偶数站：前—后—后—前

表 4-6 高程控制网精度要求

水准测量等级	限差 M_Δ	限差 M_W	检测已测测段高差之差	往返测高差不符值	附合路线或环线高差闭合差
二等水准	≤1.0mm	≤2.0mm	$±6\sqrt{R_i}$	$±4\sqrt{L}$	$±4\sqrt{L}$

注：L 为附合或环线的水准路线长度，R_i 为检测已测测段长度，单位均为 km；M_Δ 为每千米水准测量偶然中误差；M_W 为每千米水准测量中误差。

48h 温度挠度连续观测结果表明，第 2~8 期相对于第 1 期结构升温。第 2~8 期相对于第 1 期的斜拉索及主梁温差如表 4-7 和表 4-8 所示，表中数字升温为正，降温为负。

表 4-7 第 2~8 期相对于第 1 期的斜拉索温差　　（单位：℃）

期段	第 1 跨	第 2 跨	第 3 跨	第 4 跨	第 5 跨	第 6 跨
第 8 期相对于第 1 期	10.6	9.9	8.5	8.1	7.8	7.0
第 7 期相对于第 1 期	5.5	6.6	8.6	10.6	11.9	12.5
第 6 期相对于第 1 期	3.0	3.0	3.2	3.1	3.2	3.2
第 5 期相对于第 1 期	3.1	3.3	3.5	3.5	3.5	3.4
第 4 期相对于第 1 期	6.4	5.7	5.2	4.8	4.6	4.6
第 3 期相对于第 1 期	8.0	8.6	8.7	8.2	7.6	6.7
第 2 期相对于第 1 期	−0.9	−0.4	0.4	1.2	2.1	3.5

表 4-8　第 2～8 期相对于第 1 期的主梁温差　　　（单位：℃）

期段	第 1 跨	第 2 跨	第 3 跨	第 4 跨	第 5 跨	第 6 跨
第 8 期相对于第 1 期	11.9	11.8	11.2	10.9	10.6	9.6
第 7 期相对于第 1 期	10.7	12.1	13.5	14.3	14.7	14.9
第 6 期相对于第 1 期	5.1	4.8	4.7	4.3	4.3	4.5
第 5 期相对于第 1 期	4.5	4.7	4.8	4.8	4.8	4.9
第 4 期相对于第 1 期	9.4	9.0	8.6	8.0	7.7	7.6
第 3 期相对于第 1 期	10.7	11.6	12.4	12.9	13.2	13.3
第 2 期相对于第 1 期	−1.3	0.4	2.3	4.0	6.5	10.3

根据 48h 温度主梁挠度观测结果，绘制出第 2～8 期相对于第 1 期的温度挠度曲线，如图 4-18 所示。从总体上看，第 2～8 期相对于第 1 期的温度挠度曲线特征为：第 2、5 跨下挠明显，第 3、4 跨下挠次之，第 1、6 跨变形相对较小。

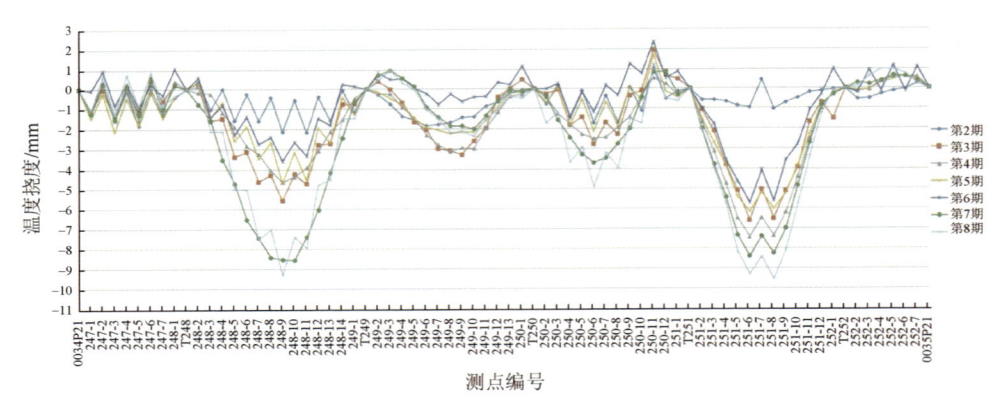

图 4-18　第 2～8 期相对于第 1 期的主梁温度挠度

各单跨第 8 期相对于第 1 期的主梁温差及挠度变化如表 4-9 所示。第 8 期相对于第 1 期主梁升温 9.6～11.9℃，斜拉索升温 7.0～10.6℃，主梁最大下挠−9.55mm，主梁最大上拱 1.28mm。

表 4-9　第 8 期相对于第 1 期的主梁温差及挠度变化

参数	第 1 跨	第 2 跨	第 3 跨	第 4 跨	第 5 跨	第 6 跨
主梁温度变化/℃	11.9	11.8	11.2	10.9	10.6	9.6
斜拉索温度变化/℃	10.6	9.9	8.5	8.1	7.8	7.0
空气温度变化/℃	8.9	8.7	8.4	8.1	7.9	8.2
主梁最大下挠/mm	−1.27	−9.31	−2.37	−4.89	−9.55	0.14
主梁最大上拱/mm	0.88	0.16	0.98	1.28	−0.08	0.99

以第 5 跨为例，对 8 期温度挠度观测结果进行单跨分析，其主梁温度挠度变化曲线与温度变化情况如图 4-19 和图 4-20 所示。

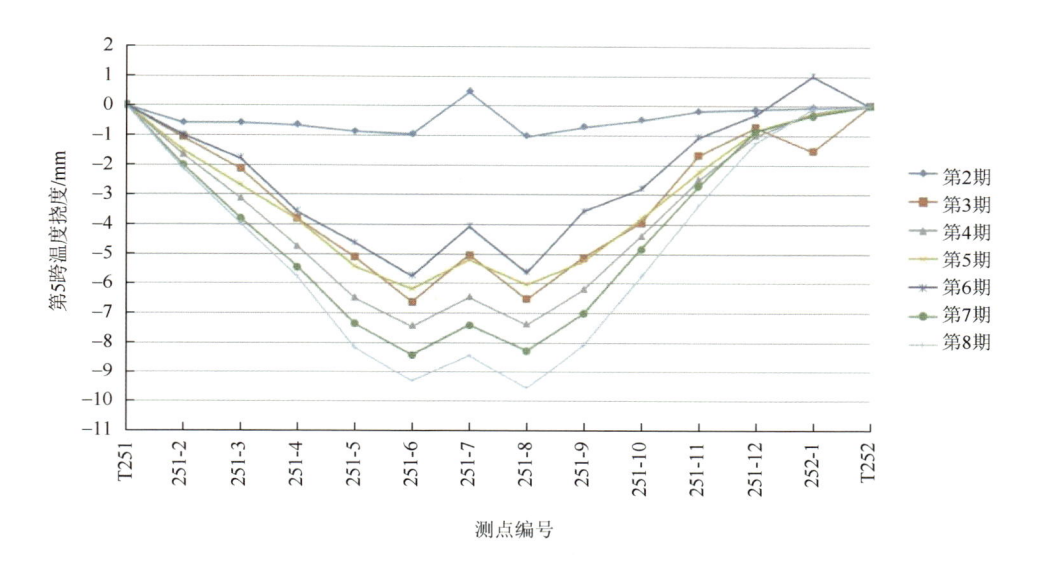

图 4-19　第 5 跨第 2~8 期相对于第 1 期的主梁温度挠度

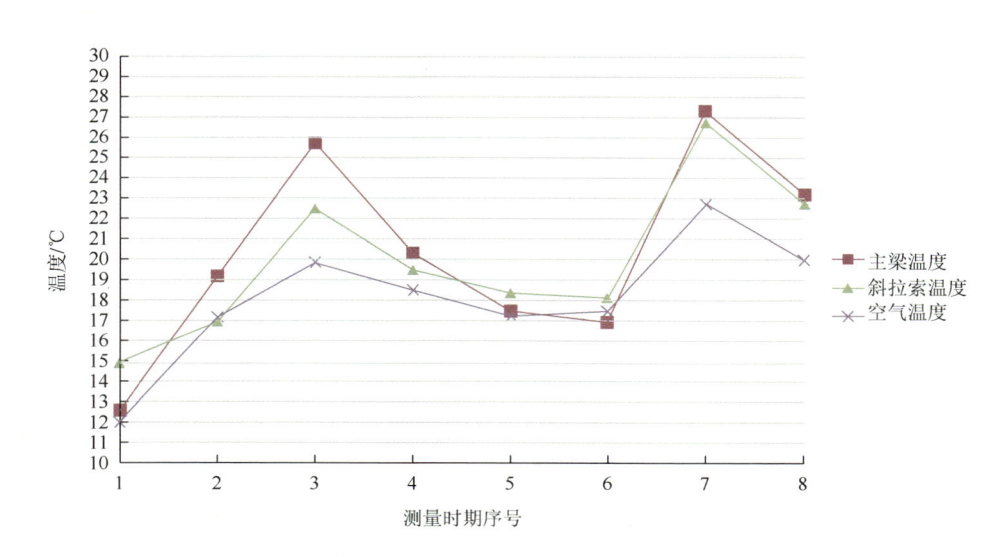

图 4-20　第 5 跨第 1~8 期主梁、斜拉索及空气温度

由图 4-19 和图 4-20 可知，第 5 跨温度垂向挠度曲线特征为：随着结构升温，其变形呈 V 形且基本对称；温度变形重复性好，如第 5、6 期温度接近时

主跨结构变形相似；而索梁温差控制曲线形状，第 7 期比第 3 期索梁温差更大，第 7 期下挠更大。

根据 48h 温度主梁挠度观测结果，第 1~5 期、第 7~8 期相对于第 6 期的温度挠度曲线如图 4-21 所示。从总体上看，温度挠度曲线特征为：第 2、5 跨在第 1、2 期上拱，而在第 7、8 期下挠。

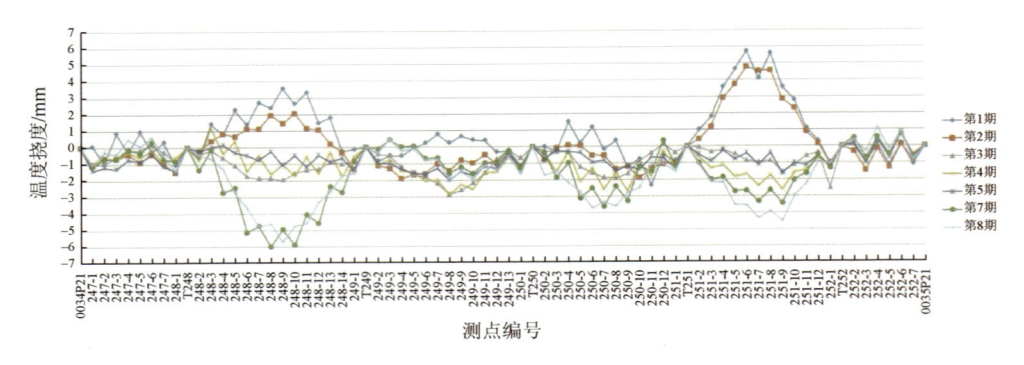

图 4-21　第 1~5 期、第 7~8 期相对于第 6 期的主梁温度挠度

以第 5 跨为例，第 1~5 期、第 7~8 期相对于第 6 期的主梁温度挠度变化曲线与温度变化情况如图 4-22 和图 4-23 所示。

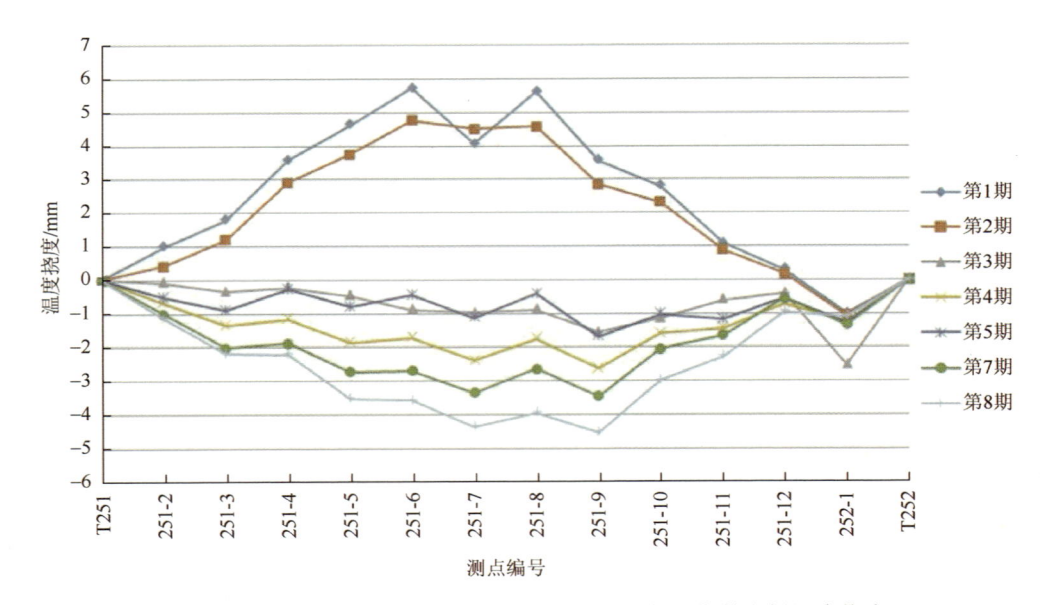

图 4-22　第 5 跨第 1~5 期、第 7~8 期相对于第 6 期的主梁温度挠度

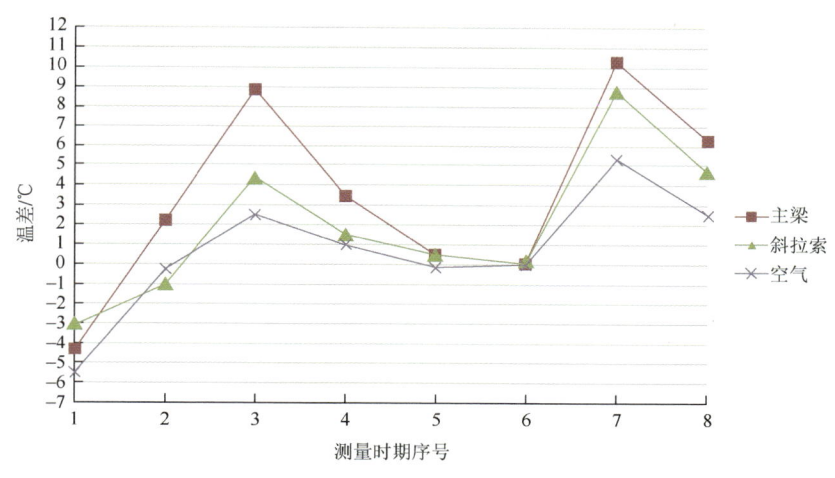

图 4-23　第 5 跨第 1～5 期、第 7～8 期相对于第 6 期的主梁、斜拉索及空气温差

通过对 8 期温度挠度观测结果进行单跨分析，第 5 跨温度垂向挠度曲线特征为：第 1 期相对于第 6 期，主梁降温–4.3℃，斜拉索降温–3.2℃，最大上拱 5.73mm；第 2 期相对于第 6 期，主梁升温 2.2℃，斜拉索降温–1.1℃，最大上拱 4.77mm；第 8 期相对于第 6 期，主梁升温 6.3℃，斜拉索升温 4.7℃，最大下挠–4.53mm。

可得出结论：主梁温差与斜拉索温差对主梁挠度变化的影响不能忽视，斜拉索温度变化、空气温度变化基本同步。当施工时的温度与设计基准温度（15℃）不一致时，需进行温度修正。理论修正可采用 48h 观测成果并结合计算分析确定。

2. 桥上部分压重试验

大跨斜拉桥上无砟轨道施工采用等效替代荷载压重的方法，其原理主要是以静态荷载替代后续施工过程中的动态荷载。采用等效荷载替代压重的主要流程为：待完成 CPⅢ控制网建立及观测点埋设后，对主桥成桥线形进行监测，统计分析全桥变形规律，做好加载前的数据统计。在无砟轨道施工前采用等效的静态荷载（水袋）代替后续施工过程中的轨道结构荷载，分阶段加载，修正模型刚度的同时得到主梁在无砟轨道施工完成后的实际线形。在自密实混凝土浇筑的过程中，先在接触网立柱两侧预压对应荷载，在施工进行的同时卸载对应的压重荷载，保证主梁上荷载基本不变。

主梁合龙后进行 CPⅢ控制点布设并通测基准点，得到加载前的主梁线形。在附属结构施工完成后，对全桥进行分阶段预加载，全部压重荷载为后续二期恒载，以 CRTSⅢ型板式无砟轨道为例，可按照表 4-10 进行加载。在预压荷载的过程中对主梁线形进行监测，记录不同荷载作用下主梁的变形规律，修正主梁刚度，使理论模型更加准确地指导无砟轨道施工。

表 4-10　全桥压重荷载

序号	加载位置	预加载所对应的轨道结构
1	防护墙内侧	底座板
2	防护墙内侧	轨道板+隔离层
3	防护墙外侧	自密实混凝土
4	防护墙外侧	钢轨、扣件、盖板等剩余荷载

全桥压重荷载计算如表 4-11 所示。压重采用水袋注水的方式，加载前应对流量计进行标定，抽取水袋称重，在加载过程中须分级对称加载。桥上全部后续二期恒载压重荷载布置如图 4-24 所示。

表 4-11　全桥压重荷载计算

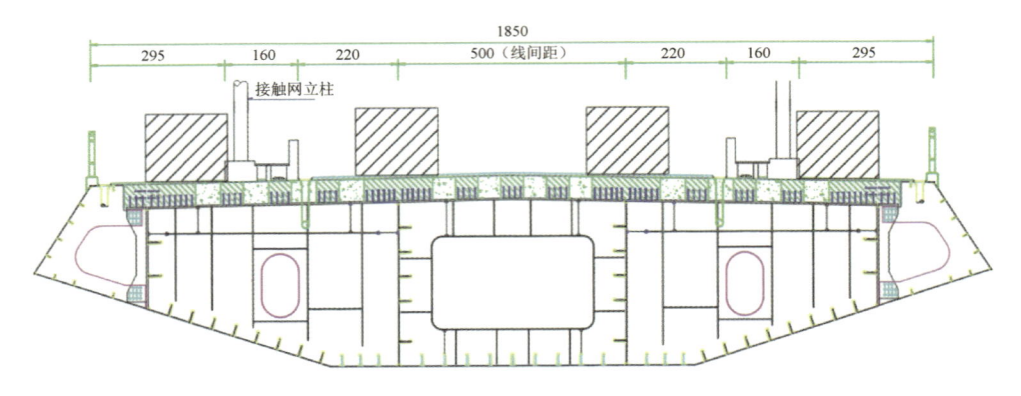

序号	名称	规格	单位	数量	荷载/(kN/m)
1	轨道板	P5600	块	240	30.5
2		P4925		160	
3		P4856		0	
4		P3710		0	
5		P4925B		0	
6	底座混凝土	C40	m³	1190.16	32.4
7	底座板 CRB550 钢筋焊网	11mm	t	59.6898	
8	自密实混凝土	C40	m³	532	14.1
9	自密实混凝土凸台 HRB335 钢筋	10mm	t	2.626	
10	自密实混凝土层 CRB550 钢筋焊网	12mm	t	15.74	
合计					77

图 4-24　全荷载预压布置示意图（单位：cm）

在自密实混凝土施工前需要进行相应荷载的预压，在浇筑过程中同步卸载，保证在自密实混凝土施工过程中前面荷载基本无变化，自密实混凝土施工过程中相应压重荷载布置如图 4-25 所示。根据压重方案前后监测结果，并通过对比分析压重工况，分析主桥变形与计算模型对应施工工况变形拟合度，精调计算模型。按照监测数据指令，调整全桥索力，将桥面实际线形调整至与理论设计线形相吻合，达到指令要求。

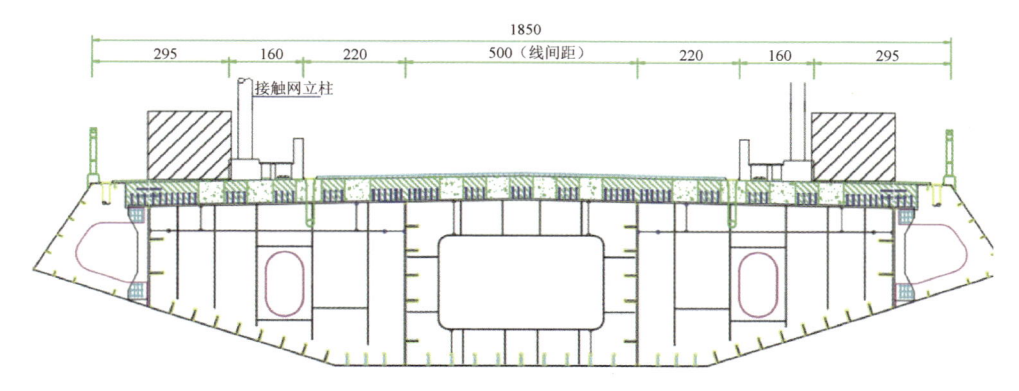

图 4-25　自密实混凝土施工等效荷载布置示意图（单位：cm）

桥梁合龙后，在全桥预压等效二期恒载的水袋，并在加载前后对全桥通测线形。排除温度影响，修正后的有限元模型计算挠度变化量与实测挠度变化量如图 4-26 所示。修正后的有限元模型与实测挠度变化量基本一致，误差较大处出现在每一跨跨中位置，误差量分别为 3.12%、4.21%、4.41%、2.12%、3.74%、3.33%。

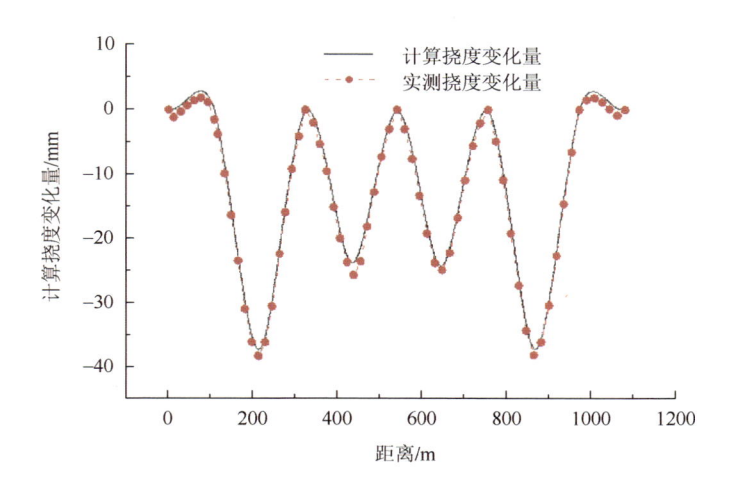

图 4-26　加二期恒载桥梁垂向线形变化量

通过压重试验复核刚度，保持桥上荷载的稳定性，修正后的有限元模型可准确补偿因桥上压重荷载差异产生的垂向挠度变形量。

长清黄河特大桥施工过程中因自身结构特点及受外界环境的干扰易发生变形，难以有效控制轨道线形。因此，对施工全过程进行实时监控和控制，显得尤为关键。本节介绍了一项创新的施工监控方案：通过在桥梁的关键部位设计并安装高精度传感器，实时收集关键数据。通过建立理论修正模型，可为后续无砟轨道的施工提供科学指导，极大地提高施工的精度和效率。

4.2 连续斜拉桥上无砟轨道施工快速测量

4.2.1 CPⅢ轨道控制网概述

CPⅢ轨道控制网是高铁建设的重要组成部分，分为平面网和高程网，其点位一般按点对的方式沿线路方向均匀布置，间距一般为60m。CPⅢ控制网在点位布设完成后需要进行通测，测量起算点及结束点需要闭合于已知点，平面网的测量一般起闭于基础平面控制网（CPⅡ）或线路控制网（CPⅠ）。高程网的测量起算点及结束点一般为线路水准点。在无砟轨道施工期间通过CPⅢ控制网指导底座板施工、轨道板的粗铺和精调等，以保证施工精度，在高速铁路运营期间通过CPⅢ控制网得到轨道维护的测量控制基准，进行后续的养护维修工作。

1. CPⅢ平面控制网

CPⅢ平面控制网使用全站仪自由设站边角交会法进行测量，每个CPⅢ点至少需要被全站仪重复观测3次，以保证其点位坐标具有较高的精度，自由设站点的间距一般为60m或者120m。其中，设站点间距为120m的测量过程如图4-27所示。在平面网测量完成后需要进行约束平差，为保证测得的CPⅢ平面控制网精度满足规范要求，沿线路方向每间隔600m左右需要测CPⅠ网或CPⅡ网的已知点，在后续的平差过程中以CPⅠ网或CPⅡ网的已知点进行控制。在进行CPⅢ平面控制网自由设站联测CPⅠ或CPⅡ控制点时，至少重复测量两次，并且要求在使

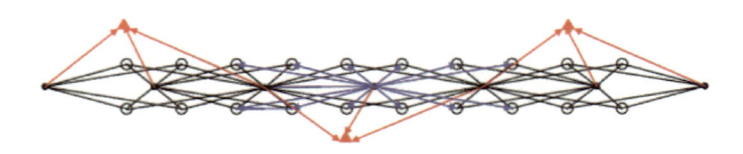

● 自由设站点　　○ CPⅢ控制点　　▲ CPⅠ或CPⅡ控制点

图4-27　CPⅢ平面控制网测量网形示意图

用全站仪对 CP I 或 CP II 已知控制点进行观测时距离在 300m 之内。其中，平面网方向和距离观测技术要求分别如表 4-12 和表 4-13 所示。

表 4-12　水平方向观测技术要求

精度等级	测回数	半测回归零差	不同测回 2C 互差	归零后方向值较差	2C 值
0.5″	2	6″	9″	6″	15″
1″	3	6″	9″	6″	15″

表 4-13　距离观测技术要求

测回数	半测回之间距离较差	测回之间距离较差
≥2	±1mm	±1mm

2. CP III 高程控制网

CP III 高程控制网使用水准仪进行测量，测量方法采用矩形法，测量路线如图 4-28 所示。在测量过程中相邻两对 CP III 控制点形成了一个闭合矩形，且相邻两个 CP III 控制点所测高差的误差须小于 0.5mm。CP III 高程网的测量需满足二等水准测量的要求，并且在测量过程中以二等水准点的已知点控制其测量精度。

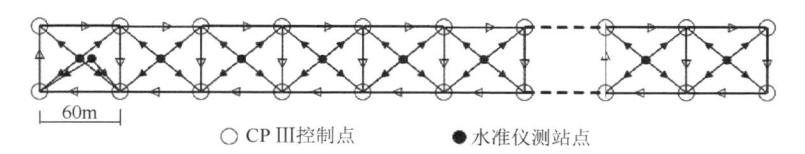

图 4-28　CP III 高程控制网测量路线示意图

在进行高程网测量时需要满足测量的精度要求，水准仪采用 DSI 电子水准仪，水准尺选用铟瓦尺，主梁上 CP III 高程网测量区间与 CP III 平面网测量区间保持一致，其测量技术要求如表 4-14 和表 4-15 所示。

表 4-14　二等水准测量的主要技术要求

等级	测量距离	前后视距差	前后视距累积差	视线高度
二等	3～60m	≤2m	≤6m	≥0.3m

表 4-15　二等水准测量的测站限差

等级	相邻两次仪器读数差/mm	相邻两次高程观测值之差/mm	测量间歇点高差之差/mm
二等	0.5	0.7	1

3. 自由设站边角交会法原理

在测距仪出现以前,传统的外业测量交会法主要分为测角前方交会、后方交会及侧方交会。随着测距仪的问世,又新增加了边角交会这一新的测量方法。随着全站仪的不断发展,由于其便捷、精度高及全能,在测量领域中得到了广泛应用,边角交会这种测量方法也随之得到了更多的应用,不断被完善。

利用全站仪进行边角后方交会又称为自由设站法。自由设站法的原理是:全站仪可以在任何位置设站,并且不用标记,设站完成后进行测量,得到全站仪与已知点之间的距离和角度;再根据测量所得的距离和角度建立方向误差方程式与边长误差方程式;最后通过最小二乘原理计算得到设站点的具体坐标值。

如图 4-29 所示,A、B 点为已知点,在 P 点架设全站仪,在 A、B 点架设棱镜,α_1、α_2 分别为 A、B 点的坐标方位角,S_1、S_2 分别为 P 点到 A、B 点的距离,γ 为在 P 点处观测 A、B 点得到的交会角,利用平差计算器可以自动计算出设站点 P 的坐标。

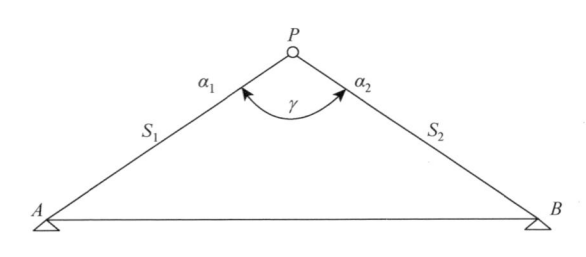

图 4-29 全站仪自由设站示意图

4. 设站点精度分析

自由设站法首先通过观测已知点得到测站点的坐标,再由测站点的坐标观测其余未知点并得到其坐标,故设站点的坐标精度尤为重要。自由设站点的坐标精度主要由三个因素决定:①已知控制点的坐标精度,由于已知控制点的坐标一般来自更高一级的控制网,故其误差较小,一般可以忽略;②观测精度的影响,此误差客观存在且无法避免,不同型号、性能的全站仪对于观测精度的影响不同;③对观测值进行平差的函数关系对最终设站点的坐标也有影响,但影响较小,可忽略不计。因此,主要考虑观测精度对设站点精度的影响。

设站点 P 的坐标如式(4-1)所示:

$$X_P = X_1 + \overline{S}_1 \cos \overline{\alpha}_1, \quad Y_P = Y_1 + \overline{S}_1 \sin \overline{\alpha}_1 \qquad (4-1)$$

认为已知点 A、B 的坐标没有误差,对式(4-1)进行全微分可得

$$\begin{cases} \mathrm{d}X_P = \cos\alpha_1 \mathrm{d}S_1 - \dfrac{S_1 \sin\alpha_1}{\rho} \mathrm{d}\alpha_1 \\ \mathrm{d}Y_P = \sin\alpha_1 \mathrm{d}S_1 + \dfrac{S_1 \cos\alpha_1}{\rho} \mathrm{d}\alpha_1 \end{cases} \quad (4\text{-}2)$$

根据误差传播定律，通过式（4-3）计算得到 P 点横坐标、纵坐标的方差

$$\begin{cases} m^2(X_P) = (\cos\alpha_1)^2 m_1^2 + \dfrac{S_1^2 \sin^2\alpha_1}{\rho^2} m_{\alpha_1}^2 \\ m^2(Y_P) = (\sin\alpha_1)^2 m_1^2 + \dfrac{S_1^2 \cos^2\alpha_1}{\rho^2} m_{\alpha_1}^2 \end{cases} \quad (4\text{-}3)$$

进而得到 P 点的点位方差

$$m_P^2 = m_X^2 + m_Y^2 = m_1^2 + \dfrac{S_1^2}{\rho^2} m_{\alpha_1}^2 \quad (4\text{-}4)$$

$$m_{\alpha_1}^2 = m_\beta^2 = \dfrac{1}{S_{AB}^2 \cos^2\beta_A}\left(\sin^2\gamma \cdot m_2^2 + \dfrac{S_2^2 \cos^2\gamma}{\rho^2} m_\gamma^2\right) \quad (4\text{-}5)$$

将 $m_{\alpha_1}^2$ 代入式（4-4）可得

$$m_P^2 = m_1^2 + \dfrac{S_1^2}{\rho^2}\left(\dfrac{m_2}{S_2}\right)^2 \tan^2\beta_A + \dfrac{S_1^2 \tan^2\beta_A \cot^2\gamma}{\rho^4} m_\beta^2 \quad (4\text{-}6)$$

式中，m_P 为设站点 P 的点位误差；m_1 为 S_1 的测距中误差；m_2 为 S_2 的测距中误差；m_β 为测角误差；S_1 为 P 点到 A 点的观测距离；S_2 为 P 点到 B 点的观测距离；β_A 和 γ 为交会三角形的内角。

式（4-6）中第一项和第二项都是测距误差对于 P 点的点位方差的影响，第三项为测角误差对其影响。由于距离测量相对中误差 $\overline{S_2}$ 一般比较小，可以忽略不计，故式（4-6）可化简为

$$m_P^2 = m_1^2 + \dfrac{S_1^2 \tan^2\beta_A \cot^2\gamma}{\rho^4} m_\beta^2 \quad (4\text{-}7)$$

在实际测量中，β_A 和 γ 一般为 3°～174°，S_1 在 200m 之内，因此式（4-7）中第二项的值接近于 0，可忽略不计，P 点的点位方差最终可以简化为

$$m_p \approx m_1 = a + bS_1 \quad (4\text{-}8)$$

通过以上对设站点的精度分析，可以得到设站点的点位方差主要是由测距误差引起的，其中固定误差系数 a 和比例误差系数 b 由测量仪器本身决定。在同一个仪器的观测下，设站点和观测点的距离越远，误差越大，设站点的位置坐标精度越低。

4.2.2　现有 CP Ⅲ设站测量方法的不足

斜拉索一般为高强度钢丝或钢绞线，索塔和主梁一般采用混凝土结构或钢结构，桥梁结构长期处于外界环境作用下，受环境作用影响较大，在风力、日照、大气温度等环境作用下三种构件（斜拉索、索塔、主梁）都会发生不同程度的形变。由于斜拉桥结构较为复杂，各结构内部都会产生应力。大跨斜拉桥的结构平衡主要是由于斜拉索将主梁和索塔连接成了一个整体，使其成为一个自锚平衡结构体系。但斜拉桥结构较为复杂，空间性较强，其传力机制也与简支梁或连续梁不同，其中任何一个构件发生变形都会导致斜拉桥整体结构发生较大变形。由第 3 章可知，大跨斜拉桥主梁受温度影响而产生的变形非常显著。由相关资料可知，一座主梁跨度为 600m 的钢-混凝土斜拉桥当温度变化量为 1℃时，其主梁纵向变形为 6~8mm，垂向变形为 4~6mm。

在斜拉桥上进行 CP Ⅲ控制网的建网时要求处于一个较为稳定的温度条件下，但后续温度会随着时间的变化而不断变化，主梁结构会在温度作用下发生一定的变形。这会使主梁上所布设的 CP Ⅲ控制点位置坐标发生改变，与建网时 CP Ⅲ控制点的位置存在较大差异。CP Ⅲ平面控制网和高程控制网在点位发生变化时都难以满足测量精度的技术要求，此时，难以通过全站仪进行 CP Ⅲ控制网的观测。

因此，提出一种不需要修正 CP Ⅲ点坐标的自由设站测量方法，即在测量过程中假定桥上点位坐标不发生改变，并按照原始坐标进行测量，最终得到测控点坐标与 CP Ⅲ点变形量的关系。

4.2.3　测量原理

长清黄河特大桥采用的施工测量方法是基于自由设站边角交会法提出的一种新型测量方法。相对于传统的测量方法，自由设站不需要进行对中，避免了全站仪对中时产生的误差，以及棱镜对中产生的误差，并且由于设站点自由选取，也避免了在更换设站点时因搬动仪器产生的累积误差。通过与自由设站点距离最近的 6 对 CP Ⅲ点确定自由设站点的坐标，其点位中误差接近于 0，点位精度满足高铁测量规范要求。

为满足高铁轨道控制网的高精度要求，测量仪器选用徕卡 TS60 智能型全站仪，该仪器可进行自动平差，如图 4-30 所示，其主要参数如表 4-16 所示。

图 4-30　徕卡 TS60 智能型全站仪

表 4-16 徕卡 TS60 智能型全站仪的主要技术参数

测量参数	测量方式	精度	范围
角度测量	绝对编码，连续，四重角度探测	0.15″	—
距离测量	棱镜	0.6mm+1ppm	1.5～3500m
	无棱镜（任何表面）	2mm+2ppm	1.5～1000m

4.2.4 测量方法及步骤

1. 变形前 CP Ⅲ 网的通测

图 4-31 所示为大跨斜拉桥上测量示意图。其中，C01～C12 点为桥上布设的 CP Ⅲ 控制点，A 点为测设的目标点位，P 点为自由设站的位置。

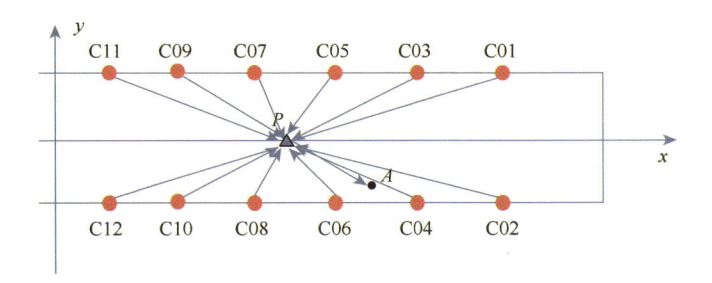

图 4-31 全站仪自由设站测量示意图

成桥后使用自由设站法进行 CP Ⅲ 控制网的通测，闭合于桥两端的已知控制点及中间稳定点位，每隔 600m 左右需要联测 CP Ⅱ 控制点，CP Ⅲ 数据处理使用西南交通大学研制的"CP Ⅲ DAS"专业平差软件，平差处理前对距离观测值进行两化改正。外业观测数据合格后，CP Ⅲ 控制网采用的平差方法为先进行自由网平差，满足精度要求后再进行约束平差，约束平差的起算点采用两侧引桥上的加密 CP Ⅱ 点的已测坐标。约束网平差通过以后，再与两侧引桥上搭接的 CP Ⅲ 点已知坐标进行比较计算坐标分量较差，搭接点两套坐标分量较差满足要求后，采用余弦函数平滑搭接的方法进行平顺搭接。主桥段落 CP Ⅲ 控制网自由网、约束网平差的验后精度应满足表 4-17 和表 4-18 的要求。

表 4-17 自由网平差技术要求

方向改正数	距离改正数
±3″	±2mm

表 4-18　约束网平差技术要求

| 与加密 CPⅡ联测 || 与 CPⅢ联测 ||
方向改正数	距离改正数	方向改正数	距离改正数
±4″	±4mm	±3″	±2mm

平差后获得桥上各 CPⅢ点位的坐标，将其转化为独立坐标系下的坐标，设点 C01~C12 的坐标分别为

$$(x_1, y_1, z_1), (x_2, y_2, z_2), \cdots, (x_{12}, y_{12}, z_{12}) \quad (4\text{-}9)$$

此坐标为桥梁变形前的坐标，通过观测 C01~C12 点的坐标，并按照间接平差后可得到自由设站点 P 的坐标。设 P 点的坐标为 (x_P, y_P, z_P)，由于联测了距离最近的 6 对 CPⅢ点，可认为其点位中误差近似为 0，目标点位 A 的坐标设为 (x_A, y_A, z_A)，通过 P 点测设 A 点的三维方向上的距离差分别为

$$x = x_A - x_P, \quad y = y_A - y_P, \quad z = z_A - z_P \quad (4\text{-}10)$$

2. 变形后自由设站点的坐标计算

在施工过程中，大跨斜拉桥会在温度和荷载作用下发生变形，其上布设的 CPⅢ点随着桥梁变形发生位移，与成桥时的坐标有所偏差。

桥梁变形后，桥上各点会随着桥梁变形产生不同的位移量，设变形后 C01~C12 点的真实坐标分别为

$$\begin{aligned} &(x_1 + \Delta x_1, y_1 + \Delta y_1, z_1 + \Delta z_1) \\ &(x_2 + \Delta x_2, y_2 + \Delta y_2, z_2 + \Delta z_2) \\ &\cdots \\ &(x_{12} + \Delta x_{12}, y_{12} + \Delta y_{12}, z_{12} + \Delta z_{12}) \end{aligned} \quad (4\text{-}11)$$

将全站仪架设在 P' 点通过自由设站进行测量，首先需要获得设站点的坐标，由 6 对 CPⅢ点的坐标通过间接平差法得到，间接平差法是根据最小二乘准则推导出来的估计法，可以认为观测值与平差值通过某函数 $f(x_1, x_2, \cdots, x_n)$ 进行转化，则自由设站 P' 点通过平差后的真实坐标为

$$\begin{aligned} x &= f(x_1 + \Delta x_1, x_2 + \Delta x_2, \cdots, x_{12} + \Delta x_{12}) \\ y &= f(y_1 + \Delta y_1, y_2 + \Delta y_2, \cdots, y_{12} + \Delta y_{12}) \\ z &= f(z_1 + \Delta z_1, z_2 + \Delta z_2, \cdots, z_{12} + \Delta z_{12}) \end{aligned} \quad (4\text{-}12)$$

目标测设 A 点的真实坐标在桥梁变形后变化为

$$(x_A + \Delta x_A, y_A + \Delta y_A, z_A + \Delta z_A) \quad (4\text{-}13)$$

3. 测设目标点位坐标

长清黄河特大桥采用的施工测量方法在测量过程中认为 CPⅢ控制点的坐标

和目标测设点位的坐标不发生改变，以其变形前测得的坐标值进行计算，则在测量过程中认为 C01～C12 点的坐标分别为

$$(x_1, y_1, z_1), (x_2, y_2, z_2), \cdots, (x_{12}, y_{12}, z_{12}) \tag{4-14}$$

在全站仪中输入各控制点的坐标，经过平差得到 P' 点的测量坐标为

$$(f(x_1, x_2, \cdots, x_{12}), f(y_1, y_2, \cdots, y_{12}), f(z_1, z_2, \cdots, z_{12})) \tag{4-15}$$

通过在 P' 点架设的全站仪测设 A 点的位置坐标，认为 A 点坐标不变，仍为 (x_A, y_A, z_A)，以 A 点的坐标为控制标准，得到测设距离为

$$x' = x_A - f(x_1, x_2, \cdots, x_{12}), \quad y' = y_A - f(y_1, y_2, \cdots, y_{12}), \quad z' = z_A - f(z_1, z_2, \cdots, z_{12}) \tag{4-16}$$

引入 P' 点的真实坐标，通过测量得到 A 点的实际坐标为

$$\begin{pmatrix} f(x_1+\Delta x_1, x_2+\Delta x_2, \cdots, x_{12}+\Delta x_{12}) + x_A - f(x_1, x_2, \cdots, x_{12}), \\ f(y_1+\Delta y_1, y_2+\Delta y_2, \cdots, y_{12}+\Delta y_{12}) + y_A - f(y_1, y_2, \cdots, y_{12}), \\ f(z_1+\Delta z_1, z_2+\Delta z_2, \cdots, z_{12}+\Delta z_{12}) + z_A - f(z_1, z_2, \cdots, z_{12}) \end{pmatrix} \tag{4-17}$$

4.2.5 测量结果分析

变形后 A 点的真实坐标为 $(x_A+\Delta x_A, y_A+\Delta y_A, z_A+\Delta z_A)$，与测量所得结果相比，其 x、y、z 三个方向上的差值分别为

$$\begin{aligned}
\Delta x &= \Delta x_A - f(x_1+\Delta x_1, x_2+\Delta x_2, \cdots, x_{12}+\Delta x_{12}) + f(x_1, x_2, \cdots, x_{12}) \\
\Delta y &= \Delta y_A - f(y_1+\Delta y_1, y_2+\Delta y_2, \cdots, y_{12}+\Delta y_{12}) + f(y_1, y_2, \cdots, y_{12}) \\
\Delta z &= \Delta z_A - f(z_1+\Delta z_1, z_2+\Delta z_2, \cdots, z_{12}+\Delta z_{12}) + f(z_1, z_2, \cdots, z_{12})
\end{aligned} \tag{4-18}$$

式中，Δx_A、Δy_A、Δz_A 为桥梁变形后 A 点产生的位移；$f(x_1+\Delta x_1, x_2+\Delta x_2, \cdots, x_{12}+\Delta x_{12})$、$f(y_1+\Delta y_1, y_2+\Delta y_2, \cdots, y_{12}+\Delta y_{12})$、$f(z_1+\Delta z_1, z_2+\Delta z_2, \cdots, z_{12}+\Delta z_{12})$ 为桥梁变形后自由设站点 P' 平差后的真实坐标；$(f(x_1, x_2, \cdots, x_{12}), (y_1, y_2, \cdots, y_{12}), (z_1, z_2, \cdots, z_{12}))$ 为桥梁变形前自由设站点 P 平差后的真实坐标。

由此可以将式（4-18）简化为

$$\begin{aligned}
\Delta x &= \Delta x_A - x_{P'} + x_P \\
\Delta y &= \Delta y_A - y_{P'} + y_P \\
\Delta z &= \Delta z_A - z_{P'} + z_P
\end{aligned} \tag{4-19}$$

通过测量得到的目标点位 A 的坐标也可以简化为

$$(x_A + x_{P'} - x_P, y_A + y_{P'} - y_P, z_A + z_{P'} - z_P) \tag{4-20}$$

变形前 A 点的坐标 (x_A, y_A, z_A) 为已知参数，将测量得到的 A 点坐标与变形前 A 点坐标求差，可以分别求得 $x_{P'}-x_P$、$y_{P'}-y_P$、$z_{P'}-z_P$ 的值；A 点的变形量 Δx_A、Δy_A、Δz_A 可通过有限元软件或者桥上监测系统得到，为保证其具备较高的可靠度及精度，建议采用实测的方式得到目标点位变形量；进而可以求得 Δx、Δy、Δz

的值，在测量结果的基础上加上 Δx、Δy、Δz 的值即可求得目标点位的真实坐标。

根据自由设站点原理，设站点的坐标需要通过两个及以上的已知点得到，上述测量方法中采用了 6 对已知 CP Ⅲ 控制点进行设站点位置坐标的平差，设站中误差近似等于 0，若采用一对距设站点最近的 CP Ⅲ 点计算设站点的坐标，可通过式（4-21）求得设站点的精度：

$$m_P \approx m_1 = a + bS_1 \qquad (4-21)$$

以徕卡 TS60 智能型全站仪为例，由于 CP Ⅲ 控制点的纵向间距一般为 60m，桥梁距离横向一般可取为 10m，通过计算可得设站点与最近的 CP Ⅲ 控制点的距离不超过 32m，此时得到设站点的精度为

$$m_P = a + bS = 0.6 + 32000 \times 10^{-6} = 0.632(\text{mm}) \qquad (4-22)$$

其精度满足自由设站的精度要求，可使用距离设站点最近的一对 CP Ⅲ 控制点获得自由设站点的坐标，如图 4-32 所示。接着按照以上方法的测量步骤对目标测设点位坐标进行测量，可大幅减少外业测量的工作量，能够快速得到测设点位坐标进行测量放样，在保证精度的条件下加快施工进程。

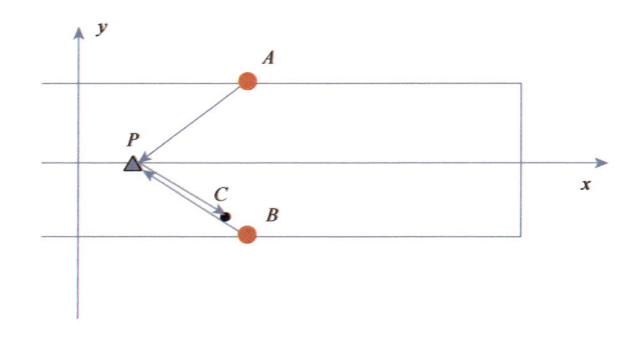

图 4-32　简化方法自由设站测量示意图

通过长清黄河特大桥采用的施工测量方法能够快速得到测量结果，在施工过程中实施也较为快捷方便。但测量结果仍需要通过目标点位的变形量进行修正，才能获取目标点位的真实坐标。相较于传统 CP Ⅲ 测设方法，长清黄河特大桥采用的施工测量方法的优点主要是在满足精度要求的前提下，能大量减少外业测量的工作量，加速施工进程；缺点主要是设站点精度虽满足测量要求，但精度不如传统测设方法。

综上所述，本节提出了一种大跨桥上无须修正 CP Ⅲ 控制点的自由设站测量方法，自由设站点的位置通过距离最近的 6 对 CP Ⅲ 点来确定，以保证其精度。具体而言，在桥梁发生变形后，认为桥上所有点位不发生改变，仍按照原始坐标进行测量计算。通过计算得到的测量结果是目标点位变形前坐标与变形前后设站点坐标的代数式。在求得目标点位的变形量后，可通过简单修正获得其真实坐标，

最后按照修正后的坐标进行测量放样。该方法能大大简化施工流程，加快施工进度，但测设精度比传统方法低。

4.3　连续斜拉桥上无砟轨道施工方案

4.3.1　无砟轨道压重施工

1. 技术原理

长清黄河特大桥整体结构属于半漂浮体系，若采用常规无砟轨道施工方法，在施工过程中主梁线形会不断发生变化，主梁上所布设的CPⅢ控制点坐标也会随着主梁变形而变化。在施工完成后，矮塔斜拉桥主梁在二期恒载作用下会产生较大的向下垂向位移，与原设计轨道标高误差可能较大，影响列车正常行驶。因此，长清黄河特大桥上无砟轨道施工采用等效替代荷载压重的方法，其原理主要是以静态荷载替代后续施工过程中的动态荷载，能够简化施工过程，降低施工风险，以及提高施工效率及质量。

长清黄河特大桥上无砟轨道采用等效荷载替代压重的主要流程为：在无砟轨道施工前采用等效的静态荷载（水袋）代替后续施工过程中的轨道结构荷载，结合结构理论计算，得到主梁在无砟轨道施工完成后的线形。获得此时主梁上CPⅢ控制点的坐标和高程，以此作为底座板测量放样的基准，能够有效降低施工误差，保证施工精度；底座板放样结束后卸载底座板、轨道板、隔离层所对应的压重荷载，依次进行底座板施工、轨道板的粗铺精调；在自密实混凝土的施工过程中边浇筑边卸载相应的荷载重量，保证主梁上荷载基本不变；最后进行桥面防水层的施工。

全桥压重试验及线形调整阶段的控制流程如图4-33所示。

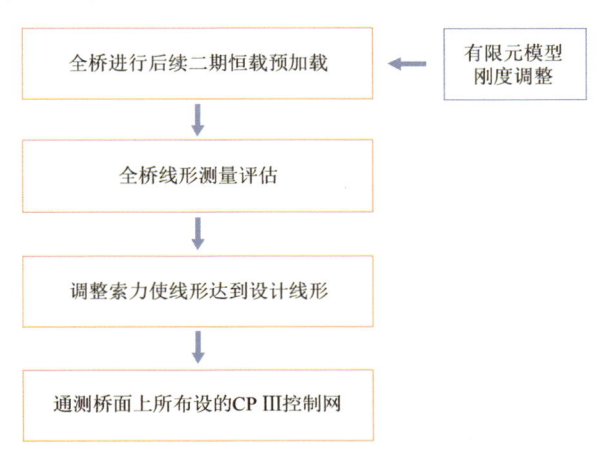

图 4-33　全桥压重试验及线形调整控制流程图

在完成 CP III 控制网的建立及观测点的埋设后，对主桥成桥线形进行监测，统计分析全桥变形规律，做好加载前的数据统计。在附属结构施工完成后，对全桥进行预加载，压重荷载为后续二期恒载，具体的压重荷载布设如表 4-19 所示。压重荷载分阶段加载，同时测量主梁变形，修正主梁刚度，使理论模型更加准确地指导无砟轨道施工。

表 4-19　全桥压重荷载布设

无砟轨道施工压重试验	单位	范围一	范围二	范围三	范围四	范围五
里程范围	—	42+215.157～42+193.87	42+243.505～42+215.157	43+225.25～42+243.505	43+254.864～43+225.25	43+276.17～43+254.864
各范围长度	m	21.29	28.35	981.75	29.61	21.31
左侧防护墙外压重 1	kN/m	0	7.24	7.02	7.18	0
左侧防护墙外压重 2	kN/m	13.94	13.92	13.92	13.93	13.94
防护墙内侧压重	kN/m	78.61	58.32	57.23	61.97	78.54
右侧防护墙外压重 2	kN/m	13.94	13.92	13.92	13.93	13.94
右侧防护墙外压重 1	kN/m	0	7.24	7.02	7.18	0
压重合计	kN/m	106.49	100.64	99.11	104.19	106.42

各位置处的压重荷载替代的轨道结构如表 4-20 所示。

表 4-20　全桥压重荷载的具体代表物

压重	代表物
左侧防护墙外压重 1	单线自密实混凝土
左侧防护墙外压重 2	钢轨+扣件+接触网支柱+电缆及覆砂+盖板+1/2 防水层和保护层
防护墙内侧压重	底座板+轨道板+隔离层
右侧防护墙外压重 2	钢轨+扣件+接触网支柱+电缆及覆砂+盖板+1/2 防水层和保护层
右侧防护墙外压重 1	单线自密实混凝土

在防护墙外侧采用水袋压重模拟，分别用两个水袋来模拟自密实混凝土和钢轨、扣件等荷载作用，以便于后续施工过程中卸掉相应荷载；防护墙内侧采用水袋压重模拟，桥上压重荷载布置如图 4-34 所示。

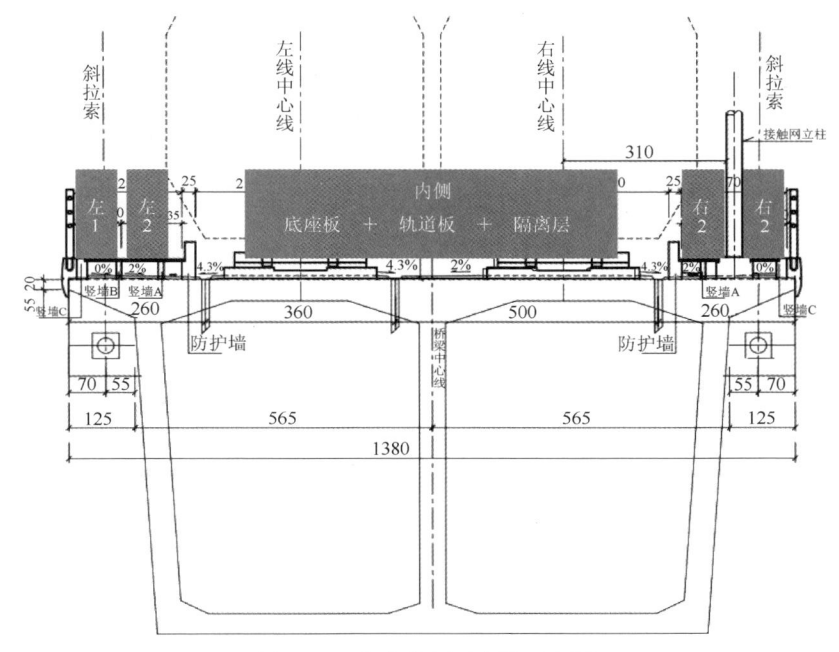

图 4-34 全荷载预压布置示意图

根据压重工况及压重前后监测结果，分析主桥变形与计算模型对应施工工况变形的拟合度，从而精调计算模型。此外，还可根据监测数据指导调整全桥索力，将桥面实际线形调整至与理论设计线形相吻合，达到指令要求。

2. 压重施工监控方案

无砟轨道成桥线形的基准温度暂定为15℃。底座板线形监控方式为：采用前述压重施工方法，事先获得底座板顶面的成桥高程线与测量工作基点的相对高差。实际底座板施工以该高程线为目标，通过相对高差测量控制，监控底座板顶面高程是否符合要求。底座板施工完成后，轨道板采用换重施工，绝对高程测量控制轨道板顶面高程，相对高差复核。轨道板精调时，对施工温度与成桥线形基准温度的差异变形，以及施工机械等荷载影响进行修正。通过绝对高程测量控制，监控轨道板顶面高程是否符合要求。

桥上无砟轨道测量采用"主桥及两端引桥上的 14 个稳定基准点进行主桥底座板的平面测控、高程工作基点结合桥梁监控计算进行无砟轨道底座板的垂向测控、CPⅢ控制网分段快速测量进行无砟轨道轨道板三维测控，实现 CPⅢ网的即测即用"等技术设计方案。该方案秉承无砟轨道平顺性测控采用绝对位置控制与相对位置控制相结合的技术路线，克服了主桥段落 CPⅢ点坐标和高程受温度、风力等因素影响的多值性问题，解决了在恶劣环境下进行主桥段无砟轨道底座板放样及轨道板精调施工的精度不高问题，为主桥段落无砟轨道的顺利施工奠定了技术基础。并且在桥梁上设计安装了自动监测系统，在施工过程中始终监测梁体垂向变形、支座三向位移、梁塔索温度，保证在施工过程中桥梁线形与理论值吻合较好，以确保无砟轨道施工完成后的线形满足验收标准，所得到的监测数据也为无砟轨道施工测量和定位提供依据。

3．相对高差控制施工方法研究

前文提到，在大跨斜拉桥上铺设无砟轨道存在各种不利因素的影响，轨道线形难以控制。因此，提出一种利用相对高差控制无砟轨道施工的方法，不同于在路基或连续梁上直接使用 CP Ⅲ控制网指导无砟轨道各阶段的施工。本方法的核心思想是在无砟轨道施工前首先按照理论线形进行调索，通过理论模型计算得到无砟轨道各层的厚度，施工时不论桥梁线形如何变化，始终按照各层厚度进行施工，并进行桥梁温度-变形监测试验，获得温度和桥梁结构变形之间的关系和规律，得到桥梁线形的温度修正模型。在施工过程中考虑由温度带来的影响，并在每一阶段施工完成后与理论线形进行对照，及时消除误差，保证施工完成后的轨面线形满足要求。下面以大跨桥上铺设 CRTS Ⅲ型板为例详细介绍相对高差控制施工方法。

1）建立理论模型

无砟轨道施工前，建立桥梁结构的仿真模型，在桥上施加对应不同施工阶段的荷载，初步得出在施工过程中各阶段的桥梁理论线形；根据桥梁所处地区，对桥梁结构施加不同的温度作用，获得主梁线形在温度作用下的变化规律。

2）桥面附属结构施工及梁面验收

在无砟轨道施工前保证所有附属结构施工完成，实测桥面线形，与无砟轨道施工前的理论线形进行对比，调整斜拉索索力，大幅调整主梁线形，使实际线形和理论线形吻合较好，误差控制在一级索力调整值内。

3）温度-变形监测试验

为精确得到温度作用下桥梁的实际变形规律，在无砟轨道施工前进行温度-变形监测试验，至少连续监测 3 天，获得温度和主梁变形精确的对应关系，在后续施工温度和设计温度不符时，考虑温度补偿，提高施工精度。

4）底座板施工

梁面验收合格后进行底座板的施工，CRTS Ⅲ型板的底座通过现浇混凝土施工，可在施工过程中消除一定的线形偏差。底座板施工前测量桥面实际线形，底座板施工厚度=底座板设计标高－实测桥面标高+温度补偿。底座板施工完成后实测线形，若误差较小可控，则继续下一阶段施工；若误差超限，则进行返修处理。

5）轨道板粗铺、精调

待底座板强度达标后，先进行隔离层、弹性垫层的施工，然后进行轨道板的粗铺，通过理论模型得到轨道板底面标高，再结合底座板实测标高得到自密实钢筋网的理论厚度，按照理论厚度进行钢筋网的安装，然后粗铺轨道板。轨道板粗铺完成后选择温度变化不大、风速较小的时间段复测 CP Ⅲ 轨道控制网，进行轨道板的精调。

6) 自密实混凝土施工

自密实混凝土的施工采用现场灌注的方式，灌注时可以对轨道板的线形进行小范围的精调。

7) 铺轨精调

铺设钢轨，将目标线形和实测线形进行对照，检验轨面线形是否满足规范要求，若不满足可以通过扣件对轨面线形进行最后小范围精调，确保施工完成后的最终轨面线形满足高速铁路的规范要求。

4.3.2 无砟轨道施工标高控制方法

大跨斜拉桥上的无砟轨道施工方法可分为进行预加载控制施工和不进行预加载控制施工两种，两种方法各有其优缺点，适用于不同工况下的桥梁结构。采用不施加预压荷载的方法进行大跨桥上无砟轨道的施工，从理论上来说能够满足无砟轨道的精度要求，但通过理论模型指导现场实际施工需要模型刚度和实际桥梁刚度吻合度较高，并且施工过程中每一阶段的实际线形和理论线形吻合较好才能够继续下一阶段的施工，最后施工完成后的线形才能够满足验收标准。采用预加载的方法能够保证有较高的施工精度，但施工的成本较高，施工工序较为复杂，并且施工过程中难以控制卸载预压荷载的速率。

长清黄河特大桥上无砟轨道的施工采用了一种新型的施工方案。此方案将相对高差控制和绝对坐标控制相结合，精准控制施工过程中的每一道工序，并且不使用水袋进行预加载，降低施工成本，加快施工进度。由于桥上 CP Ⅲ 控制网坐标的多值性，在施工过程中布设了新的高程基准点及基准网控制施工，主要创新点包含以下两个方面。

1. 相对高差法控制底座板施工

主桥主梁标高受温度、荷载等因素的影响，主桥段落的大部分 CP Ⅲ 点的高程存在多值性，不能作为无砟轨道施工的控制点。因此，拟采用相对高差法进行控制，在主桥一侧防护墙上每隔 18m 建立一个底座板顶面高程工作基点，每个工作基点负责控制其大、小里程侧各 9m 范围内的底座板施工放样作业，如图 4-35 所示。通过精密水准仪实测相同工况下的工作基点高程和底座板测控点高程间的高差，以达到指导底座板垂向测控施工的目的。当水准仪实测的高程工作基点和底座板测控点间的高差等于"设计高差"时，底座板测控点的标高测控才算完成，否则对底座板的测控点进行进一步垂向调整。

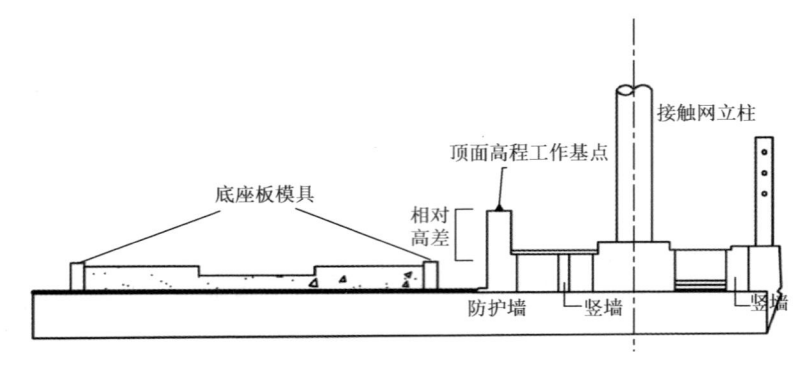

图 4-35 相对高差法控制底座板放样施工图

在底座板施工前，进行主桥段落高程工作基点的快速高程测量，按照二等水准测量要求施测。主桥跨度较大，因此按照主桥上稳定基准点的布设位置，将高程工作基点的高程分为 6 段进行测量。相邻基准点对间进行独立的往返测量，如前述温度-变形监测试验方案设计中基点布设图 4-16 所示。高程工作基点高程测量时，要求记录测量时间，以便提取测量时主桥各处传感器的相关数据。

梁面验收合格后进行底座板的施工，根据理论计算和系统误差控制要求，在防护墙顶面设置固定的高程工作基点；底座板采用相对高差法施工，即底座板顶面相对防护墙顶面的高程工作基点进行施工放样；底座板施工采用现浇混凝土的方法，其厚度=理论成桥标高−实测桥面保护层混凝土标高+温度荷载补偿。

主桥段落无砟轨道底座板施工前，首先根据主桥段落底座板平面线形的设计文件计算出底座板测控点的设计坐标，由于中间跨度仅有 216m，通过上述研究得到设站精度能够满足要求，然后转换到桥轴线坐标系，随后每次采用主桥段落 7 对稳定的平面基准点中的相邻两对基准点（共 4 个点）进行自由设站测量，如图 4-36 所示。

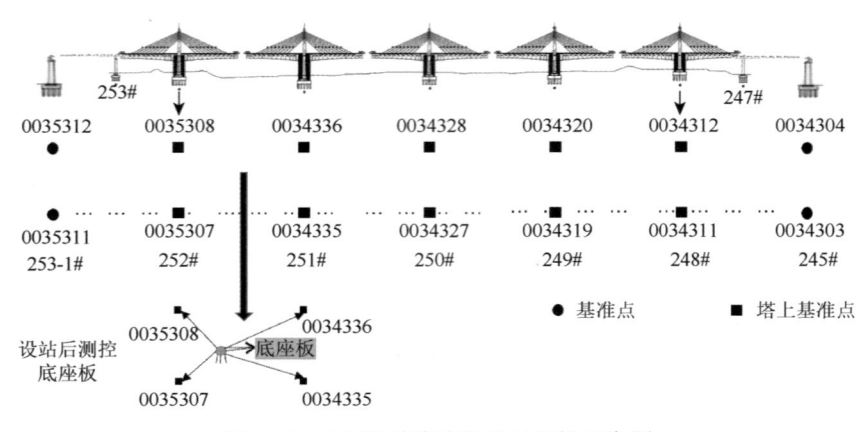

图 4-36 主桥段落底座板设站测控示意图

第 4 章 千米长联斜拉桥上无砟轨道施工技术

自由设站测量精度需满足高铁规范要求（表 4-21），然后测量相应测控点的平面坐标，进行无砟轨道底座板的平面控制。

表 4-21 自由设站点精度要求

项目	精度要求
X	≤2mm
Y	≤2mm
定向精度	≤3″

在风力和夜间温度变化均较小的情况下，测量并得到底座板垂向测控的工作基点高程，并记录相应的温度场和桥面荷载信息（简称工况）。这有利于计算该工况下底座板测控点的施工高程，进而得到底座板测控点与其附近高程工作基点间的相对高差（相对"设计高差"）。随后在底座板测控点附近架设精密水准仪，根据设计高差对底座板的施工高程进行放样，高程工作基准点与底座板测控点间的实测高差等于"设计高差"时，此处底座板高程即测控到位。具体底座板高程测控的技术原理如图 4-37 所示。

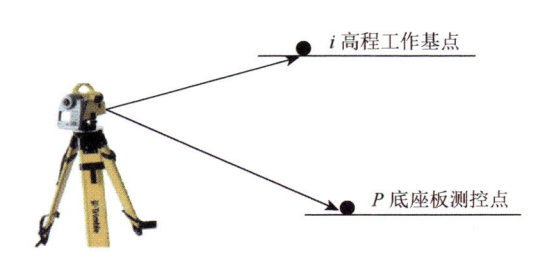

图 4-37 底座板高程测控的技术原理示意图

无砟轨道底座板高程测控的方法主要包括以下几个步骤。
(1) 在底座板测控点 P 附近架设精密水准仪。
(2) 根据 P 点、i 点之间的设计高差 H'_{Pi}，对底座板测控点 P 进行垂向位置的放样，并实测 P、i 两点间的实际高差 H_{Pi}；若 $H'_{Pi} = H_{Pi}$，则底座板高程位置测控到位；若 $H'_{Pi} \neq H_{Pi}$，则据此对底座板测控点 P 的高程进行进一步精调，垂向精调量为 $\Delta H_{Pi} = H_{Pi} - H'_{Pi}$。

设计高差的计算思路如下。
(1) 假设底座板实际施工时的梁体温度为 t。
(2) 根据某一基准温度 t_0 计算得到底座板测控点 P 的设计高程，通过桥梁监

控计算该点温度为 t 时的实际施工高程 $H_{P(t)}$。

（3）假定高程工作基点 i 在温度为 t_1 时测量的高程为 $H_{i(t1)}$，通过桥梁监控计算得到 i 点在底座板实际施工时的高程为 $H_{i(t)}$。

（4）P、i 两点间的"设计高差"为 $H'_{Pi} = H_{i(t)} - H_{P(t)}$。

底座板施工完成需要实测底座板顶面线形，并与理论线形进行对比，若误差在可控范围内，则进行下一阶段施工；若误差较大，则需要对超限位置底座板厚度进行调整后才能继续进行后续施工。

2. 绝对高程控制轨道板标高

轨道板以 50t 吊车配合 16t 门式起重机吊进行粗铺作业，轨道板在指挥人员的指挥下移动到要铺设的底座板上方并缓慢降下。在接近混凝土底座 1.5m 左右放入门型架，将 N4 钢筋快速穿入门型钢筋内，并以绝缘卡固定，安装完成后再将轨道板下放，下放时必须控制下降速度，防止损伤轨道板。运板采用平板车和双向运板车配合。

在下放时由操作工人配合放置 70mm 厚的硬质方木（控制轨道板间距）将轨道板准确定位。此时应特别注意粗铺位置，确保与相邻轨道板的位置顺接。

每块板粗放支点应为 4 个，支点材料为 150mm×150mm×150mm 硬质方木，硬质方木应紧靠精调爪铺放，在精调螺杆抬高轨道板约 1cm 后，再撤出硬质方木。

轨道板落放前，应有专人核对轨道板方向与设计是否一致，特别是缓和曲线处轨道板，应确保轨道板"对号入座"。然后根据定位线确定轨道板平面粗放位置，并完成粗放。轨道板铺设时应有专人指挥吊车或龙门吊司机进行作业，施工人员扶稳轨道板缓慢落下。缓和曲线上的轨道板应严格按照铺设计划表的位置进行铺设。曲线地段每块轨道板必须按相应的偏转角放置。

轨道板的精调采用 CPⅢ控制网进行控制施工，但由于环境的影响，CPⅢ三维控制网存在多值性，其中位于两侧引桥上的两对 CPⅢ点（与上述基准网共点）和位于主塔上的 5 对 CPⅢ点为稳定点（与上述基准网共点），其余 16 对 CPⅢ点为不稳定的 CPⅢ点。因此，提出一种 CPⅢ控制网快速测量的方法，在每次无砟轨道板施工前对 CPⅢ网进行测量，提供当前工况下的实测坐标，进行三维设站及无砟轨道板的施工。

以索塔位置处为界将主桥分成 6 个工作面同时进行测量，每个工作面的首尾两对 CPⅢ控制点是稳定的，高程和平面网的测量均闭合于首尾两对 CPⅢ控制点。轨道板精调时的 CPⅢ控制网采用"即测即用"方式，保证在测量和使用成果时的大气温度变化不大，也无风荷载的影响。

CPⅢ测量网形如图 4-38 所示，CPⅢ网分段如表 4-22 所示。

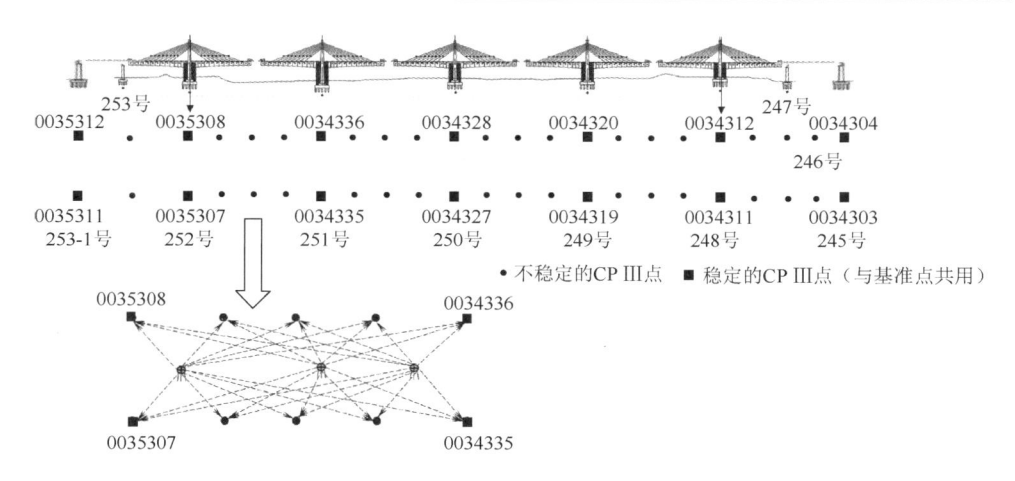

第 4 章　千米长联斜拉桥上无砟轨道施工技术

图 4-38　CP Ⅲ 测量网形示意图

表 4-22　CP Ⅲ 点位分段信息表

埋设墩号	CP Ⅲ 点编号 左侧	CP Ⅲ 点编号 右侧	埋设位置	备注 分段情况
245 号	0034303	0034304	固定支座	第一段 245～248 号
246 号	0034305	0034306	固定支座	第一段 245～248 号
247 号	0034307	0034308	固定支座	第一段 245～248 号
247 号	0034309	0034310	固定支座	第一段 245～248 号
248 号	0034311	0034312	塔柱	第二段 248～249 号
248 号	0034313	0034314	塔柱	第二段 248～249 号
248 号	0034315	0034316	塔柱	第二段 248～249 号
248 号	0034317	0034318	塔柱	第二段 248～249 号
249 号	0034319	0034320	塔柱	第三段 249～250 号
249 号	0034321	0034322	塔柱	第三段 249～250 号
249 号	0034323	0034324	塔柱	第三段 249～250 号
249 号	0034325	0034326	塔柱	第三段 249～250 号
250 号	0034327	0034328	塔柱	第四段 250～251 号
250 号	0034329	0034330	塔柱	第四段 250～251 号
250 号	0034331	0034332	塔柱	第四段 250～251 号
250 号	0034333	0034334	塔柱	第四段 250～251 号
251 号	0034335	0034336	塔柱	第五段 251～252 号
251 号	0035301	0035302	塔柱	第五段 251～252 号
251 号	0035303	0035304	塔柱	第五段 251～252 号
251 号	0035305	0035306	塔柱	第五段 251～252 号

续表

埋设墩号	CPⅢ点编号 左侧	CPⅢ点编号 右侧	埋设位置	备注 分段情况
252 号	0035307 0035309	0035308 0035310	塔柱	第六段 252～253-1 号
253-1 号	0035311	0035312	固定支座	

轨道板精调时，自密实混凝土压重水袋、施工临时荷载、温度均保持不变，且需要对施工温度与成桥线形基准温度的差异变形，以及施工机械等荷载影响进行修正。通过绝对高程测量控制，监控轨道板顶面高程是否符合要求。轨道板顶面标高=图纸高程+钢轨扣件和防护层等的变形+温度变形修正。

采用智能型全站仪，在轨道板施工所在段落的 CPⅢ控制点中选取 8 个 CPⅢ控制点进行三维的自由设站测量，在设站精度达到规范要求后，根据设计文件对这两对基准点之间的轨道板进行精调测控。设站精度要求如表 4-23 所示，设站示意图如图 4-39 所示。

表 4-23　自由设站点精度要求

项目	精度要求
X	≤0.7mm
Y	≤0.7mm
H	≤0.7mm
定向精度	≤2″

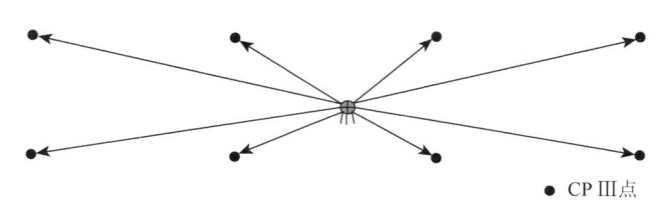

图 4-39　CPⅢ设站示意图

在轨道板垂向精调完成后，采用轨道板顶面的设计高程和其最近的高程工作基点经过温度、荷载修正后的高程之差，与两点间的实测高差进行对比，最后利用相对高差法进行轨道板顶面高程的测量复核。

综上所述，长清黄河特大桥由于主桥跨径大、桥位风力较大及对温度变化较为敏感等特点,无法采用常规的无砟轨道施工方法进行轨道施工。因此,针对该桥的特殊情况,提出了结合压重法及相对高差和绝对坐标控制的施工方案,以确保轨道的平顺性和稳定性。具体措施为:在无砟轨道施工前预压后续二期恒载,获得无砟轨道施工完成后的桥面线形,以此时桥上 CP Ⅲ 控制网作为底座板测量放样的施工基准,在底座板施工完成后,通过实测其顶面线形并与理论线形进行对比,确保误差控制在可接受范围内,为后续施工奠定基础。若发现误差超出标准,则需调整底座板厚度以满足设计要求。在轨道板垂向精调阶段,利用设计高程与修正后的工作基点高程之差,结合实测高差,采用相对高差法进行复核,以提高测量精度。自密实混凝土的浇筑采用边卸载边施工的方法,确保桥梁荷载保持稳定,并且在每个施工阶段严格控制施工精度。通过这一施工方案,不仅能够保证施工精度,还能有效简化施工流程。

4.4 连续斜拉桥上无砟轨道施工控制结果

4.4.1 底座板施工线形控制结果

在全桥底座板施工完成后进行复核,将左右线实测底座板顶面高程修正至设计温度状态(15℃)下,则其与设计底座板顶面高程的偏差如图 4-40 所示。其中,右线最大偏差比设计高程偏低 13.35mm,左线最大偏差比设计高程偏低 13.21mm。全线 99.13%的区段的厚度偏差均在±10mm 以内,即底座板施工过程中采用的修正后相对高差控制方法可有效确保施工精度,从而实现对底座板线形的高精度控制。

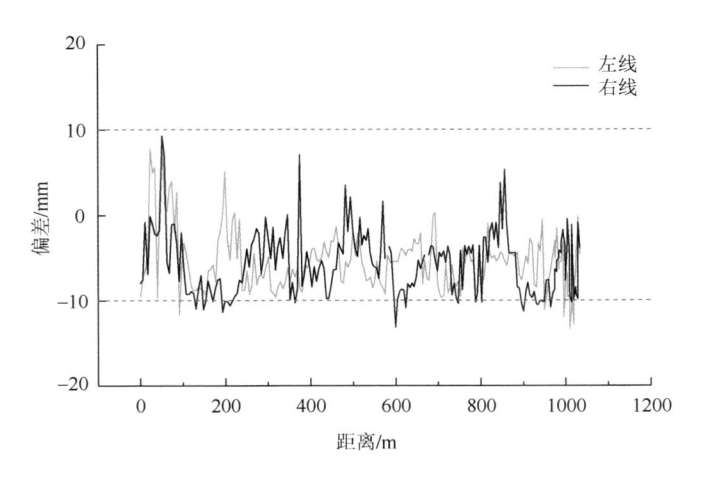

图 4-40 底座板施工完成后补偿变形量与理论线形偏差

4.4.2 轨道板绝对标高线形控制结果

在全桥轨道板精调完成后进行复核，将桥上无砟轨道状态修正至设计温度、桥上压重荷载为二期恒载，并补偿变形量之后，测量得到的轨道板绝对标高与设计标高之间的偏差如图 4-41 所示。复核结果显示，修正到设计状态下的轨道线形与理论偏差为 –2～1.5mm。这表明通过采用修正后绝对标高控制轨道板精调的方法，可实现对轨道板铺设精度的精确控制，确保无砟轨道施工的高精度和工程质量。

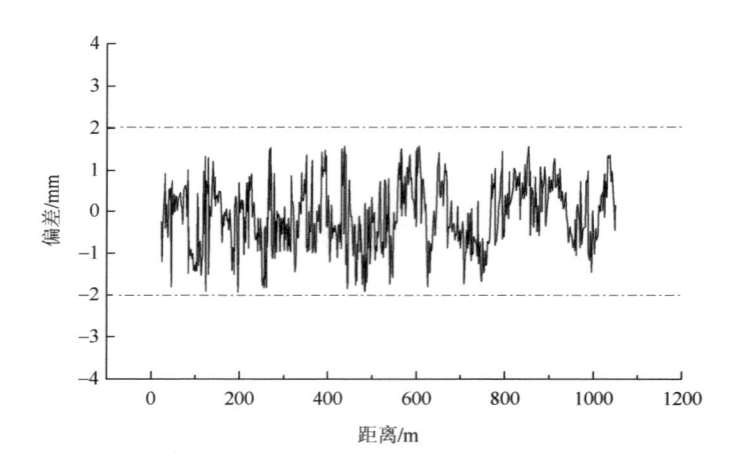

图 4-41 轨道板精调后补偿变形量与理论值偏差

4.4.3 中点弦测法评价施工后几何形位

按照《高速铁路轨道工程施工质量验收标准》（TB 10754—2018）采用中点弦测法对精调后的轨面线形进行复核，原理如图 4-42 所示。计算 i 点的弦测值，需同时测量 i 点、i 点前后 L 距离三个点位的轨面高程，计算公式为

$$Q = h_i - \frac{1}{2}(h_{i-L} + h_{i+L}) \qquad (4\text{-}23)$$

采用 60m 中点弦测法分析线路高低弦测幅值，计算结果如图 4-43 所示。施工完成后将轨面高程线形补偿至设计状态下，全桥弦测幅值最大值出现在距小里程端 435.5m 处，弦测幅值最大值为 2.67mm。最大弦测值符合规范要求。

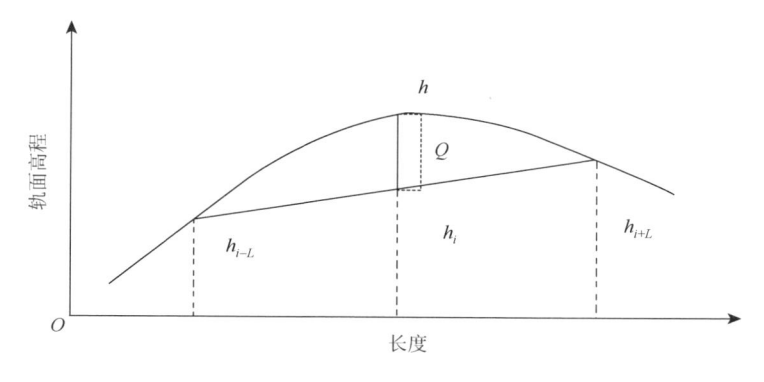

图 4-42 中点弦测法示意图

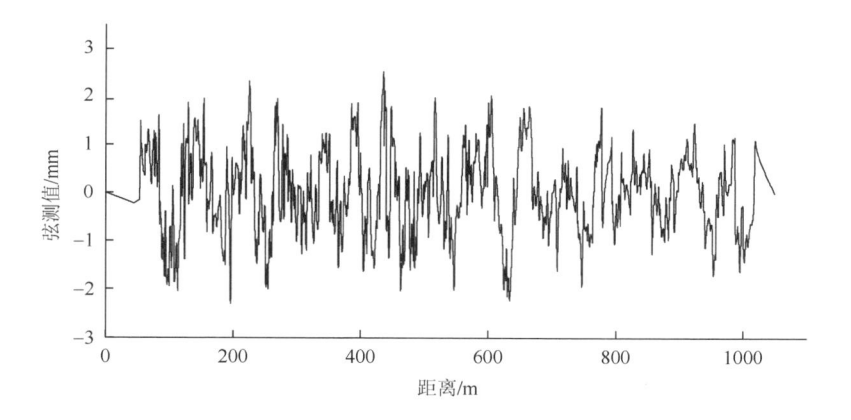

图 4-43 高低 60m 弦测幅值

综上所述,本节分析了长清黄河特大桥的施工控制结果。结果表明,采用相对高差和绝对坐标控制的施工方法,可有效确保施工精度,实现对底座板和轨道板线形的高精度控制,确保无砟轨道施工的高精度和工程质量。

4.5 本章小结

本章详细探讨了千米长联斜拉桥上无砟轨道施工技术,得出以下主要结论。

(1) 施工前预加载与不预加载方案的选择取决于理论模型刚度与实际桥梁结构刚度的吻合度,以及施工过程中线形控制的精度要求。

(2) 48h 温度挠度观测试验表明,主梁温差与斜拉索温差对主梁挠度变化有显著影响,需要在施工时进行温度修正。

(3) 施工过程中线形控制思路及方法研究强调了主梁合龙后的荷载与线形对

应关系确定、温度变形规律掌握、斜拉索索力调整、底座板和轨道板的施工精度控制等方面，以确保无砟轨道铺设及成桥后的轨面线形满足要求。

（4）提出结合相对高差和绝对坐标控制方法的施工方案，可以在不使用水袋预加载的情况下，精准控制施工过程中的每一道工序，降低成本并加快施工进度，确保无砟轨道施工的高精度和工程质量。

第 5 章　大跨桥上无砟轨道铺设技术总结

郑济铁路长清黄河特大桥（108m+4×216m+108m）斜拉桥铺设无砟轨道的成功铺设，标志着我国在大跨度桥梁上无砟轨道施工技术方面取得了重要进展。该项目的成功实施，不仅解决了大跨度斜拉桥上无砟轨道施工中的关键技术问题，而且为我国高速铁路技术的发展提供了有力支持。未来，这些技术将在更多的高速铁路建设项目中得到应用，推动我国高速铁路技术的进一步发展。

本书详细介绍了长清黄河特大桥上无砟轨道的施工流程及方案，具体如下。

（1）建立了考虑连续斜拉桥特征的桥上无砟轨道计算模型。

（2）对大跨桥上铺设无砟轨道的设计和施工相关技术进行归纳总结，通过理论分析和数值模拟手段，针对连续斜拉桥上铺设无砟轨道的车辆-轨道-桥梁系统的动力特性进行理论分析，建立了无缝线路纵向力计算模型。

（3）研究桥上无砟轨道无缝线路的受力与变形规律，对连续斜拉桥上无缝线路、轨道结构、梁端结构的受力与变形特性进行仿真分析，掌握连续斜拉桥上无砟轨道、无缝线路的受力变形规律，进一步优化轨道结构。

（4）确定伸缩调节器和梁端伸缩装置布置方案，通过对桥梁变形控制、轨道结构类型、大跨桥梁端轨道结构、轨道施工的平顺性保持方法、大跨桥上轨道平顺性评价方法等的研究，更好地确定及优化布置方案。

最终，大跨桥铺设无砟轨道的关键技术可以总结归纳如下。

（1）连续斜拉桥上无砟轨道结构研究。

在 15℃桥梁日温差、5℃梁索温差、10℃垂向温度梯度作用下，考虑单线列车荷载作用于桥梁最不利位置时，静态平顺性处于Ⅰ级标准；考虑双线列车交会于桥梁一侧时，静态平顺性处于Ⅲ级标准，均可以满足列车正常运行。

在大跨度铁路斜拉桥运营阶段，桥梁与主塔升温、斜拉索降温带来的梁体上拱会起到"预拱度"的作用，在一定程度上减缓列车荷载作用下的梁体下挠，降低轨道高低不平顺幅值，但斜拉索升温与日照温差（沿梁高方向）均会增大轨道高低不平顺幅值。对钢轨平顺性影响最大的是列车荷载，其次是日照温差（沿梁高方向），最后是塔梁日温差与梁索温差。列车经过主梁跨中位置时车辆动力响应取较大值，且动车的响应幅值普遍大于拖车。对于桥梁，在主梁主跨跨中、边跨主塔塔顶及中墩墩顶的变形较大，其振动较为剧烈。

在 250～400km/h 的行车速度下，车辆的安全性和舒适性、桥梁各位置的变形及振动加速度均满足对应指标要求，考虑温度作用下桥梁几何变形时，车-桥耦合系统整体动力性能良好，满足 350km/h 设计速度行车要求。对于桥上单元式无砟轨道，其动力响应与板缝距离成反比，尤其是在板缝处，轨道变形最大，振动最剧烈。梁、轨之间存在相对位移，导致凸台在纵向、横向受力，轨道各结构与主梁位移差值及波幅均随结构层向下而不断减小。结构层间的振动传递规律与变形一致。其中，钢轨加速度为轨道板的 15～20 倍，存在量级上的差别，轨道板加速度为底座板的 2.5～3 倍，振动接近，无量级差别。

扣件垂向刚度变化对轨道结构层的影响程度随结构层向下而不断降低，桥梁-轨道系统在垂向的动力响应对扣件垂向刚度改变更为敏感。扣件刚度不宜过小，否则将对维持线路线形的稳定性和凸台受力带来不利影响，同时，当扣件垂向刚度过大时，则不利于振动向下传递。扣件垂向刚度为 40～50kN/mm 时，桥梁-轨道系统整体振动状态较为良好。

缓冲隔离垫层刚度超过 $0.1N/mm^3$ 后，桥梁-轨道系统对刚度改变的敏感性较低，其动力响应变化缓慢。缓冲隔离垫层刚度取 $0.1～0.12N/mm^3$ 时，桥梁、轨道结构整体处于相对良好的振动状态。

（2）桥上无砟轨道无缝线路研究。

无缝线路伸缩力大小主要受主梁温度变化的影响，日照产生的不均匀温差，以及主塔、斜拉索与轨道结构温度变化对钢轨纵向附加力和梁轨相对位移幅值的影响不大。在制动荷载作用下，主梁上荷载的作用范围内会产生 0.55mm 左右的梁轨快速相对位移，主桥上除荷载的作用范围外，其余区域为梁轨固定区。梁轨快速相对位移幅值仅受制动荷载加载位置的影响，钢轨纵向力幅值不受制动荷载的加载长度、加载位置的影响。在温度作用下，凸台力与凸台压缩量呈线性关系。三种温度工况下最大凸台力与凸台压缩量一致，幅值点位于桥梁端部。梁端 75m 范围内凸台力与凸台压缩量较大，其余区域的凸台力与凸台压缩量分布较为平缓。凸台弹性垫板刚度变化对钢轨纵向力的影响相对较小，仅在局部范围内，以较小的程度影响钢轨纵向力与梁轨相对位移。在梁端 75m 范围内设置三凸台 CRTS Ⅲ型轨道板，可以显著改善轨道板凸台受力。

（3）梁端轨道结构优化及动力特性研究。

梁端伸缩一体化装置在最不利工况下有良好的伸缩性能，在升温工况下，梁端压缩量为 38mm；在降温工况下，梁端拉伸量为 19mm；在最大梁端下挠工况下，梁端拉伸量为 6mm；在最大梁端反弯工况下，梁端压缩量为 6mm。在各种工况下，钢轨的垂向和横向变形都在梁端伸缩一体化装置位置处明显，说明温度及梁端转角对梁端伸缩一体化装置位置钢轨具有明显的不利作用。升温工况下的钢轨变形趋势与降温工况呈对称，最大梁端下挠工况下的钢轨变形趋势与梁端最大反弯工况呈对称。不同车速对梁端伸缩一体化装置安全性能和列车动力响应影响较大，动力学指标变化比较明显，但其均符合安全指标要求，说明高速列车组以允许时速在大跨度斜拉桥梁端伸缩一体化装置上行驶具有安全性和稳定性，以及梁端伸缩一体化装置性能良好。梁端伸缩一体化装置中活动钢枕和钢轨的垂向变形峰值都在第六节车驶入和第七节车驶出之间，说明高速列车组中第六节车和第七节车对钢轨及轨枕的垂向变形影响最大。钢轨伸缩调节器区域内 $F—F$ 截面（距离尖轨前端 4900mm 处）钢轨垂向和横向变形最大，说明钢轨伸缩调节器区域内 $F\text{-}F$ 截面钢轨最容易受到行车影响，比较薄弱。但四个截面的总体变形相差不大。梁端伸缩一体化装置在各种伸缩状态下均有足够的支承刚度保证列车安全通过梁端伸缩装置，相比于其他伸缩状态，极限梁端拉伸对列车行驶较为不利，但差异较小。

（4）连续斜拉桥轨道施工测试技术研究。

在大跨桥上根据桥梁结构特点找到高程和平面坐标均稳定的位置，在稳定位置处布设基准点，基准点的测量采用自由设站边角交会法。若基准点纵向间距过大，需要在中间布设临时基准点，仅用于传递基准点之间的坐标，保证测量精度，不在施工过程中起控制作用。提出一种大跨桥上无须修正 CP III 控制点的自由设站测量方法，自由设站点的位置通过距离最近的 6 对 CP III 点来确定，以保证其精度。在桥梁发生变形后，认为桥上所有点位不发生改变，按照原始坐标进行测量计算。通过计算得到测量结果是目标点位变形前坐标与变形前后设站点坐标的代数式，求得目标点位的变形量，可以通过简单修正获得其真实坐标，最后按照修正后的坐标进行测量放样。

（5）不同轨道施工阶段的桥梁线形分析与轨道施工标高控制研究。

为顺利完成无砟轨道的铺设，底座板的高程采用独立设置的高程基准点进行控制。在防撞墙内侧每隔 18m 设置一个高程工作基点，以相对高程的方法确定基点位置，再用图钉进行标识，底座板的平面坐标通过基准网进行控制。

轨道板的精调采用 CP III 控制网进行控制施工，需要对桥上所布设的 CP III 控制网进行快速测量。以索塔位置处为界将主桥分成 6 个工作面同时进行测量，每个工作面的首尾两对 CP III 控制点是稳定的，高程和平面网的测量均闭合于首尾两对 CP III 控制点。轨道板精调时的 CP III 控制网采用"即测即用"方式，保证在测量和使用成果时大气温度变化不大，且无风荷载的影响。

参 考 文 献

[1] 谢毅, 肖杰. 高速铁路发展现状及趋势研究[J]. 高速铁路技术, 2021, 12(2): 23-26.

[2] Gao L, Qu C, Qiao S L, et al. Analysis on the influencing factors of mechanical characteristics of jointless turnout group in ballasted track of high-speed railway[J]. Science China Technological Sciences, 2013, 56(2): 499-508.

[3] Chen R, Wang P. Dynamic characteristics of high speed vehicle passing over railway turnout on bridge[J]. Advanced Materials Research, 2012, 455/456: 1438-1443.

[4] 顾尚华. 世界高速铁路发展方兴未艾[J]. 交通与运输, 2014, 30(1): 28.

[5] 熊嘉阳, 沈志云. 中国高速铁路的崛起和今后的发展[J]. 交通运输工程学报, 2021, 21(5): 6-29.

[6] 国家综合立体交通网规划纲要[M]. 北京: 人民出版社, 2021.

[7] 翟婉明, 夏禾. 列车-轨道-桥梁动力相互作用理论与工程应用[M]. 北京: 科学出版社, 2011.

[8] 杜彦良, 张玉芝, 赵维刚. 高速铁路线路工程安全监测系统构建[J]. 土木工程学报, 2012, 45(S2): 59-63.

[9] Qin S Q, Gao Z Y. Developments and prospects of long-span high-speed railway bridge technologies in China[J]. Engineering, 2017, 3(6): 787-794.

[10] 陈良江, 乔健. 中国高速铁路大跨度桥梁发展与实践[J]. 铁道经济研究, 2010(6): 46-50.

[11] 郭建光, 殷鹏程. 昌赣客专赣州赣江特大桥健康监测系统设计[J]. 世界桥梁, 2020, 48(S1): 73-79.

[12] 李秋义, 赵云哲, 谢晓慧. 富春江特大桥轨道高低长波不平顺评估[J]. 铁道科学与工程学报, 2022, 19(11): 3217-3224.

[13] 陈刚, 李伟军. 城际铁路无砟轨道 PC 部分斜拉桥变形及线形控制研究[J]. 铁道标准设计, 2020, 64(10): 62-67.

[14] 罗天靖, 郑纬奇, 盛兴旺, 等. 高速铁路大跨度混合梁斜拉桥-无砟轨道隔离层减振效果试验研究[J]. 铁道标准设计, 2021, 65(11): 49-53.

[15] 聂利芳, 严爱国, 曾甲华, 等. 福厦高铁安海湾特大桥无砟轨道钢-混结合梁斜拉桥设计研究[J]. 铁道标准设计, 2020, 64(S1): 137-141, 146.

[16] 董云鹏. 双塔钢箱桁梁斜拉桥斜拉索安装关键技术[J]. 铁道工程学报, 2019, 36(5): 37-40, 89.

[17] 谢大鹏, 胡国伟. 高速铁路大跨度梁拱组合桥钢管拱原位拼装方案设计研究[J]. 高速铁路技术, 2014, 5(3): 100-104.

[18] 宫文通. 容桂水道特大桥中跨合龙段施工技术[J]. 山西建筑, 2011, 37(7): 156-157.

参 考 文 献

[19] 孟庆峰, 李立增, 时雪梅. 陆水特大桥连续梁桥施工控制技术[J]. 中国铁路, 2010(6): 68-71.
[20] 刘秀元, 宋荣方. 桥梁上博格板式无砟轨道板粗铺工法[J]. 中州大学学报, 2012, 29(3): 114-117.
[21] 张鹏飞, 桂昊, 高亮, 等. 桥上CRTS III型板式无砟轨道无缝线路伸缩力影响因素分析[J]. 北京交通大学学报, 2018, 42(6): 15-23.
[22] 孙璐, 段雨芬, 杨薪. 高速铁路CRTS III型板式无砟轨道结构受力特性研究[J]. 铁道工程学报, 2013, 30(11): 32-39.
[23] 孟凡奇. 大跨度连续梁桥CRTS II型板式无砟轨道无缝线路的力学特性[D]. 南京: 东南大学, 2016.
[24] 胡立华, 李德建, 陈建平, 等. 酉水大桥大跨度连续箱梁桥斜交高墩日照温度效应分析[J]. 铁道科学与工程学报, 2013, 10(2): 23-29.
[25] 王志红. CRTS I型双块式无砟轨道道床板轨排框架法施工技术[J]. 铁道建筑, 2014, 54(5): 142-144.
[26] 孟东坡, 刘成龙, 夏艳平, 等. 长大连续梁上CP III网点实时坐标计算方法研究[J]. 铁道建筑, 2012, 52(4): 37-40.
[27] 熊飞, 赵坪锐, 帅一丁. CRTS I型双块式无砟轨道轨排框架法施工影响因素[J]. 铁道建筑, 2018, 58(12): 108-111.
[28] 俞迪飞, 曹成度, 闵阳, 等. 大跨度斜拉桥主梁上CP III点实时高程预测方法研究及应用[J]. 铁道建筑, 2020, 60(12): 30-33.
[29] Hou N, Sun L M, Chen L. Cable reliability assessments for cable-stayed bridges using identified tension forces and monitored loads[J]. Journal of Bridge Engineering, 2020, 25(7): 05020003.
[30] 韩冰. 大跨斜拉桥主梁上高铁轨道控制网测设技术研究及应用[D]. 成都: 西南交通大学, 2020.
[31] 刘胜, 刘成龙, 王利朋. 轨道控制网平面网复测精度指标合理性探讨[J]. 测绘工程, 2015, 24(6): 39-42.
[32] 王鹏, 潘正风. 高速铁路轨道平顺性与轨道控制网精度关系的探讨[J]. 测绘信息与工程, 2011, 36(4): 34-36, 51.
[33] Wang X P. Influences of concrete creep and temperature deformation on vehilce travelling across bridge[J]. Applied Mechanics and Materials, 2014, 556-562: 655-658.
[34] 赵永. 大跨度斜拉桥板式无砟轨道施工技术研究[J]. 铁道建筑技术, 2020(7): 85-88, 107.
[35] 朱志辉, 闫铭铭, 李晓光, 等. 大跨度斜拉桥—无砟轨道结构变形适应性研究[J]. 中国铁道科学, 2019, 40(2): 16-24.
[36] 魏贤奎, 刘治业, 王平, 等. 大跨度公铁平层斜拉桥上无缝线路纵向力研究[J]. 铁道标准设计, 2023, 67(1): 105-109.
[37] 徐庆元, 陈秀方. 小阻力扣件桥上无缝线路附加力[J]. 交通运输工程学报, 2003, 3(1): 25-29.
[38] 蒋金洲, 卢耀荣. 我国客运专线桥上无缝线路采用小阻力扣件的建议[J]. 铁道建筑, 2007,

47(11): 90-93.
- [39] 刘梦晓. 武汉天兴洲公铁两用长江大桥养护维修体系探索[D]. 成都: 西南交通大学, 2014.
- [40] 全顺喜, 王平, 陈嵘. 钢桁梁梁端横向伸缩对轨道几何形位的影响[J]. 重庆交通大学学报(自然科学版), 2010, 29(6): 859-861, 924.
- [41] 张志才, 邓文洪, 李晓波. 140m 钢箱系杆拱拼装及无砟轨道施工技术[J]. 铁道建筑, 2010, 50(1): 78-81.
- [42] 李佩奇, 黄志斌, 刘成龙, 等. 高铁大跨度斜拉桥上无砟轨道轨排平面位置测控新方法研究[J]. 铁道标准设计, 2024(9): 47-52.
- [43] 韦作明, 蒙方成, 陈文. 矮塔斜拉桥施工阶段线形敏感性分析[J]. 西部交通科技, 2014(6): 65-68.
- [44] 张永厚. 三种板式无砟轨道关键施工工艺技术比较和应用趋势[J]. 铁道建筑, 2016, 56(7): 127-131.
- [45] Rawlings L, Evans J, Clark G. Simulation and validation of the dynamic interaction between trains and a new bowstring bridge[J]. Vehicle System Dynamics, 2002, 37(supl): 279-289.
- [46] Tanabe M, Wakui H, Matsumoto N, et al. Computational model of a Shinkansen train running on the railway structure and the industrial applications[J]. Journal of Materials Processing Technology, 2003, 140(1-3): 705-710.
- [47] Biondi B, Muscolino G, Sofi A. A substructure approach for the dynamic analysis of train-track-bridge system[J]. Computers & Structures, 2005, 83(28-30): 2271-2281.
- [48] Kaliyaperumal G, Imam B, Righiniotis T. Advanced dynamic finite element analysis of a skew steel railway bridge[J]. Engineering Structures, 2011, 33(1): 181-190.
- [49] Azimi H, Galal K, Pekau O A. A numerical element for vehicle-bridge interaction analysis of vehicles experiencing sudden deceleration[J]. Engineering Structures, 2013, 49: 792-805.
- [50] Nguyen K V. Dynamic analysis of a cracked beam-like bridge subjected to earthquake and moving vehicle[J]. Advances in Structural Engineering, 2015, 18(1): 75-95.
- [51] Yau J D, Martínez-Rodrigo M D, Doménech A. An equivalent additional damping approach to assess vehicle-bridge interaction for train-induced vibration of short-span railway bridges[J]. Engineering Structures, 2019, 188: 469-479.
- [52] Stoura C D, Paraskevopoulos E, Dimitrakopoulos E G, et al. A dynamic partitioning method to solve the vehicle-bridge interaction problem[J]. Computers & Structures, 2021, 251: 106547.
- [53] 蔡成标. 高速铁路列车-线路-桥梁耦合振动理论及应用研究[D]. 成都: 西南交通大学, 2004.
- [54] 崔圣爱. 基于多体系统动力学和有限元法的车桥耦合振动精细化仿真研究[D]. 成都: 西南交通大学, 2009.
- [55] 向大峰. 风荷载作用下高墩桥梁高速列车车桥耦合动力学分析[D]. 武汉: 武汉理工大学, 2012.
- [56] 黄永明, 何旭辉, 邹云峰, 等. 基于 ANSYS 和 SIMPACK 联合仿真的大跨钢箱提篮拱桥车-桥耦合振动分析[J]. 长安大学学报(自然科学版), 2019, 39(5): 68-77.

参 考 文 献

[57] 陈圣球. 基于 SIMPACK 的一座大跨度斜拉桥的车桥耦合振动分析[D]. 北京: 北京交通大学, 2019.
[58] 刘思琦. 基于直接概率积分法的车-(轨)-桥耦合系统随机动力学分析[D]. 大连: 大连理工大学, 2021.
[59] 周永早. 车-线-桥耦合振动系统有限元数值分析[D]. 长沙: 中南大学, 2012.
[60] 刘智. 高速铁路车桥耦合体系地震响应分析及报警阈值研究[D]. 哈尔滨: 中国地震局工程力学研究所, 2015.
[61] 徐昕宇. 复杂山区铁路风-车-桥系统耦合振动研究[D]. 成都: 西南交通大学, 2017.
[62] Guo W, Li J L, Liu H Y. The analysis of running safety of high-speed-train on bridge by using refined simulation considering strong earthquake[J]. Engineering Mechanics, 2018, 35(S1): 259-264, 277.
[63] 程顶. 桥上 CRTS I 型板式无砟轨道动力特性研究[D]. 兰州: 兰州交通大学, 2015.
[64] 张馨月. 高速铁路特大桥上无砟轨道力学特性研究[D]. 北京: 北京交通大学, 2017.
[65] 孙奕琪. 高速铁路桥上无砟轨道结构动力优化研究[D]. 兰州: 兰州交通大学, 2021.
[66] Sedarat H, Kozak A, Talebinejad I, et al. Nonlinear dynamic analysis of a track bridge structure designed for a floating bridge[M]//Topics in Nonlinear Dynamics, Volume 1. New York: Springer, 2013: 37-45.
[67] Okelo R, Olabimtan A. Nonlinear rail-structure interaction analysis of an elevated skewed steel guideway[J]. Journal of Bridge Engineering, 2011, 16(3): 392-399.
[68] 赵卫华, 王平, 曹洋. 大跨度钢桁斜拉桥上无缝线路制动力的计算[J]. 西南交通大学学报, 2012, 47(3): 361-366.
[69] 赵卫华. 斜拉桥上无缝线路设计计算方法研究[D]. 成都: 西南交通大学, 2010.
[70] 徐浩, 刘浩, 林红松, 等. 大跨斜拉桥上无缝线路伸缩力影响因素分析[J]. 铁道工程学报, 2015, 32(12): 34-39, 110.
[71] 郑鹏飞, 闫斌, 戴公连. 高速铁路斜拉桥上无缝线路断缝值研究[J]. 华中科技大学学报(自然科学版), 2012, 40(9): 85-88.
[72] 李艳. 大跨斜拉桥上无缝线路纵向力的变化规律研究[J]. 铁道工程学报, 2012, 29(10): 42-46.
[73] 蔡小培, 苗倩, 李大成, 等. 斜拉桥上无缝线路力学分析与调节器布置研究[J]. 铁道工程学报, 2018, 35(1): 36-41.
[74] 闫斌, 戴公连. 高速铁路斜拉桥上无缝线路纵向力研究[J]. 铁道学报, 2012, 34(3): 83-87.
[75] 闫斌, 谢浩然, 潘文彬, 等. 大跨度混合梁斜拉桥-轨道系统受力特性[J]. 铁道工程学报, 2019, 36(9): 11-16.
[76] Yang M G, Yang Z Q. Longitudinal vibration control of floating system bridge subject to vehicle braking force with viscous dampers[J]. Advanced Materials Research, 2012, 446-449: 1256-1260.
[77] 魏贤奎, 周颖, 刘浩, 等. 斜拉桥上无缝线路纵向相互作用理论及试验研究[J]. 铁道标准设计, 2015, 59(8): 62-67.

[78] 马战国, 李伟. 京沪高速铁路调节器尖轨刨切曲线线型研究[J]. 中国铁道科学, 2007, 28(5): 1-4.
[79] 王斌. 钢轨伸缩调节器结构与布置研究[D]. 成都: 西南交通大学, 2011.
[80] 谢铠泽. 高速铁路钢轨伸缩调节器平面线型设计研究[D]. 成都: 西南交通大学, 2017.
[81] 王宏昌. 西宝高铁咸阳渭河特大桥钢轨伸缩调节器状态及典型病害研究[D]. 北京: 中国铁道科学研究院, 2017.
[82] 田春香, 殷明旻, 王平. 关于桥上无缝线路使用伸缩调节器的几点思考[J]. 铁道建筑, 2006, 46(2): 85-87.
[83] 曾志平, 陈秀方, 金守华, 等. 跨兴闫公路桥钢轨伸缩调节器动力特性试验[J]. 铁道建筑, 2007, 47(5): 79-80.
[84] 孟鑫, 姚京川, 刘鹏辉, 等. 大胜关长江大桥动力特性现场测试与分析[J]. 中国铁道科学, 2015, 36(3): 30-36.
[85] 王森荣. 大跨度桥上钢轨伸缩调节器区轨道病害分析与监测研究[J]. 铁道标准设计, 2018, 62(1): 18-22.
[86] 肖治群. 钢轨伸缩调节器对地铁钢桥动力效应影响研究[J]. 铁道建筑技术, 2022(2): 28-32.
[87] 谭社会, 林超, 梅琴. 高速铁路有砟轨道钢轨伸缩调节器运营状态研究[J]. 铁道科学与工程学报, 2021, 18(4): 837-843.
[88] 费维周. 铁路桥梁梁端伸缩装置的结构特点探讨[J]. 铁道标准设计, 2015, 59(7): 60-65.
[89] 国铁集团发布《高速铁路上承式梁端伸缩装置》等24项技术标准[J]. 铁道技术监督, 2021, 49(9): 57.
[90] 李永乐, 向活跃, 万田保, 等. 大跨度铁路桥梁梁端伸缩装置对列车走行性影响的研究[J]. 铁道学报, 2012, 34(2): 94-99.
[91] 杨静静, 高芒芒, 蒙蛟, 等. 大跨度铁路桥梁梁端伸缩装置性能研究[J]. 铁道建筑, 2021, 61(8): 6-10.
[92] 高芒芒, 臧晓秋, 熊建珍. 沪通长江大桥大位移梁端伸缩装置动力性能研究[J]. 桥梁建设, 2015, 45(6): 41-46.
[93] 刘晓光, 郭辉, 高芒芒, 等. 千米级铁路桥梁线-桥一体化设计研究及探讨[J]. 中国铁路, 2021(9): 32-39.
[94] 张晓明. 商合杭高铁芜湖长江公铁大桥钢轨伸缩调节器及梁端伸缩装置研究[J]. 中国铁路, 2020(6): 38-43.
[95] 崔强. 徐连高速铁路邳州连续梁拱桥上钢轨伸缩调节器铺设技术[J]. 铁道建筑, 2021, 61(6): 144-146.
[96] 张明, 瞿雄, 沈洋, 等. 斜拉桥上动车组交会及制动、启停试验设计与实施[J]. 铁路技术创新, 2021(3): 33-39.
[97] 李晶晶. 大跨度钢桥无砟轨道结构设计方案研究[J]. 隧道与轨道交通, 2020(4): 56-59.
[98] 任化庆. 平竖曲线叠合段大梁缝伸缩轨道施工技术研究[J]. 铁道建筑技术, 2020(6): 149-152.
[99] 李辉, 金令. 大跨度无砟轨道简支钢桁梁桥温度效应研究[J]. 铁道标准设计, 2021, 65(11):

27-30.

[100] 王安琪, 姜恒昌, 张光明, 等. 高速铁路大跨度连续刚构梁桥预拱度设置对无砟轨道的影响研究[J]. 铁道标准设计, 2020, 64(4): 73-76.

[101] 褚卫松. 超长跨度刚构连续梁拱桥铺设无砟轨道线形及施工步序研究[J]. 铁道建筑, 2020, 60(1): 15-18.

[102] 马舜, 周小涵. 无砟轨道简支钢桁梁桥设计与施工控制[J]. 施工技术, 2019, 48(11): 24-27, 31.

[103] 贾宝红, 曹自印, 高俊. 高平顺性高铁轨道施工控制技术: 以郑万、郑阜高铁为例[J]. 铁路技术创新, 2021(2): 86-91.

[104] 李的平, 文望青, 严爱国, 等. 大跨度斜拉桥上铺设无砟轨道工程实践[J]. 铁道工程学报, 2020, 37(10): 78-82.

[105] 赵汗青, 王小勇, 金令, 等. 长联大跨度连续钢桁梁无砟轨道施工线形控制[J]. 铁道建筑, 2023, 63(1): 32-35.

[106] 宋树峰, 刘祥君. 铁路客运专线大跨度刚构连续梁施工线形控制[J]. 高速铁路技术, 2015, 6(5): 73-77.

[107] 陈水生, 胡小辉. 基于灰色支持向量机的连续梁桥线形控制研究[J]. 中外公路, 2013, 33(4): 148-151.

[108] 李闻秋. 大跨连续刚构桥收缩徐变及温度效应对车桥系统耦合振动的影响[D]. 成都: 西南交通大学, 2014.

[109] 张梦楠, 胡志鹏, 巫裕斌, 等. 高墩大跨桥梁桥墩升温对桥上无缝线路的影响研究[J]. 铁道标准设计, 2014, 58(9): 32-35.

[110] 杨艳丽, 严爱国. 赣江特大桥无砟轨道施工线形控制关键技术[J]. 中国铁路, 2019(11): 104-108, 113.

[111] 王磊. 大跨度混合梁斜拉索桥无砟轨道施工精度控制技术研究[J]. 铁道建筑技术, 2020(5): 90-93.

[112] 韩晓强, 王胜虎, 薛红云, 等. 杭台铁路椒江特大桥线形控制关键技术[J]. 铁道建筑, 2023, 63(1): 67-71.

[113] 苏雅拉图. 大跨度斜拉桥无砟轨道施工精度监测方案研究[J]. 科技与创新, 2020(19): 38-40.

[114] 王俊冬. 大跨斜拉桥预拱度设置对无砟轨道线形的影响[J]. 铁道工程学报, 2022, 39(12): 41-48.

[115] 李秋义, 张晓江, 韦合导. 商合杭高铁裕溪河特大桥铺设无砟轨道关键技术研究[J]. 中国铁路, 2020(6): 44-51.

[116] 褚卫松, 魏周春. 高速铁路大跨桥无砟轨道不平顺管理波长及施工误差研究[J]. 铁道标准设计, 2020, 64(6): 37-41.

[117] 翟建平, 徐升桥, 任为东. 高速铁路大跨度桥梁温度作用下轨道静态平顺性能分析[J]. 铁道标准设计, 2016, 60(11): 30-33.

[118] 魏贤奎, 禹壮壮, 刘淦中, 等. 大跨度斜拉桥轨道的几何形位评估分析[J]. 铁道建筑, 2021,

61(5): 109-114.

[119] 刘超, 魏周春, 张岷, 等. 高速铁路 300m 以上跨度桥梁线形评价标准研究[J]. 铁道标准设计, 2021, 65(9): 62-67.

[120] 郭远航. 收缩徐变效应对高速铁路大跨度混凝土斜拉桥运营状态的影响[J]. 铁道建筑技术, 2019(6): 68-71, 92.

[121] 田新宇, 高亮, 刘明辉, 等. 32m 高速铁路简支梁桥铺轨后残余徐变上拱限值研究[J]. 中国铁道科学, 2020, 41(2): 45-52.

[122] 黎国清, 刘秀波, 杨飞, 等. 高速铁路简支梁徐变上拱引起的高低不平顺变化规律及其对行车动力性能的影响[J]. 中国科学: 技术科学, 2014, 44(7): 786-792.

[123] 周东卫. 高速铁路混凝土桥梁徐变变形计算分析及控制措施研究[J]. 铁道标准设计, 2013, 57(6): 65-67, 72.

[124] 秦艳. 大跨斜拉桥高速铁路无砟轨道适应性研究[J]. 高速铁路技术, 2020, 11(3): 22-27.